Irma Hildebrandt
Bin halt ein zähes Luder

Irma Hildebrandt

Bin halt ein zähes Luder

15 Münchner Frauenporträts

DIEDERICHS

Die Deutsche Bibliothek – CIP-Einheitsaufnahme
Hildebrandt, Irma:
Bin halt ein zähes Luder : 15 Münchner Frauenporträts /
Irma Hildebrandt. – 8. Aufl. – Kreuzlingen/München : Hugendubel 1999
(Diederichs)
ISBN 3-424-01035-9

8. Auflage 1999
© Heinrich Hugendubel Verlag, Kreuzlingen/München 1990
Alle Rechte vorbehalten

Umschlaggestaltung: Cornelia von Seidlein, München
unter Verwendung von Gabriele Münters *Bildnis Marianne von Werefkin, 1909*
Produktion: Tillmann Roeder, München
Satz: MPM, Wasserburg
Druck und Bindung: Huber, Dießen
Printed in Germany

ISBN 3-424-01035-9

Inhalt

Zur Einstimmung

»Bin halt ein zähes Luder« — ein Ausspruch Grete Weils, die nach einem harten Leben in der Emigration in ihre Heimatstadt München zurückgekehrt ist. Als »zähes Luder« könnte man jede der hier porträtierten Frauen charakterisieren, gleichgültig, ob sie in München geboren oder »zuagroast« ist, ob sie aus einem Palais oder einem Milchladen stammt, ob sie in schwierige Lebenssituationen hineingeworfen wurde oder die Herausforderungen selber suchte. Keine von ihnen gehört zu den bequem Angepaßten, zu den schnell Entmutigten, auch wenn einige an den Widerständen schließlich scheiterten.

Mit den chronologisch geordneten Frauenbiographien wird gleichzeitig jeweils ein Stück Münchner Geschichte lebendig, beginnend mit Maria Ward, die 1627 mit ihren Englischen Fräulein nach München kam, mitten in die Zeit der Hexenverbrennungen hinein, und hier gegen den Widerstand der Jesuiten eine Mädchenschule aufbaute. Noch mehr Aufregung brachte im 19. Jahrhundert eine Tänzerin in die Stadt, die sich als spanische Adlige ausgab und König Ludwig I. den Kopf so verdrehte, daß das Kabinett im Revolutionsjahr 1848 ihre Ausweisung forderte: Lola Montez. Von echtem Adel ist dagegen Therese von Bayern, eine Wittelsbacher Prinzessin, die unbekannte Indianerstämme in Kolumbien aufspürte und 1897 von der Münchner Universität mit dem Ehrendoktor ausgezeichnet wurde.

Für politisch engagierte Frauen ist München ein hartes Pflaster, das bekam die Juristin Anita Augspurg, Vorkämpferin für das Frauenstimmrecht und die Friedensbewegung,

7

schon vor und nach dem Ersten Weltkrieg zu spüren, besonders, als sie 1923 die Ausweisung Hitlers forderte. Sie ging 1933, wie so viele ihrer rassisch oder politisch verfolgten Gefährtinnen, in die Emigration — wie die Dichterin und Pazifistin Annette Kolb, wie die Schauspielerin an den Kammerspielen Therese Giehse, wie die Schriftstellerin Grete Weil, die ihre Exilerfahrung in Romanen verarbeitet hat und dafür 1988 den Geschwister-Scholl-Preis erhielt — in jener Münchner Universität, in der 45 Jahre zuvor die Studentin Sophie Scholl bei einer Flugblattaktion verhaftet und wenige Tage später hingerichtet wurde.

Die Reichstagsabgeordnete Toni Pfülf ließ es so weit nicht kommen. Aus Enttäuschung darüber, daß die Sozialdemokraten, ihre Parteigenossen, im Reichstag Hitlers verlogene »Friedensresolution« mit unterzeichneten, nahm sie sich 1933 das Leben.

Aber München ist nicht nur die Stadt der »Bewegung«, sondern auch die Stadt der Kunst und der Boheme. Die Malerinnen Marianne von Werefkin und Gabriele Münter ließen sich um die Jahrhundertwende als »Blaue Reiterinnen« und Gefährtinnen der Künstler Jawlensky und Kandinsky in diesem Zentrum des expressionistischen Aufbruchs nieder. Die Husumer Gräfin Franziska zu Reventlow wurde von Freiheit und Flitter der Schwabinger Szene angelockt, die sie 1913 in einem Schlüsselroman ironisch entlarvend beschrieb. Die zehn Jahre jüngere Lena Christ, von der »Wirtsleni« zur erfolgreichen Volksschriftstellerin aufgestiegen, ging an diesem aufzehrend freien Leben zugrunde. Liesl Karlstadt, auch sie aus kleinsten Verhältnissen stammend, setzte ihre Erfahrungen an der Seite Karl Valentins humorvoll hintersinnig in echt Münchnerisches Kabarett um. Und mit Frieda Sembach-Krone, der Senior-Chefin des Circus Krone, zeigt sich München noch einmal von einer anderen Seite, aus der Sicht des fahrenden Volkes und der Artisten, die sich in dieser Stadt, in der immer ein bißchen Zirkus-atmosphäre herrscht, wohlfühlen.

Eine besonders weiblich geprägte Stadt ist München nicht, auch wenn sie von einer kolossalen Frau, der Bavaria, überragt wird. Diese steht, aus Tonnen von Bronze gegossen, so wuchtig und unübersehbar auf der Theresienhöhe, daß damit das Frauenkontingent an Denkmälern für alle Zeiten abgedeckt schien. In der Ruhmeshalle im Schatten der Bavaria findet sich jedenfalls unter den 84 Marmorbüsten berühmter Bayern keine einzige Frau. Dafür hat König Ludwig I. die weiblichen Schönheiten des Landes in einer Gemäldegalerie — zu bewundern in Schloß Nymphenburg — verewigt. Schön sollte die Münchnerin sein und auch häuslich, ohne Flausen im Kopf. So machte sich der Komiker Jakob Geis seinen Reim auf das um die Jahrhundertwende beginnende Frauenstudium:

> Was die Madl alles schon bei uns studiern,
> Physik, Mythologie, ja sogar Seziern,
> Die Planeten und die Stern kennen sie ganz fix —
> Woana könnt ma, woana könnt ma,
> Kochen könna s'nix.

Auf Schönheit und Häuslichkeit allein haben sich die Münchner Frauen nie festschreiben lassen. Das zeigen die um 1600 massenhaft als Hexen in den Stadtmauertürmen Eingekerkerten ebenso wie die späteren Suffragetten aus der Frauenbewegung, die Schwabinger »Malweiber« ebenso wie die Standlfrauen auf dem Viktualienmarkt. Zähe Luder allesamt.

Irma Hildebrandt

Maria Ward

Gefährlicher als sechs Jesuiten

Maria Ward
1585—1645
und die Englischen Fräulein

Nach Maria Ward ist in München eine Straße benannt. Sie führt zum Nymphenburger Schloß. Unter dem Straßenschild am nördlichen Schloßrondell Frage an die Passanten: Kennen Sie Maria Ward? — Kopfschütteln, Achselzucken, Nachdenken. Eine Engländerin war das, eine Nonne, sagt ein älterer Mann. Und eine Frau erinnert sich undeutlich: Hat die nicht etwas mit den Englischen Fräulein zu tun?

Im 17. Jahrhundert kannten die Münchner Maria Ward besser, da wurde sie verehrt oder verabscheut, da sah man sie als gottesfürchtige Ordensfrau oder als Ketzerin. Nicht nur in München. In Kreisen der römischen Kurie galt sie als »Unkraut aus dem Garten der Kirche«. Und im andern Lager, dem der Anglikaner, warnte der Erzbischof von Canterbury, George Abbot, seine Amtsbrüder: »Diese Frau ist gefährlicher als sechs Jesuiten.«

Was flößt den kirchlichen Würdenträgern solches Mißtrauen, solche Angst ein? Ihr Selbstbewußtsein? Ihre Unerschrockenheit? Ihr logischer Verstand? Maria Ward hat es sich in den Kopf gesetzt, bestärkt durch eine »göttliche Vision« in jungen Jahren, einen Frauenorden nach den Regeln des von ihr verehrten Ignatius von Loyola zu gründen. Von heute aus gesehen sind es keine unbilligen Forderungen, die sie an Rom stellt: Sie bittet um kirchliche Anerkennung einer solchen Frauengemeinschaft, die — ähnlich wie die Jesuiten — nicht in Klausur hinter klösterlichen Mauern lebt. Mit ihren Gefährtinnen will sie, wo immer sich Gelegenheit bietet, apostolisch wirken und sich besonders der vernachläßigten Mädchenerziehung annehmen. Dies möchte sie jedoch nicht unter der Obhut eines geistlichen Würdenträgers tun, der ihre Interessen beim Heiligen Stuhl vertritt, wie das bei Frauenorden üblich ist; alle ihre Niederlassungen sollten unter weiblicher Führung einer Generaloberin stehen.

So harmlos und einsichtig diese Bitten klingen — sie bergen Sprengstoff. Beim Klerus sitzt die biblische Prägung vom Weib, das in der Gemeinde zu schweigen hat, tief. Die Vorstellung, eine Frau könne in theologischen Fragen ohnehin nicht mitreden, zieht sich von Thomas von Aquin bis zum Reformator Luther durch die gelehrten Schriften. Die Jesuiten, sonst in vielem fortschrittlich und weltaufgeschlossen, stellen sich gegen Maria Ward, sie wünschen keinen selbständigen weiblichen Ordenszweig — und das hat handfeste Gründe. Die Berater in Frauenklöstern und an Fürstenhöfen fürchten Machtverlust über Seelen und Latifundien.

Die selbstbewußte Landadlige aus England reibt sich am Ausspruch eines Priesters: »...alles in allem, sie sind doch nur Frauen«, und sie setzt dagegen: »Es heißt nicht Veritas hominis, die Wahrheit der Männer oder die der Frauen, sondern Veritas Domini, die Wahrheit Gottes, des Herrn, und diese Wahrheit können Frauen ebensogut besitzen wie die Männer.«

Maria Wards späterer Biograph Jakob Leitner führt Gedanken solcher Art auf »mangelnde Seelenführung« zurück, fromme Frauen sollten sich nur unter »kirchlicher Autorität und Direktion« ihren Studien widmen, meint er und schreibt damit 1869, mehr als 200 Jahre nach dem Tod der unbotmäßig Selbstdenkenden ein klerikales Postulat erneut fest.

Eine Aufrührerin. Als Maria Ward Anfang Januar 1627 nach München kommt, um hier eine Niederlassung der

»Englischen Fräulein« zu gründen, ist sie kein unbeschriebenes Blatt mehr, da hat sie schon eine ganze Odyssee und ein halbes Leben in der Verteidigung hinter sich. Viele Erfolge und noch mehr Mißerfolge. Im Rückblick läßt sich an ihrem Schicksal ein Kapitel Glaubensgeschichte, auch Frauengeschichte aufblättern:

Es ist eine unruhige, gewaltreiche Zeit, in die Maria Ward — am 23. Januar 1585 in Old Mulwith in Yorkshire geboren — hineinwächst. Glaubenskämpfe überall als Folge von Reformation und Gegenreformation. Hexenprozesse, Fanatismus, Streit um Ländereien. Europa treibt auf den Dreißigjährigen Krieg zu. Die Hexenverfolgungen nehmen sich auf den ersten Blick im Zeitalter des Humanismus und der sich anbahnenden Aufklärung wie ein Rückfall ins Mittelalter aus. Aber der Wahnsinn hat Methode. Denunziert und verurteilt wird, wer sich nicht willig in die von Kirche und Staat vorgegebenen Ordnungen fügt: Außenseiter, Eigendenker, Widerborstige. Und es trifft vornehmlich Frauen. Keine, die aufbegehrt oder ihre eigenen Wege geht, kann sicher sein, nicht auf dem Scheiterhaufen zu enden. Man braucht Sündenböcke, auf die sich der Zorn des Volkes bei Mißernten und Mißwirtschaft, bei Kriegsgreueln und Unterdrückung entlädt.

Vor diesem Hintergrund ist es kein ungefährliches Unterfangen, wenn die junge englische Katholikin beschließt, auf dem Festland ein Ordenshaus für Engländerinnen zu eröffnen, die aus dem Machtbereich Elisabeth I. und der anglikanischen Kirche geflüchtet sind. Zuvor hatte sie schon Erfahrungen in einem Klarissenkloster gesammelt, aber bald gemerkt, daß die strenge Weltabgeschiedenheit ihren Vorstellungen von Missionierung und pädagogischem Einsatz nicht entsprach.

In St. Omer melden sich so viele englische Novizinnen bei ihr, daß sie weitere Hausgründungen in Lüttich, Köln und Trier in die Wege leitet, bald spricht man im Volksmund respektvoll von den »Englischen Fräulein«. Aber denen mangelt es an Geld, um geplante Schulen ausbauen zu können. Maria fährt deshalb mehrmals unter größten Gefahren — sie steht auf einer schwarzen Liste — nach England, um die Mitgiften der adligen Töchter ihrer Gemeinschaft von den Angehörigen einzufordern. Doch diese verhalten sich abweisend, weigern sich, einen unbekannten Orden zu unterstützen, der vom Papst nicht anerkannt ist. So ist es für Maria Ward nicht die Erfüllung eines innigen religiösen Wunsches oder eines ehrgeizigen Höhenfluges, wenn sie beschließt, Papst Gregor XV. persönlich um die Approbation ihrer Ordensgemeinschaft zu bitten, sondern eine nackte Überlebensfrage. Im Herbst 1621 bricht sie mit einigen Gefährtinnen von Lüttich aus zu dem beschwerlichen Fußmarsch durch die Alpen auf und erreicht wie geplant am Heiligen Abend die Heilige Stadt. Papst Gregor empfängt sie in Privataudienz, und auch der Jesuitengeneral findet sich bereit, sie anzuhören. Ihre Zähigkeit und ihre Zivilcourage haben sich ausgezahlt. Wer hätte das einer Frau zugetraut? Frauen genießen zwar hohe Verehrung, können sogar heiliggesprochen werden, aber eigenmächtiges Handeln steht ihnen nicht zu.

Dem Papst imponiert ihre Selbstsicherheit und ihr mit Nüchternheit gepaartes Sendungsbewußtsein. Ihre Bitte um Anerkennung der mitgebrachten Institutsregeln erfüllt er allerdings nicht, ist sie doch ihrerseits nicht bereit, das vom Tridentinischen Konzil geforderte Leben in Klausur für ihre Gemeinschaft anzunehmen. Warum sollte Frauen verwehrt werden, was den Jesuiten zugestanden wurde: in Verbindung mit der Welt zu leben und externe Schulen zu unterhalten? An den überkommenen Ordensgelübden, Gehorsam — Keuschheit — Armut, will sie nicht rütteln. Wichtig sind ihr auch die jesuitischen Erziehungsziele der asketischen Selbstheiligung, der Klarheit des Denkens und der Stärkung des Willens. Zum eigenen Lebensziel hat sie »die Pflege des Glaubens und der christlichen Erziehung bei dem weiblichen Geschlechte« gemacht.

Sie hat ein Tagesschulprojekt für Mädchen aus dem Volke ausgearbeitet und dem Papst unterbreitet. Da es in Rom an Mädchenhäusern, die mehr als Bewahranstalten sind, mangelt, und da die Beschäftigung mit dem gemeinen Volke, Mädchen zumal, ohne Prestigeverlust in weibliche Hände gegeben werden kann, untersagt die mächtige römische Kongregation den Englischen Fräulein die Schulgründung an der Via Monserrato nicht. Sie bespitzelt aber argwöhnisch den Fortgang und Ausbau des Lehrbetriebs. Schon bald sind es mehr als hundert Mädchen, die unentgeltlich in Lesen und Schreiben, sittlicher Unterweisung und Handarbeit unterrichtet werden. 1632 wird eine weitere Schulniederlassung in Neapel eröffnet, ein Jahr darauf eine in Perugia.

Der Erfolg bringt Neider. Eine junge Frau aus dem fernen England, auf sich selbst gestellt, keines männlichen Schutzes und Beraters bedürftig, eine Frau, die hartnäckig eine Audienz beim Papst erzwingt, kann das gutgehen?

Es geht nicht gut. Aus England, genauer, vom englischen Klerus, liegen die ersten Beschwerden vor: Die Englischen Fräulein maßten sich an, überall zu missionieren und auch in Gegenwart von Priestern geistige Belehrungen zu geben. Sie hätten sich Eingang in adlige Familien verschafft, um an die Mitgiften der Töchter zu kommen. Selbst Männer, mit denen sie allein zusammenträfen, würden von ihnen im Katechismus unterrichtet. Die besorgten Geistlichen sehen die Keuschheit der Englischen Fräulein aufs höchste gefährdet bei dem unsteten Umherschweifen auf dem Kontinent.

Die Anschuldigungen fallen in Rom, wo die Umtriebe und die mangelnde Demut der »Jesuitinnen« längst ein Ärgernis sind, auf fruchtbaren Boden. Mißtrauen wird geschürt, Verleumdungen kursieren, gegen die sich die Frauen nicht wehren können, da man ihnen die Denunzianten nicht nennt.

Papst Urban VIII., der Nachfolger Gregor XV., ordnet 1625 die Schließung der Schulen in Rom, Neapel und Perugia an. »Da war es mir, als wäre ich zum Tode verurteilt worden«, schreibt Maria. Sie muß sich nun ein neues Betätigungsfeld suchen. Am 10. November 1625, zwei Wochen vor der Einweihung des Jahrhundertbauwerks Petersdom verläßt sie mit ihrem kleinen Gefolge bei eisig kaltem Wetter Rom in nördlicher Richtung.

Flandern gibt sie als Reiseziel an, aber in ihrer Brusttasche verwahrt sie Empfehlungsbriefe ihr wohlgesonnener Kleriker nach Wien und München. Einer ist an Pater Adam Contzen, den Beichtvater des bayerischen Kurfürsten Maximilian I. adressiert. Darin wird Maximilian gebeten, der Bittstellerin die Einrichtung eines geistlichen Hauses nach dem Orden des heiligen Ignatius zu genehmigen. Dem Kurfürsten muß der Name Maria Ward geläufig sein. Sein Bruder Ferdinand, Bischof von Lüttich und Erzbischof von Köln, unterstützt seit langem die dortigen Häuser der Englischen Fräulein. Maria hofft nun, auch am bayerischen Hofe Gehör zu finden, obgleich Maximilian mit Kriegshändeln beschäftigt ist.

Unterwegs, in Parma und Castiglione, kehrt sie bei Frauengemeinschaften ein, die apostolisch tätig sind und wie sie ein Leben in Klausur ablehnen. Das macht ihr Mut, ihren eigenen Weg unbeirrt weiterzugehen. Sie hat, vor allem in Rom, gelernt, mit Anfeindungen und Verleumdungen, mit Intrigen und willkürlichen Sanktionen umzugehen. All diese Widrigkeiten haben sie im Glauben an ihre Mission nur bestärkt. Sie wird sich nicht unterkriegen lassen, komme was wolle. Schon fünf Jahrhunderte vor ihr ist die Äbtissin Hildegard von Bingen mit demselben Wagemut durch das Land gezogen um zu predigen, zu heilen und Menschen zu bekehren.

Maria Wards Zuversicht zahlt sich aus. Kurfürst Maximilian und seine Gemahlin Elisabeth Renata nehmen sie freudig auf, die Gründung eines Instituts wird ihr in Aussicht gestellt. Dies ist in doppelter Hinsicht erstaunlich: Zum einen müssen auch dem bayerischen Kurfürsten die Gerüchte über die »Umtriebe« der Englischen Fräulein zu Ohren gekommen sein, zum andern herrscht in München, dem Zentrum der Gegenreformation, kein einladendes Klima für Frauen, die kirchliche Autorität mißachten.

Weiß Maria Ward nichts über die Hexenverfolgungen, die hier stattgefunden haben? Über den berüchtigten Prozeß gegen die Landfahrerfamilie Pappenheimer? Oder den spektakulären Zauberprozeß gegen Magdalena Khepserin, den Dr. Cosmas Vagh 1608 führte? Jener Jurist, der drei Jahre später ein einzigartiges Gesetzeswerk verfaßt, das *Landtgebott wider die Aberglauben, Zauberey, Hexerey und andere sträffliche Teufelskünste*, das von Maximilian I. unterzeichnet und an alle Regierungen und Landgerichte in Bayern geschickt, für Unruhe und Angst sorgte.

Anstifter und Schürer jener Hexenhysterie, die in den zwanziger Jahren des 17. Jahrhunderts in Süddeutschland herrscht, sind in entscheidendem Maße die Jesuiten, der Orden, den sich Maria Ward zum Vorbild genommen hat, von dem aber auch die schweren Vorbehalte gegen die »Jesuitinnen« ausgegangen sind. Schon im 16. Jahrhundert hatte der wortgewaltige Jesuitenprovinzial Petrus Canisius in seinen Predigten zur Hexenverfolgung aufgerufen und in Bayern aufsehenerregende Teufelsaustreibungen vorgenommen. Später führte der Jesuit Jeremias Drexel, Hofprediger in München, diesen Fanatismus fort: »...brennen sollen die Aufrührer Gottes!« Und am Hofe des Kurfürsten

Maximilian wirkte seit 1624 Adam Contzen als politischer Berater, auch er ein Jesuit und Eiferer. Aus seinen Kreisen kam der Anstoß zum Bayerischen Hexenmandat — und ihm ausgerechnet hat Maria Ward ihr Empfehlungsschreiben aus Rom übergeben.

Gibt ihr das nicht zu denken? Sie weiß doch, daß man ihr eine außerordentliche — und damit gefährliche — »Gewalt über die Herzen« zuschreibt, daß ihr Charisma und ihre rhetorische Überzeugungskraft mit Argwohn beobachtet werden. — Möglich, daß gerade dieses Spiel mit dem Feuer sie reizte. Zeitgenossen schildern sie als furchtlos, willensstark und Widerständen trotzend.

Sie bleibt in München und nimmt das Angebot des frommen und weltmächtigen Kurfürsten, der seine Residenz zu einem Angelpunkt katholischer Gesinnung und Staatsmacht ausgebaut hat, dankbar und ohne Zögern an: die Bereitstellung eines Hauses, das genügend Platz für eine Mädchenschule bietet. Es ist ein Pakt in gegenseitigem Interesse. Maria erhofft sich von der Protektion durch Maximilian eine enge Bindung an das Haus Wittelsbach und somit an einflußreiche Fürsten, die ihre Pläne unterstützen könnten. Maximilian will mit der Niederlassung der Englischen Fräulein endlich eine Bildungsstätte für die weibliche Jugend in München schaffen, die längst geplant war — man hatte deswegen schon mit Ursulinen in der Schweiz verhandelt —, nun aber in den Wirren des Dreißigjährigen Krieges doppelt nötig erscheint.

Er stellt Maria Ward und ihren Gefährtinnen das Paradeiserhaus in der Weinstraße, unweit der nördlichen Stadtgrenze, zur Verfügung. Ein geräumiges, aber baufälliges Anwesen mit mehreren verwinkelten Häusern und einem verwilderten Garten, das sie unentgeltlich bewohnen können. Er sorgt für die rasche Renovierung und Einrichtung des Hauses, so daß schon im April 1627 die Schule eröffnet werden kann. Vierzehn Schülerinnen finden im Hause Unterkunft, die übrigen kommen als »Externe« aus der ganzen Stadt. Maximilian hat zur Bedingung gemacht, daß das Pensions- und Schulgeld niedrig gehalten wird und daß genügend Freiplätze für arme Schülerinnen zur Verfügung stehen. Dafür übernimmt er die Besoldung für zehn Englische Fräulein als Lehrerinnen: 2000 Gulden jährlich, auf Widerruf. Ein gutes Gehalt. Auch ein Jesuit bekommt für seine Lehrtätigkeit 200 Gulden im Jahr, eine Gleichstellung, die der in Rom nicht anerkannten »Jesuitin« Genugtuung geben muß.

Als Schulpräfektin wird die junge, tüchtige Winefrid Bedingfield eingesetzt, erste Oberin des Hauses wird die erst 23jährige Maria Poyntz, eine enge Vertraute Maria Wards. Der Schule wird auch ein Noviziat angeschlossen, ein halbes Dutzend Anwärterinnen möchten aufgenommen werden. Anna Röhrlin ist die erste deutsche Novizin — für die Verwurzelung der Englischen Fräulein in Bayern ein wichtiger Schritt.

Der Andrang auf die »Freischule«, die erste Mädchenvolksschule in München, ist groß. Katechismus, Lesen, Schreiben, Rechnen und Handarbeit stehen auf dem Stundenplan, vor allem aber fremde Sprachen: Französisch, Italienisch und das für das kirchliche Leben nötige Latein. Alles scheint in bester Ordnung, Maria sieht zum ersten Mal eine finanziell abgesicherte Zukunft für ihre Gemeinschaft vor sich. Aber sie hat die Macht der Jesuiten in dieser Stadt und deren weitreichende Verbindungen unterschätzt. Ihnen sind die selbstbewußten Damen aus England, die sich ohne Vermittlung gleich an den Kurfürsten oder gar an den Papst wenden, ein Dorn im Auge. Aus Lüttich trifft ein gezielter Brief bei Maximilian ein, der die dortigen Englischen Fräulein der Verschwendungssucht und Habgier bezichtigt.

Maria hat inzwischen — etwas übereilt vielleicht — weitere Niederlassungen in Wien und Preßburg gegründet. In Wien hat ihr Maximilians Empfehlung an seinen Schwager, Kaiser Ferdinand II., den Weg geebnet. Sie nimmt die Anschuldigungen aus Lüttich gelassen hin. Aber in München treffen weitere Warnungen ein, aus Rom diesmal, wegen des »illegalen Treibens« der Damen.

Maximilian reagiert darauf nicht, er hat andere Sorgen. Noch sind die blutigen Glaubenskämpfe nicht zu Ende. Im katholischen Lager gibt es Unstimmigkeiten, der störrische Wallenstein macht ihm zu schaffen. Die Kriegskosten leeren die Staatskasse.

Als Maria Ward hört, daß es um ihre Sache beim Heiligen Stuhl nicht gut steht, macht sich die gesundheitlich schwer Angeschlagene zu Beginn des Jahres 1629 zum zweiten Mal auf den Weg nach Rom, um sich dort zu rechtfertigen. Noch ist sie guten Mutes, noch hat sie Vertrauen in Papst Urban VIII., der ihr eine Audienz gewährt. Sie hat ihre Rechtfertigung und die erneute Bitte um Anerkennung ihrer Ordensgemeinschaft in einem langen Schreiben dargelegt, Urban VIII. reagiert huldvoll zurückhaltend, weist ihr Anliegen nicht schroff zurück — schon das läßt Maria hoffen. Bei einer Befragung durch die Glaubenskommission sieht sie sich vier Kardinälen gegenüber, denen sie eine Dreiviertelstunde lang Rede und Antwort steht. Sie weicht von ihren Grundsätzen nicht ab, sie weiß nicht, daß die Kardinäle zum Inquisitionstribunal gehören. Ein Protokoll dieser Sitzung existiert nicht.

Anfang Mai 1630 trifft sie mit vier ihrer Gefährtinnen wieder in München ein, noch immer zuversichtlich. Doch dann überbringt man ihr die Nachricht von der Auflösung ihrer Häuser in St. Omer, Lüttich und Köln — der lange Arm der römischen Kurie, die Bestrafung einer Störrischen. Noch glaubt sie, daß alles ein Irrtum sein muß, wieder richtet sie ein erklärendes Schreiben an den Papst. Diesmal ist sie sogar bereit, ihre bisherige Lebensweise aufzugeben, wenn Seine Heiligkeit es befehle...

Doch das Inquisitionstribunal hat eine Gefangennahme Maria Wards bereits beschlossen. Die Anklage lautet: Häretikerin, Schismatikerin, Rebellin gegen den Heiligen Stuhl. Papst Urban besiegelt das Dekret im Januar 1631. Kein endgültiges und rechtskräftiges Urteil — ein Prozeß hat ja noch nicht stattgefunden —, aber doch eine so schwerwiegende Anschuldigung, daß dies öffentliche Verfemung und Ächtung bedeutet.

Der als unnachsichtig und pflichtversessen bekannte Dekan der Münchner Liebfrauenkirche, Jakob Golla, der auch Präsident im Geistlichen Rat des Kurfürsten Maximilian ist, überbringt das Dokument der bettlägrigen Maria Ward am 7. Februar. Einkerkerung im Klarissenkloster am Anger, lautet der kirchliche Beschluß. Sollte sie sich weigern, müsse der »weltliche Arm« zu Hilfe gerufen werden. Was das bedeutet, weiß die Angeklagte genau: Einzelhaft, Folter, Schuldbekenntnis, Scheiterhaufen oder Galgen.

Mitten im Dreißigjährigen Krieg, als ob des Mordens noch nicht genug wäre, gehören Hexenverbrennungen zur Tagesordnung. Das Volk braucht Schuldige an der ganzen Misere, die Kirche Abschreckung für Dissidenten. Im selben Jahr 1631 beschreibt Graf Friedrich von Spee — anonym verständlicherweise — in einer Broschüre die grausamen Foltermethoden, mit denen man »Hexen« zu Geständnissen zwingt. Er hat als Beichtvater 200 Hexen zum Scheiterhaufen begleitet, alle wurden, davon ist er überzeugt, zu Unrecht verbrannt.

Maria Ward hat die Gefahr unterschätzt. Stolz, Sendungsbewußtsein, Vertrauen auf den Beistand ihrer Gönner mögen sie dazu bewogen haben. Nun nimmt sie das Unabwendbare äußerlich gefaßt zur Kenntnis, schmerzlich berührt nur, daß sie sich von den dreißig Schwestern im Paradeiserhaus nicht verabschieden darf. Und betroffen vor allem vom Schweigen Maximilians und seiner Gemahlin, die ihr früher so oft Dienste erwiesen hat. Warum spricht Maximilian kein Machtwort? Ist er so von der Unfehlbarkeit des Inquisitionsgerichts überzeugt? Glaubt er nicht mehr an ihren Auftrag? Oder hat er Angst, sich für eine Ketzerin einzusetzen? Vielleicht halten ihn nur Staatsgeschäfte ab, tröstet sich Maria.

Den Nonnen im Klarissenkloster ist jeder Kontakt mit der Angeklagten untersagt, sie wird streng bewacht: »...zwei kleine Fenster, fast ganz zugemauert und mit Holz vergittert. Die Tür ist mit einem Doppelschloß und einer Kette verriegelt«, so beschreibt die Gefangene ihre Zelle. Aber ihre Gefährtinnen, die ihr das Essen aus dem Paradeiserhaus bringen, verstehen auch Botschaften einzuschmuggeln. Sie haben in ihrer Jugend in England im katholischen Untergrund gelebt, sie wissen, wie man Papier mit Zitronensaft beschreibt und das unsichtbar Geschriebene später über einer Kerzenflamme wieder entziffert. 23 solche Limonenbriefe fertigt Maria Ward in ihrer Zelle an in den unbewachten Stunden, wenn die Klarissen zum Chorgebet in der Kirche zusammenkommen.

Trotz der heimlichen Kontakte zu ihren Gefährtinnen fühlt sie sich verlassen. Papst Urban wird zur Überfigur, auf die sich ihre Gedanken konzentrieren: Er kann von der Bulle der Inquisition, von ihrer Einkerkerung nichts wissen, davon ist sie überzeugt. Sie entwirft Briefe an ihn, die vom Paradeiserhaus aus nach Rom gehen sollen. In all den Limonenbriefen wird mit Decknamen und Verschlüsselungen gearbeitet, falls doch jemand sie abfangen und entziffern sollte.

Maria Ward darf in ihrer Haft, wie alle Gefangenen der Inquisition, weder die Messe hören, noch beichten und kommunizieren. Die Englischen Fräulein suchen deshalb Hilfe bei Kurfürst Maximilian, aber der ist nicht bereit, sich in die Angelegenheiten der Inquisition einzumischen. Auch als die Gefangene lebensgefährlich erkrankt und die Schwestern sie ins Paradeiserhaus zurückholen wollen, erklärt er sich als nicht zuständig. Dekan Golla versucht, die Todkranke zu erpressen: Nur wenn sie ein von ihm verfaßtes Schuldbekenntnis unterschreibt, erhält sie die Sterbesakramente. Sie verweigert die Unterschrift, verfaßt mit schwacher Hand ein eigenes Bekenntnis, das aber keine Schuldanerkennung ist.

Sie übersteht — wider Erwarten — die schwere Krankheit und macht sich nun umsomehr Sorgen um die Zukunft ihrer Gemeinschaft. Die Gefährtinnen haben mit all ihren Briefen und Bittschriften nach Rom tatsächlich die Befreiung ihrer geistigen Mutter erreicht, aber die Freude ist kurz: Am 18. August wird den im Paradeiserhaus versammelten Englischen Fräulein die päpstliche Bulle, die für alle gilt, verlesen. Von ihnen wird gefordert, die Ordenskleidung abzulegen, ihre apostolische Arbeit aufzugeben und unter Androhung von Exkommunikation ihre Wohngemeinschaft aufzulösen. Man wirft ihnen vor, sich »Jesuitinnen« zu nennen, ihre Gelübde bei einer Generaloberin abzulegen und ein Leben in Klausur abzulehnen. Keine neuen Anklagepunkte, Maria hatte sich deswegen ja schon zweimal nach Rom bemüht. Nun reist sie im Spätherbst 1631 zum dritten Mal Richtung Süden, wieder zu Fuß und mit nur wenigen Begleiterinnen.

Von München nimmt sie voller Wehmut Abschied, ahnend, daß sie das Paradeiserhaus nie wiedersehen wird, auch wenn sie sich nach außen zuversichtlich gibt. Sicher ist es eine Genugtuung für sie, daß auch Maximilian und seine Frau Elisabeth Renata vor den Truppen Gustav Adolfs, die München besetzten, nach Salzburg fliehen mußten.

Maria Ward und ihre Gefährtinnen erleben in Rom einen mild gestimmten Papst. Vom Vorwurf der Häresie ist nicht mehr die Rede. Er verspricht die Freilassung der in Lüttich eingekerkerten Engländerin Winefrid Wigmore. Ja, er setzt den Englischen Fräulein sogar eine Rente aus, mit deren Hilfe sie in Rom in weltlicher Gemeinschaft weiter zusammenleben können, allerdings ohne Schulen zu unterhalten und in der Öffentlichkeit tätig zu werden.

Maria wäre am liebsten nach München zurückgekehrt, auch wenn dort die Pest wütet und Hungersnot herrscht, doch ihre schwache Gesundheit läßt eine Reise nicht zu. Außerdem hofft sie noch immer auf die päpstliche Anerkennung ihrer aufgelösten Ordensgemeinschaft.

Im Paradeiserhaus in München lebt, ganz zurückgezogen, nur noch ein kleiner Rest der Englischen Fräulein, unter ihnen jedoch die ungebrochene Winefrid Bedingfield, die im März vom zurückgekehrten Kurfürsten die Wiederaufnahme des Unterrichts erbittet. Zwar bleibt die päpstliche Bulle in Kraft, aber von Unterrichtsverbot ist darin nicht die Rede.

So können die Englischen Fräulein — nun in weltlicher Gemeinschaft — weiter nach den Erziehungszielen ihrer Gründerin unterrichten, und der Kurfürst unterstützt sie wie früher durch Geldzuwendungen.

Anna Röhrlin, die erste Deutsche unter den Englischen Fräulein, kümmert sich um die Kinder, die durch Krieg oder Pest ihre Familie verloren haben, und fügt dem Institut ein »Armenmädchenhaus« an, in dem über vierzig Kinder Aufnahme und schulische Betreuung finden. Viel später, 1861, wird den Englischen Fräulein auch die Leitung des Städtischen Waisenhauses übertragen. Sie wirken dort erfolgreich, bis ihnen 1935 der nationalsozialistische Stadtrat die pädagogische Führung der Kinder entzieht »mit Rücksicht auf das neu angebrochene Zeitalter ausgesprochener Männlichkeit«, wie dem Schriftverkehr mit der Stadtbehörde zu entnehmen ist.

Das Institut selbst erlebt eine wechselvolle Geschichte, Kurfürst Max Emanuel, ein großer Förderer der Englischen Fräulein, ermöglicht 1653 den Bau eines großzügig angelegten Schulgebäudes. Von hier aus entfaltet sich das Institut weit über Bayerns Grenzen hinaus mit Tagesschulen, Pensionaten und Waisenhäusern für Kinder aller Stände. Mit der Säkularisation unter Montgelas hat diese Lehrtätigkeit zu Beginn des 19. Jahrhunderts ein Ende. Doch König Ludwig I. leistet Wiedergutmachung. Er überläßt den Enteigneten 1853 den Nordflügel des Nymphenburger Schlosses. Hier wird nun das »Königliche Erziehungsinstitut München Nymphenburg« eingerichtet.

Unter den Nationalsozialisten verlieren die Englischen Fräulein ihre Lehrbefugnis wieder. Sie dürfen keine Mädchen mehr aufnehmen, ihre Häuser werden geschlossen, enteignet oder in Lazarette umgewandelt. Im Krieg fällt vieles den Bomben zum Opfer.

Über den Wiederaufbau nach Kriegsende berichtet eine Zeitzeugin: »Schon im Mai 1945, als die Münchner ihre Kinder aus der Evakuierung zurückholten, kamen Mädchen und Buben in Scharen zu uns und wollten Unterricht haben, Erwachsene kamen, um Englisch zu lernen. So eifrige Schüler wie damals in der Bretterhütte, die die Mannschaft eines Flugabwehrgeschützes im Botanischen Garten auf unserer Spielwiese hinterlassen hatte, habe ich seither nie mehr gefunden.«

Heute sind die Englischen Fräulein aus dem Münchner Leben nicht wegzudenken. Sie unterhalten Schulen und Studentinnenwohnheime und engagieren sich in weltweiten Missionsprojekten. 1978, nach mehr als 350 Jahren, wurde ihnen in Rom endlich erlaubt, nach den Konstitutionen des heiligen Ignatius von Loyola zu leben.

Wenn das die Gründerin erlebt hätte. Sie, die von ihrem Auftrag so erfüllt und vom Sinn ihrer Arbeit so überzeugt war und doch sehen mußte, wie ihr immer wieder Hindernisse in den Weg gelegt wurden.

Sie hat die letzten Jahre — wie die ersten ihres Lebens — wieder in England verbracht. In London hat sie noch einmal versucht, eine Schule zu gründen, zog sich dann aber 1642 wegen der Bürgerkriegswirren mit ihren wenigen Gefährtinnen in ihre Heimat Yorkshire zurück. Hier, in Hewarth, starb sie am 30. Januar 1645 im Alter von sechzig Jahren eines natürlichen Todes.

Man hat Maria Ward, die von der Inquisition so unnachgiebig Verfolgte, nicht als Hexe verbrannt — das ist beinahe ein Wunder. Aber die Kirche hat die unerschrockene Glaubensschwester auch nicht heiliggesprochen — und das ist durchaus kein Wunder.

Sie tanzte bayerische Geschichte
Lola Montez
1818—1861

Der Bayernkönig Ludwig I. liebte schöne Frauen und machte keinen Hehl daraus. Das Volk verzieh dem populären Monarchen und Kunstmäzen die Liebschaften. Selbst seine Frau, Prinzessin Therese von Sachsen-Hildburghausen, die ihm insgesamt neun Kinder gebar, zeigte sich großzügig. Minderwertigkeitskomplexe brauchte sie nicht zu haben, die Bayern waren von ihrer Schönheit und Ungezwungenheit begeistert, und sogar der weltkundige Wilhelm von Humboldt bezeichnete sie als »eine der hübschesten Fürstinnen, die ich je gesehen habe«.

Obwohl Ludwig sich die Ehefrau nicht hatte aussuchen können — Ehen wurden nach Staatsräson geschlossen, und ihm blieb lediglich die Wahl zwischen der älteren und der jüngeren Schwester — fand er sich gut mit seiner Lage ab. »So schicke ich mich in den Ehestand, fühle mich nicht unglücklich«, schrieb der 24jährige Kronprinz. Die Hochzeit, die am 12. Oktober 1810 stattfand, wurde zu einem großen Volksfest ausgerufen. Die Brautrobe in den bayerischen Landesfarben weiß-blau, der glanzvolle Hochzeitszug durch die Stadt, der großzügige Freiball für die Bevölkerung, an dem 10 000 Maß Bier, 16 000 Würstl und 50 Zentner Käse ausgegeben wurden, auch die traditionsreichen Pferderennen auf der großen Wiese vor dem Sendlinger Tor, die später zu Ehren der jungen Königin Theresienwiese genannt wurde — all dies war bewußt inszeniertes »teutsches« Brauchtum, Abrücken von französischen Einflüssen und dem napoleonischen Prägestempel. Dem in der Zeit

Lola Montez

der Romantik überall neu aufblühenden Nationalgedanken gab Kronprinz Ludwig so eine besondere bayerische Note. Das Oktoberfest auf der »Wies'n« ist bis heute eine beliebte Volksattraktion geblieben.

Als Ludwig nach dem Tod Max I. Joseph im Oktober 1825 den bayerischen Thron bestieg, hatte er die Münchner hinter sich. Keine Selbstverständlichkeit für einen zwar hochintelligenten, aber eher gehemmten, linkischen Regenten, von dem die klug beobachtende Bettine von Arnim sagt, seine Stimme, Sprache und Gebärde hätten »etwas Angestrengtes, wie ein Mensch, der sich mit großem Aufwand an Kräften an glatten Felswänden hinaufhalf«. Sie bescheinigt ihm aber auch Originalität und Geistreichtum, Eigenschaften, die seine hochfliegenden Pläne für den Ausbau der bieder provinziellen 50 000-Seelen-Stadt München beflügelten. Die Idee eines ästhetisch geprägten »Kunstkönigtums« schwebte ihm vor, ein Thron, der sich nicht durch die Zahl seiner Regimenter und die Waffenstärke definiert, sondern durch künstlerische Taten. »Als Luxus darf die Kunst nicht betrachtet werden. In allem drückt sie sich aus, sie geht über ins Leben«, schrieb Ludwig und berief den tüchtigen Städtebauer Leo von Klenze als Hofbaumeister. Sein Arbeitszimmer wurde zum Planungszentrum für das neue München, das mit dem Ausbau des Paradeobjekts Ludwigstraße langsam Gestalt annehmen sollte. Nun verkündete er mit schon gewachsenem Selbstbewußtsein, es sollte künftig keiner mehr sagen können, er habe Deutschland gesehen, wenn er nicht München gesehen habe.

In der Residenz ging Ludwig daran, einen seit langem gehegten Wunsch in die Tat umzusetzen: die Einrichtung einer Schönheitsgalerie. Er beauftragte den Hofmaler Joseph Stieler, »die Schönsten des schönen Geschlechts in München« zu malen. So kamen im Laufe von fast drei Jahrzehnten 36 Ölgemälde zusammen, Porträts von Gräfinnen und

Prinzessinnen, aber auch von Bürgertöchtern und Mädchen einfacher Herkunft, deren Väter Schuhmacher, Wildprethändler oder Kupferschmied waren. Daß sich auch Schauspielerinnen und Tänzerinnen unter den Ausgewählten fanden, gab zu süffisanten Vermutungen und Spötteleien Anlaß, die Heinrich Heine auf den Reim brachte: »er liebt die Kunst und die schönsten Fraun./Die läßt er porträtieren./Er geht in diesem gemalten Serail/als Kunsteunuch spazieren.«

Ludwig hatte jedoch keineswegs die Absicht, hier seine Mätressen öffentlich auszustellen. Es ging ihm ausschließlich um ästhetische Kriterien — ein guter Leumund der Porträtierten sollte allerdings Vorbedingung sein. »Nur Schönheiten guter Aufführung kommen in die Sammlung«, bestimmte er. Die Auswahl traf er nach Vorschlägen Stielers, seines Hofes und seiner Gemahlin Therese, die trotz ihrer Anmut in der Galerie nicht vertreten ist. Bei neun Geburten in zeitlich kurzen Abständen hatte sie auch wichtigere Beschäftigungen als Modellsitzen.

Stieler malte die Landesschönheiten in gefälliger und züchtiger Pose. Bei einem der letzten Gemälde wird ihm das nicht leichtgefallen sein. Das mit »Gräfin Maria von Landsfeld, geboren in Sevilla 1823« beschriftete Bild zeigt eine junge Frau mit ebenmäßigen Gesichtszügen, schwarzem Haar und hochgeschlossenem Samtkleid. Bildnis einer tugendhaften Tochter aus gutem Hause.

Wie ließ sich Ludwig da täuschen. Aber er war nicht der einzige, den die temperamentvolle, südländisch wirkende Schöne mit dem wohlklingenden Namen »Maria de los Dolores Porrys e Montez« zu umgarnen verstand. Sie war Anfang Oktober 1846 von Baden-Baden her nach München gekommen und hatte sich beim Hoftheater um ein Engagement als Tänzerin bemüht. Der Direktor ließ sie abblitzen. Sie besaß keine Papiere — die habe man ihr unterwegs gestohlen, behauptete sie —, dafür ging ihr ein zweifelhafter Ruf voraus. Eine »Femme fatale«, die man schon aus einigen Fürstenstädten ausgewiesen hatte, über deren Beziehungen zu einflußreichen oder schöngeistigen Männern man munkelte. Städte, Namen hinter vorgehaltener Hand: Paris, Franz Liszt, Alexandre Dumas ...

Ihre Auftritte als Flamenco-Tänzerin waren mäßig, ihr schauspielerisches Talent, das sich im privaten Rahmen entfaltete, um so beachtlicher. Es gelingt ihr, hartnäckig und einfallsreich, eine Audienz bei König Ludwig zu erwirken — und dieses Datum, der 7. Oktober 1846, wird in die Annalen der bayerischen Geschichte und des Hauses Wittelsbach eingehen.

Ludwig, der Schönheitsfanatiker, läßt sich von den Reizen der Lola Montez betören. Den Sprachkundigen macht ihr schlechtes Spanisch nicht stutzig, weder ihre blauen Augen noch ihre verworrene Lebensgeschichte wecken seinen Argwohn. Sie gibt an, wie später in ihren Memoiren nachzulesen ist, 1823 in Sevilla geboren zu sein, »Irländerin durch meinen Vater, Spanierin durch meine Mutter, Engländerin durch meine Erziehung, Französin aus Neigung und Kosmopolitin durch die Umstände.« Ihr Vater sei ein irländischer Gentleman von sehr vornehmer Herkunft, ihre Mutter stamme aus der Familie des Grafen von Montalvo, der seine großen Güter in Spanien durch Kriegswirren verloren habe.

Spätere und auch schon damalige Biographen stellen fest, daß weder Geburtsdatum noch Herkunft stimmen. Aber Lola wechselt Kindheit und Leben, wie es ihr gerade zweckmäßig erscheint.

Der Redaktion der Köllnischen Zeitung teilt sie mit, ihr Vater sei carlistischer Offizier gewesen, und nach seinem Tode habe ihre Mutter, eine geborene Havaneserin, sich mit einem irländischen Adligen verheiratet. Infolge unglücklicher Familienverhältnisse sei sie genötigt gewesen, beim Theater ihr Fortkommen zu suchen.

Je verwirrender ihre jeweiligen Lebensläufe gesponnen sind, um so eifriger machen sich Zeitungsleute und Hofbeamte auf Fährtensuche. In ihren Adern fließe kein Tropfen südlichen Blutes, befinden sie. Sie sei schon 1818 als Tochter einer Putzmacherin im irischen Limerick geboren. Ihre wilde Jugend in Calcutta, die fromme Pensionszeit in England, die Entführung mit 14 durch einen Captain auf ein irisches Schloß, um der drohenden Verheiratung mit einem Greis zu entgehen, das weitere abenteuerliche Leben in Indien — alles sei mit blühender Phantasie ausgeschmückt. Wahr an ihren Geschichten sind zwei gescheiterte Ehen, das unstete Wanderleben durch viele Länder und die zahllosen Affären als Tänzerin.

Lola Montez ist es nicht unangenehm, Mittelpunkt der Skandalpresse zu sein, auch wenn sie klagt: »Es ist wahr, diese Journale verbreiten die albernsten Lügen über meine Person, sie erzählten Dinge von mir, die ich selbst nicht wußte, sie gaben mir ganz nach ihrem Gutbefinden eine Herkunft, einen Vater, eine Mutter, sie machten zu meinem begünstigten Liebhaber, wen sie wollten, und den ich nicht einmal dem Namen nach kannte, und gerade durch diese Lügen kam ich in aller Munde, und da man auf die Moralität einer Künstlerin ein nicht so großes Gewicht legt, so gewährten mir diese Lügen« — stellt sie als Fazit fest — »allerdings oft mehr Vorteil als Nachteil.« Aber nicht nur die Presse macht sie verantwortlich für die Verfolgung einer jungen Frau, »welche das Unglück hat, schön und gesucht zu sein«, sondern die Männer, denen es nicht gelingt, ihr Fallstricke zu legen, und die Mädchen, denen es nicht gelingt, Männer zu finden.

Der König verschafft ihr doch noch einen Auftritt als Flamenco-Tänzerin im Hoftheater, und nach ihren Einlagen applaudiert er hingerissen. In einem Brief an einen Freund vergleicht er sich in überschwenglicher Verzückung mit dem Vesuv, der für erloschen galt und plötzlich wieder aufbrach: »Ich glaubte, ich könnte nicht mehr der Liebe Leidenschaft fühlen, hielt mein Herz für ausgebrannt.« Und ein paar Sätze weiter: »Einen neuen Schwung hat mein Leben bekommen, jung bin ich wieder geworden, freudig sieht mich die Welt an.«

Der über Sechzigjährige widmet seiner jungen Geliebten glühende Gedichte, schenkt ihr ein Haus in der Barer Straße, stellt ihr eine Kutsche zur Verfügung und kommt für ihren ausschweifenden Lebenswandel auf. Höflingen, die den Altersunterschied des Paares glossieren, antwortet sie spöttisch, sie habe während ihres ganzen Lebens jugendliche Greise alten Jünglingen vorgezogen. Sie ist äußerst schlagfertig, furchtlos und arrogant. Karikaturen zeigen sie mit Reitpeitsche, Zigarre rauchend und Männer entführend. Dabei hat sie für die »Emancen« und Amazonen des Vormärz, die mit ähnlichen Attributen karikiert werden, wenig übrig. Sie glaubt, die Frauen gewännen nichts bei all ihren Revolutionen: »Seit wann ist es denn den Frauen gestattet, ihr Geschlecht zu verleugnen und abzuschwören? Seit wann ist es gebräuchlich, daß sie ihre Haushaltung, die Wiege ihrer Kinder verlassen, um auf den öffentlichen Plätzen, auf der Rednerbühne, vor den Schranken des Senats und in der Reihen der Armee die Pflichten zu erfüllen, welche die Natur den Männern zugeteilt hat?«

In anderen Äußerungen jedoch schlägt sie sich wieder auf die Seite der Suffragetten, etwa wenn sie schreibt: »Ich habe dem starken Geschlechte überall den Fehdehandschuh hingeworfen und ihm gezeigt, wie wenig Recht es hat, sich in moralischer Hinsicht über uns Frauen zu erheben. Ich habe den Frauen gezeigt, daß, wenn sie verständen, die Schwäche der Männer zu nützen, sie überall aufhören würden, das schwache Geschlecht zu sein.« Und sie fährt provozierend fort: »Es wäre kein Unrecht, sich jedes Vorteils gegen die Eitelkeit und Anmaßung der Männer zu bedienen.« Ihre Natur gestatte es ihr nicht, ein Weib der Gewohnheit, ein sozusagen traditionelles Weib zu sein, welches sein höchstes Glück dareinsetze, dem Manne eine gute Brühe und ein freundliches Gesicht zu machen...

Ein traditionelles Weib ist sie wahrhaftig nicht. Sie provoziert in der Öffentlichkeit Skandal um Skandal, reizt ihre königlichen Privilegien schamlos aus. Den an sich langmütigen und toleranten Münchnern wird das Treiben nun doch zu bunt, aber Ludwig zeigt sich Warnungen gegenüber uneinsichtig, er stellt unmißverständlich klar: »Der König befiehlt und läßt sich nicht vorschreiben, was er tun und lassen soll.« Nicht nur im privaten Bereich, auch in der Politik entscheidet er immer eigenmächtiger. Restaurative Tendenzen liegen als Auswirkung der Pariser Julirevolution von 1830 ohnehin im Zug der Zeit. Sie schränken die Verwaltungsreform Graf Montgelas und die fortschrittliche Gesetzgebung in Bayern zunehmend ein. Die Pressefreiheit wird beschnitten, satirische Zeitschriften wie *Der reisende Teufel*, *Das schwarze Gespenst* oder der populäre *Bazar* erhalten einen Maulkorb.

Als nun Ludwig — unbelehrbar — das von Stieler gemalte Porträt der Lola Montez in seiner Schönheitsgalerie öffentlich zur Schau stellt, ist das Maß voll. Längst kursieren Gerüchte, die Kurtisane mische sich in die Staatsgeschäfte ein, habe Zugang zu geheimen Akten und beeinflusse den König in seinen Entscheidungen. Lola tut diese Befürchtungen als Hetze der Jesuiten am Hofe ab. Aber nicht nur die auf Wahrung von Sitte und Moral bedachte Kirche — Papst Pius IX. hat sich mit einem Mahnbrief eingeschaltet —, auch die Regierung, das konservative Ministerium Abel, legt dem König nahe, sich von der Tänzerin zu trennen. Als die Minister sich weigern, Lola die bayerische Staatsbürgerschaft zu gewähren, entläßt der König das konservative Kabinett kurzerhand und setzt ein neues, wie er annimmt liberaleres, ein. Doch auch diese Minister versagen ihm die Gefolgschaft, als er von ihnen fordert, Lola Montez in den Adelsstand zu erheben. Sie werden, wie ihre Vorgänger, entlassen und durch ein neues, willfähriges Kabinett ersetzt, das auf Vorschlag von Lola Montez gebildet wurde und allgemein »Lola-Ministerium« genannt wird. Dieses Ministerium stellt ihr am 25. August 1847, dem 61. Geburtstag des Königs, den heißbegehrten Adelsbrief aus und macht sie »wegen der Wohltaten gegenüber dem bayerischen Volk« zur Gräfin Landsfeld. Die Montez genießt den Triumph.

Das Volk jedoch, diesmal solidarisch mit Regierung und Kirche, fühlt sich verhöhnt, hintergangen, ausgenommen. Schon seit Monaten kommt es wegen der »babylonischen Hur« immer wieder zu Demonstrationen, Tumulten und Handgreiflichkeiten vor ihrem Haus und in der Stadt. Lauthals verlangt das Volk ihre Ausweisung. Sie läßt sich von einer obskuren Burschenschaft, dem »Korps Alemannia« beschützen. Es ist wie ein Kräftemessen.

All ihre Auftritte sind bewußt inszenierte Provokationen. Was mag Lola Montez dazu angetrieben haben? Machtrausch? Verachtung der soliden Münchner Bürgergesellschaft? Genußvoll ausgespielte Egozentrik? Sie ist intelligent, aber die Intelligenz bewahrt sie nicht vor Maßlosigkeit und Selbstüberschätzung, vor falschen Vergleichen. Sie kennt sich in der Geschichte des Hauses Wittelsbach gut aus, weiß, daß es im 17. Jahrhundert eine junge, lebenslustige Prinzessin aus Savoyen geschafft hat, dem Bayerischen Hofstaat ihren Stempel aufzudrücken. Henriette Adelaide, Gemahlin des Kurfürsten Ferdinand, erhielt als Belohnung dafür, daß sie ihm einen Sohn geschenkt hat, das Gartengut Kemnaten, das sie zu einem Sommersitz nach italienischem

Vorbild umgestalten wollte und »Borgo delle Nimfe«, Nymphenburg, nannte. Von solchen großen Gesten mag Lola Montez träumen. Sie weiß, daß Kurfürstin Henriette für den Bau der Theatinerkirche einen Architekten aus Bologna holte und ihm den Auftrag gab, die größte und schönste Kirche in ganz München zu bauen. Sie weiß, daß das Kurfürstenpaar zur Wasserjagd ein prachtvolles Lustschiff auf dem Starnberger See segeln ließ. Gemessen daran nehmen sich die Geschenke, die sie von Ludwig erhält, bescheiden aus. Aber für die Münchner ist alles, was er ihr zukommen läßt, ein Ärgernis.

Ludwig wird immer abhängiger von ihr, immer mehr in die Enge getrieben. Aber er will nicht sehen, wie sich ganz München gegen diese Frau verschworen hat: das Volk, das — bei ständig steigenden Lebensmittelpreisen — sich über ihre Verschwendungssucht empört; die Studenten und Professoren, die ihren Einfluß hinter den Einschränkungen der Lehrfreiheit vermuten; Liberale, die Toleranz und Asylrecht gefährdet sehen; Konservative und Kirchenleute, die Sittenverfall und Hochmut anprangern. Die Situation spitzt sich zu.

Bei einer Straßenschlacht, die sich Polizei und Volk gegen das Korps Alemannia liefern, flüchtet sich Lola in die Theatinerkirche. Ludwig eilt aus der Residenz herbei um sie zu beschützen und geleitet sie erhobenen Hauptes durch die aufgebrachte Menge. Als er im Februar 1848 die Universität schließen läßt, um die rebellischen Studenten zu bestrafen, hat die Empörung der Bayern ihren Höhepunkt erreicht. Bewaffnete Volksmassen rotten sich vor der Residenz und vor Lolas Haus zusammen und fordern die Ausweisung der Unruhestifterin, die sofortige Wiedereröffnung der Universität und mehr Mitspracherecht der Bevölkerung. Hart schlagen Ludwig die Rufe »Spionin«, »Freimaurerin«, »Kokotte«, »Hure« entgegen. Selbst die Armee rückt nun auf die

Seite der Protestierenden. Ludwig gibt auf, um Blutvergießen zu vermeiden.

Am 11. Februar wird die Universität wieder geöffnet, der König unterschreibt — gegen sein Gefühl und Gewissen — den Ausweisungsbefehl für die »Gräfin Landsfeld«, die sich nie durch Papiere legitimieren konnte. In ihren Memoiren liest sich ihr Abschied von Ludwig so: »Sire, Sie sind Herr in ihrem Lande, Sie sind der Vater ihres Volkes; wenn aber dieses Volk mich haßt, — dann will ich nicht zwischen Ihnen und Ihrem Volke sein, lassen Sie mich gehen, Sire, — lassen Sie mich von neuem meinem Schicksal folgen, das mich zur Rastlosigkeit verdammt hat ... die königliche Krone wankt, von zu viel Feigheit ist sie umgeben, zu viel Verrat hat sie umsponnen, was vermögen die wenigen Getreuen gegen eine Herde Wölfe? Rette die Krone.« Und die Edelmütige weicht, ein Opfer von Mißgunst und Intrigen.

Lola Montez — so die Order — muß München innerhalb weniger Stunden verlassen. In Schloß Blutenburg findet sie bei den Klosterschwestern mit einigen »Beschützern« aus der Burschenschaft Alemannia Unterschlupf, bevor sie in die Schweiz weiterreist. Ludwig hat ihr eine ansehnliche Rente ausgesetzt. Er liebt diese Frau noch immer, muß sich treulos vorkommen. Die persönliche und die politische Last drücken ihn nieder. Er erwägt den Rücktritt, obwohl die Bayern diesen Schritt von ihm nie gefordert haben, sie sehen ihn ja als das bedauernswerte Opfer der falschen Gräfin.

Trägt sie wirklich die Schuld an den ganzen politischen Wirrnissen? Hätte Ludwig mit seinem absolutistischen Regierungsstil, der München zu einem kulturellen Zentrum Europas und die Bürger zu Untertanen machte, nicht auch ohne das Tänzerinnen-Intermezzo Schwierigkeiten bekommen in dieser Zeit zunehmender Freiheitsbestrebungen hinter der Biedermeieridylle? Revolution liegt nicht nur in München in der Luft in diesem Umwälzjahr 1848, in dem Marx und Engels das Kommunistische Manifest unters Volk bringen. Auf die Februarrevolution in Paris folgt die Märzrevolution in Deutschland und Österreich mit der Forderung nach einer demokratischen Verfassung. In München unterschreiben 10 000 Bürger eine Liste, in der Pressefreiheit verlangt wird. Überall gärt es.

Am 20. März 1848 tritt der König ab. Er will nach 23 Jahren eigenmächtiger Regentschaft in einem neuen, demokratischer geprägten Staat kein »bloßer Unterschreibkönig sein, gebunden und gefesselt«, er überläßt die Krone seinem Sohn Maximilian — zweifach, von der Liebe und der Politik, tief getroffen.

Natürlich hatte Lola Montez die Glut des Aufruhrs tüchtig geschürt, aber der Brand wäre auch ohne ihr Zutun ausgebrochen. Sie klagt das Volk an: »Ihr Bayern habt das Herz eures Königs verkannt, ihr wißt nicht, oder wolltet es nicht wissen, welche erhabene Idee für Volkes Wohl in diesem Herzen lebte; nun wohlan, eine spätere unbefangene Geschichte wird über einen König richten, der zu edel dachte, um von den gemeinen Seelen verstanden zu werden, welche nichts verstehen, als vor der Macht zu kriechen — oder sie zu begeifern.«

Ludwig I. wäre als großzügiger Kunstmäzen auch ohne Lola Montez in die Geschichte eingegangen. Umgekehrt hätte die Tänzerin ohne den Glanzpunkt München in ihrer Karriere kaum in Lexiken und Geschichtsbüchern und auch nicht in der Trivialliteratur überlebt. Ihr weiteres Schicksal ist alles andere als glanzvoll. Kurz nach ihrer Vertreibung aus Bayern heiratet sie einen jungen, vermögenden Engländer, wird von dessen Verwandten wegen Bigamie verklagt, siedelt nach erzwungener Scheidung nach Paris über, tritt als Tänzerin in New York und New Orleans auf, heiratet ein drittes Mal ohne Fortune und bricht, vom Goldfieber angesteckt, nach Australien auf. Aber sie findet weder Gold noch Anerkennung als Tänzerin und verlegt sich nun aufs Schreiben von Frauenhistorie. Um eine Begründung ihres Tuns ist sie nie verlegen: »Ach, glaubt es mir, Ihr tugendhaften Leute: diese Weltgeschichte im Unterrock, wie Ihr sie nennt, ist oft eine bessere Weltgeschichte, als diejenige ist, welche in Pantalons einherstolziert...«

Die Unrastige stirbt nach einem Gehirnschlag in New York — einsam und längst nicht mehr im Rampenlicht stehend. Aber das Verwirrspiel um ihre Identität setzt sich fort. Als Todesjahr geben Biographen 1860 an, andere 1862. Der Grabstein auf dem New Yorker Greenwood-Friedhof trägt die Inschrift »Mrs. Elisa Gilbert, died January 17, 1861, aged 42 years«.

Ihren *Memoiren*, 1850 in Paris entstanden, hat sie einen überschwenglichen Huldbrief an »Se. Majestät den König Ludwig von Bayern« vorangestellt. Doch zu dem Zeitpunkt hat Ludwig schon abgedankt und — spät genug — ihren »Treuebruch zu dem Undank sich gesellt« durchschaut und das Marmorbrustbild der Gräfin Landsfeld aus seinem Gemach ins Magazin der Pinakothek schaffen lassen.

Aber Geschichte läßt sich nicht in einem Winkel ablegen. Die Memoiren der Lola Montez, 1914 engbedruckte Seiten, schreiben die schillernde Figur in einer Mischung von Dichtung und Wahrheit fest. Die farbigen Landes- und Milieuschilderungen, Salongeschichten und eigenwilligen Reflexionen lesen sich spannend wie ein Kriminalroman. Die Kapitel 140 bis 167 sind München gewidmet, Kapitel 140 trägt die selbstbewußte Überschrift »Ich und meine Gegner«. Ob Lola Montez diese Memoiren auf Drängen geschäftewitternder Buchhändler schrieb, allein oder mit fremder Hilfe, ob sie den zahlreichen über sie kursierenden Lebensläufen einen weiteren, ihrem Selbstbild entsprechenden hinzufügen wollte, ob sie einfach Geld brauchte oder tatsächlich in dankbarer Verehrung Ludwig ein Kuckucksei ins Nest legte, sei dahingestellt. Sie selbst verspricht Authentizität der beschriebenen Geschehnisse. Der Biograph Eduard Fuchs vergleicht ihr Mammutwerk mit dem Casanovas, nur daß er Casanovas Schilderungen mehr Wahrheitsgehalt zubilligt.

Jenseits vom Wahrheitsgehalt der dargebotenen »Fakten« geben die Memoiren Einblick in die zwiespältige Persönlichkeit einer Frau, die, ausgerüstet mit Intelligenz und Scharfblick, die Spielregeln einer etikettebewußten, doch oft genug hohlen Gesellschaft durchschaut, selbst aber diese Spielregeln meisterhaft und ohne Skrupel handhabt. Neben aller Selbstinszenierung weist sie auf Probleme hin, die zeittypisch sind, noch bevor eine sich erst allmählich formierende Frauenbewegung diese aufgreift. Sie weiß, wovon sie spricht: Wer als Frau sich die Freiheit nimmt, nicht nach den Normen der Gesellschaft zu leben, kann auch deren Schutz nicht beanspruchen, gehört zur Demimonde der Begehrten, aber nicht Geachteten, wird gestempelt, während der Mann ungestraft Grenzen überspringen kann. »Haben wir wirklich die Bestimmung und die Pflicht, der Arroganz dieser Männer zu dienen, welche verlangen, daß wir nur für ihre Genüsse leben sollen«, fragt sie mit rhetorischem Geschick und läßt sich gleichzeitig lustvoll und völlig selbstbestimmt auf diese Rolle des Opfers ein.

Nach Logik und Stimmigkeit im Leben der Lola Montez zu fragen, ist müßig. Es sind wohl gerade die Unberechenbarkeiten, die Anreiz bieten, sich mit ihrer Rolle zu beschäftigen. Eine Rolle, die zum klassischen Repertoire des Theaters gehört: die verführerische, gefährliche Schöne, der unschuldige Männer anheimfallen.

Ludwig, 1868 in Nizza gestorben, hat seine frühere Liebe um etliche Jahre überlebt. Seinen Abgang von der politischen Bühne und die Staatsaffäre um die Tänzerin soll er mit den Worten kommentiert haben: »Vorüber ist, was ich gefühlt, empfunden, doch um die Krone bleibe ich gebracht.« So scheint die Überschrift gerechtfertigt, die eine preußische Zeitung über den Jahrhundertskandal um Lola Montez setzte: »Sie tanzte bayerische Geschichte.«

Therese Prinzessin von Bayern

Eine Autodidaktin wird Ehrendoktor
Therese Prinzessin von Bayern
1850—1925

In der Genealogie des »erlauchten Stammhauses Wittelsbach« von 1870 nimmt sich ihr Name noch ganz unschein-
bar aus. Da ist sie bei der Luitpoldschen königlichen Neben-
linie als Tochter des Prinzen Luitpold von Bayern und der
ihm 1844 in Florenz angetrauten Prinzessin Auguste Ferdinande aufgeführt: Theresia Charlotte Maria Anna, k. Prinzessin von Bayern, geboren in München am 12. November
1850.

Sie ist das drittgeborene der vier Kinder des Prinzregen-
ten, das einzige Mädchen. Die Mutter, Tochter des Erzher-
zogs von Österreich, stammt aus der Toskana. Verwandt-
schaftliche Bande ziehen sich quer durch die Herrscherhäu-
ser Europas, die aufgeweckte Prinzessin Therese atmet von
klein auf kosmopolitische Luft. Sie lernt früh, in mehreren
Sprachen zu lesen, zu schreiben und artige Konversation zu
machen. Aber sie ist kein adrettes Vorzeigekind, keine Prinzessin mit devotem Hofknicks und höherer Töchterbil-
dung.

Sie ist das Kind ihres Vaters. Und der wird als eigenwillig
und unangepaßt geschildert. Pünktlich und gewissenhaft
wie der alte Kaiser Wilhelm soll er gewesen sein, aber auch
reisefreudig und wissensdurstig. Er hat Süd- und Osteuropa
bereist, Marokko, Ägypten und Kleinasien. Von Land und
Leuten wollte er sich sein eigenes Bild und seine eigenen
Gedanken machen — Gedanken, die er meist in seinem
Kopf behielt: »Des geht koan Menschen was an, was da
drin is.«

Diese spröde Zurückhaltung, die ihn beim Volk nicht so recht populär werden ließ, hat sich wohl auch auf sein geliebtes »Deandl« Therese übertragen. Die Prinzessin hat nie groß Aufhebens von ihrer Person gemacht, sie trat in der Öffentlichkeit kaum in Erscheinung, und da ihr Leben nicht von Skandalen umrankt war, lieferte sie auch der Boulevardpresse kein Futter. Dabei hätten sich mit ihren in jeder Weise außergewöhnlichen Unternehmungen durchaus Schlagzeilen machen lassen. Denkbare Balkenüberschriften:

> Mit zwölf Sprachen und Kavalier durch die Welt
> Damenexpedition durch die Kirgisensteppe
> Als Amazone am Amazonas
> Indianerschädel für Münchens Museen...

Statt dessen ruht ihr umfangreiches Werk unbenutzt in den Archiven. Für heutige Wissenschaftler zu wenig spezialisiert, nicht zur historischen Standardlektüre gehörend, für Journalisten zu karg und sachlich, ohne psychologische Verstrickungen und persönliche Dramatik.

Damalige Naturwissenschaftler haben ihre immense Leistung mehr zu würdigen gewußt — und das ist keineswegs selbstverständlich, handelte es sich doch um eine Frau und dazu noch um eine Autodidaktin.

Aber wo hätte sich Prinzessin Therese ihre weitgefächerte Bildung aneignen sollen, wenn nicht im Selbststudium? Deutsche Universitäten waren im 19. Jahrhundert für Frauen noch verschlossen. Bayern immatrikuliert erst 1903 die ersten Studentinnen, zwei Jahre nach Heidelberg und Freiburg. Natürlich wäre ein Studium in Zürich möglich gewesen, wie es die erste Ärztin Berlins, Franziska Tiburtius, absolviert hat. Oder ein Abschluß in Philadelphia, wie ihn Henriette Hirschfeld, die erste Zahnärztin Deutschlands, vorlegen konnte. Doch Therese will und kann nicht im Ausland studieren. Der schon früh verwitwete Vater braucht sie zu Hause, sie führt ihm, gemeinsam mit einer Tante, die Hausgeschäfte. Schmerzlich genug für ihn, wenn die eigenwillige Tochter immer wieder zu großen Reisen, die man eher Expeditionen nennen müßte, aufbricht.

Dieses Reisefieber, dieser Forscherdrang hat sie schon in ihrer Jungmädchenzeit gepackt. Während ihre Freundinnen Mode und Tanzvergnügen im Kopf haben, schlingt sie begierig alles in sich hinein, was ihr über fremde Völker und Kontinente in die Hände kommt. Je entfernter und abwegiger eine Gegend, um so stärker weckt sie ihr Interesse und den Wunsch, sich selbst von dem Gelesenen zu überzeugen. Therese will, unbeirrt, ein Leben aus erster Hand führen.

Mit 21 fängt sie an, Europa zu bereisen. Keine Spontanunternehmen aus jugendlichem Überschwang, sondern mit sorgfältig geplanten, bis in alle Einzelheiten festgelegten Reiserouten und Zielen. Als erstes lernt sie die Sprache des Landes, in das sie zu reisen gedenkt. Das fällt ihr nicht schwer, da sie über ein ausgezeichnetes Gedächtnis und große Wortgewandtheit verfügt. Zwölf Sprachen eignet sie sich auf diese Weise im Laufe der Zeit an. Zwölf Sprachen in Wort und Schrift, die sie befähigen, sich ihr Wissen von den Quellen zu holen, Briefwechsel und Gespräche vor Ort zu führen. Russisch und Neugriechisch, nicht eben leicht zu lernen, liebt sie am meisten. Sie dringt in die Feinheiten der Sprachstrukturen, aber auch in die Mentalität eines Volkes ein, indem sie alle verfügbare Literatur des jeweiligen Landes in der Originalsprache liest, schöngeistige Werke, vor allem aber wissenschaftliche Abhandlungen aus der Geographie und Ethnographie, der Botanik und Zoologie, wobei sie die Ornithologie am stärksten fasziniert.

Ihre ersten größeren Reisen unternimmt sie nach Italien und Griechenland. Es folgen Fahrten nach Frankreich, Spanien, Portugal und nach Nordafrika, festgehalten im Erlebnisbericht *Ausflug nach Tunis*. 1881 sind die nordischen Länder Dänemark, Schweden und Norwegen an der Reihe, ein Jahr später wagt sie sich an die Durchquerung der Kirgisensteppe. Diese expeditionsähnlich durchgeführten Fahrten beschreibt sie in den von ihr auch illustrierten Büchern *Reiseeindrücke und Skizzen aus Rußland* und *Über den Polarkreis*.

Warum sie beide Werke — und auch spätere — nicht mit ihrem Namen, sondern mit »Th. v. Bayer« signiert, kann nur vermutet werden. Es ist noch im ausgehenden 19. Jahrhundert durchaus üblich, sich als Frau hinter einem Pseudonym zu verstecken, das nicht auf weibliche Autorenschaft einer wissenschaftlichen Abhandlung schließen läßt. So ist die Anerkennung in Fachkreisen eher gewährleistet, und man entgeht der Gefahr, gleich in die Dilettantenecke abgeschoben zu werden. Andererseits paßt eine solche Kaschierung eigentlich nicht zum selbstbewußten Auftreten der Prinzessin. Oder fürchtet die Autodidaktin doch die Offenbarung ihrer »nicht wissenschaftlichen« Basis, die sie selbst zutiefst bedauert? Ihre Reisestudien aus Südamerika, die 1908 erscheinen, sind mit ihrem vollen Namen gezeichnet — aber da ist sie bereits Dr. h. c. der Universität München und somit als wissenschaftlich arbeitende Frau anerkannt.

Sie hat sich in ihrem Selbststudium ganz auf die naturwissenschaftlichen Sammlungen der Museen und der Universität München verlegt. Fleißig besucht sie Vorträge und Fachkolloquien, obgleich sie das angesammelte Wissen nicht in einem Examen dokumentieren kann. Aber es geht ihr weniger um Scheine und Ehrungen als um die Sache. Sie erstellt Listen von Objekten, die ihrer Meinung nach in den Sammlungen fehlen, und diese sorgfältige Buchhalterarbeit beflügelt gleichzeitig ihre Phantasie und ihren praktischen Verstand. Wie können die Lücken in den Vitrinen der naturkundlichen Museen mit dem geringsten Aufwand gefüllt werden? Die Antwort gibt sie sich gleich selbst: indem *sie* die Sachen heranholt. Sie hat das nötige Sachwissen, Sprachkenntnisse, Organisationstalent und Verhandlungsgeschick. Und zusätzlich kommt ihr zugute, was sie sonst nie ausspielt: Sie ist als Prinzessin des Hauses Wittelsbach so begütert, daß sie ihre Reisen selbst finanzieren kann.

Auch bei spartanischer Lebensweise verschlingen solche Expeditionen große Summen. Die ganze Spezialausrüstung muß angeschafft, das Begleitpersonal entlohnt werden; die Transportkosten schlagen schwer zu Buche. Die Prinzessin reist grundsätzlich nur mit kleinem Gefolge: mit einigen Bediensteten, einer Hofdame und — so will es die Etikette — einem »Kavalier«, der fähig ist, die Gruppe zu beschützen.

Der Kavallerie-General Freiherr Max von Speidel versieht dieses Amt auf mehreren der anstrengenden Reisen, und die Baronin Johanna von Malsen steht als vertraute Hofdame der Prinzessin zu Diensten, die fast immer inkognito reist. Nur so glaubt sie unverfälschte, nicht durch äußere Begünstigungen beeinträchtigte Forschungsergebnisse nach Hause zu bringen. Auf einen Adelstitel mag sie aber nicht ganz verzichten. Sie tritt als unbekannte »Gräfin Elpen« auf, vermeidet allerdings jeden Aufwand und verlangt diese genügsame und harte Lebensweise auch von ihren Begleitern. Denkbar, daß ihre Zähigkeit im Ertragen von Strapazen, ihr auch spätabends nicht erlahmender Arbeitseifer und ihre hohe Selbstdisziplin die Begleiter eher zur Erschöpfung und zum Fluchen brachten als zum bewundernden Nacheifern. Die körperlichen Anstrengungen überstiegen oft das Maß des Zumutbaren, unter den extremen klimatischen Bedingungen wird jede Arbeit zur Schwerarbeit. Gefahren lassen sich in den unwegsamen Gegenden nie ausschließen, auch wenn die Reisen mit Umsicht vorbereitet wurden. Mut und Durchhaltewillen werden jedem der Beteiligten abgefordert.

Nachts, wenn die andern schlafen, hält Prinzessin Therese alle Sammelergebnisse und alle Beobachtungen in ihrem Tagebuch fest. Eigenhändig überprüft sie die fachgerechte Verpackung, Präparierung und Beschriftung der zusammengetragenen Funde. Sie fühlt sich ihrem selbstgestellten Auftrag verpflichtet, die Sammlungen in der Königlichen Residenz in München, die später im Leuchtenbergpalais untergebracht werden, durch möglichst einwandfreie und sorgfältig ausgewählte Präparate zu ergänzen.

All diese Mühen finden wider Erwarten in den maßgeblichen Männergremien doch die gebührende Anerkennung. 1892 wird Therese von Bayern zum Ehrenmitglied der Geographischen Gesellschaft und der Akademie der Wissenschaften in München ernannt, Ehrenmitgliedschaften anderer wissenschaftlicher Gesellschaften folgen. 1897 verleiht ihr die philosophische Fakultät der Universität München die Ehrendoktorwürde — eine für eine Frau und Autodidaktin völlig außergewöhnliche Ehrung.

Aber wer von den Lehrstuhlinhabern hat schon so gefahrvolle und erfolgreiche Feldforschung betrieben wie die Frau ohne »ordentlichen« Studienabschluß? Wer nähme wie sie fast alljährlich entbehrungsreiche Studienreisen auf sich, nach Zentral-Brasilien oder in die Balkanländer Montenegro und Albanien, nach Serbien und Bulgarien? Drei Jahre später bereist sie ganz Nordamerika, Kanada und Mexiko. 1898 der Höhepunkt ihrer Forschungsreisen: Westindien und Südamerika.

1908 erscheint bei Reimer in Berlin ihr umfangreiches Werk in zwei Bänden *Reisestudien aus dem westlichen Südamerika* mit Zeichnungen von ihrer Hand und eigenen Photos. Zehn Jahre hat sie an dieser umfassenden Auswertung ihrer dritten Südamerika-Expedition, die sie 1898 in Begleitung einer Dame, eines Kavaliers und eines Dieners unternommen hat, gearbeitet. Sie widmet das Werk ihrem jüngeren Bruder Arnulf, mit dem sie neben den engen Geschwisterbanden auch das Fachinteresse für geographische Forschung verbindet.

Im Vorwort gibt sie als Zweck der Reise die Vervollkommnung ihrer Kenntnis der Tropengegend und die Kontaktaufnahme zu Indianerstämmen, insbesondere in Kolumbien und Bolivien, an. Nicht weniger wichtig sei ihr jedoch gewesen, möglichst viel botanische, zoologische, anthropologische und ethnographische Gegenstände für die bayerischen Staatsmuseen zu sammeln. Beim häufigen Arbeiten in diesen Museen hatte sie festgestellt, daß es überall an Objekten aus dem Westen Südamerikas fehlte. Sie beklagt, daß es in München nicht einen einzigen charakteristischen altperuanischen Schädel gäbe und möchte diese Lücke möglichst füllen.

Heute würde sie mit den Ausfuhrgesetzen der jeweiligen Länder und den internationalen Tierschutzbestimmungen in Konflikt kommen, wenn sie als Expeditionsgrund angäbe: »Tiere sollten geschossen und gefangen, nach Gebrauchsgegenständen jetzt lebender Indianer geforscht, Mumien ausfindig gemacht und auf den Gräberfeldern Altertümer und Schädel aufgelesen werden.« Aber die damalige »Materialbeschaffung« darf nicht nach unserem heutigen, für Umwelt und Dritte Welt sensibilisierten Bewußtsein beurteilt werden. Das ökologische Gewissen war am Anfang unseres Jahrhunderts noch kaum entwickelt, und die Museen waren darauf bedacht und stolz, möglichst seltene Stücke in ihren Sammlungen präsentieren zu können.

Bei den Reisevorbereitungen, die ein volles Jahr beanspruchten, mußte an alles mögliche gedacht werden: an Spezialkarten und günstige Reisezeiten, an Moskitonetze und

Wasserfiltriermaschinen, an Fischangeln und Herbarien, Spiritusgläser und Zyankali zum Töten der Beute. An Ort und Stelle wurde die Arbeit von Prinzessin Therese genau eingeteilt: »Die Jagd mit Büchsflinte und Tesching lag dem Kavalier und dem Diener ob. Letzterer besorgte gemeinsam mit mir das Aufsammeln von Fischen, Spinnen, Insekten, Myriapoden, Crustaceen, Mollusken, Echinodermen und Cölenteraten.« Der Diener half ihr auch beim Abbalgen der Säugetiere und Vögel und beim Präparieren der Reptilien. Die Reisegefährtin nähte die Fische in Leinwand ein, wobei an heißen Tagen alle erbeuteten Tiere sofort konserviert werden mußten, was oft Nachtarbeit bedeutete. Für den Transport und die Beschaffung der Transportmittel war der Kavalier zuständig, für die Photoplatten die Reisegefährtin. Gekocht wurde in einem großen Blechtopf reihum, aber die Prinzessin war für Küchenarbeit nicht sehr begabt: »... kulinarische und wissenschaftliche Tätigkeit vertragen sich schlecht. Indessen ich auf Küchenwache mich in das Niederschreiben der von mir diesen Morgen angestellten Beobachtungen vertiefte, kochte die Suppe über, und nun war auch noch die Hälfte unseres ohnedies mageren Mahles dahin.«

Die Reise führt von den französischen Antillen über Trinidad und Venezuela zum Rio Magdalena in Kolumbien, der in abenteuerlicher Boots- und Floßfahrt erkundet wird. Aufregung über Aufregung: Jagd auf Brüllaffen, Erlegung eines Krokodils, risikoreiche Bekanntschaft mit den wilden Opon- und Carare-Indianern, und immer die Angst vor Malaria und Gelbfieber.

Auf Maultieren geht es durch die Ostkordillere zur Hochebene von Bogotá, bei fast unerträglicher Hitze durch die Llanos, dann über den unwirtlichen Quindíopaß: »die fünfte Nacht nicht aus den Kleidern«. In Ecuador »drohende Beschießung«, Raubfische, unbekannte Schlangenarten im Regenwald der Anden. Auf dem über 4000 Meter hohen Kamm zum Chimborazo die Bergkrankheit Soroche, Schüttelfrost, Halluzinationen, eisige Nachtkälte, gegen die die mitgeführten Ponchos kaum Schutz bieten.

Die Strapazen setzen sich im weiteren Verlauf der Reise fort, aber nicht einen Augenblick wird an Aufgabe oder Reduzierung des Programms gedacht. Es geht nun, im zweiten Band festgehalten, um die geographische, biologische und völkerkundliche Bestandsaufnahme der Länder Peru, Bolivien, Chile und Argentinien. Keine angelesenen Fakten, alles aus eigener Anschauung und Erfahrung niedergeschrieben, ob Andenübergang oder südbolivianische Puna, ob Durchquerung der 600 Kilometer langen Wüste Atacama oder der argentinischen Pampa. Uruguay und die brasilianische Küste sind die letzten Stationen der Reise. Von Rio de Janeiro aus wird die Rückfahrt nach Deutschland angetreten — erschöpft, aber mit reicher Beute. Therese von Bayern kann nun, wie sie es sich schon in jungen Jahren fest in den Kopf gesetzt hatte, die Münchner Sammlungen mit ihren Schätzen auffüllen. Im Anhang der *Reisestudien* sind die Listen aller gesammelten Altertümer, Gebrauchsgegenstände, Pflanzen, Tiere und Versteinerungen, die sie unterwegs erhandelt oder gefunden hat, aufgeführt.

Nicht daß die Prinzessin nur ein Auge für Beutestücke gehabt hätte. Sie konnte sich genauso über Naturstimmungen oder kleine, alltägliche Begebenheiten freuen. Sie war eine aufmerksame Beobachterin, und vieles, was anderen entging, hat sie in ihrem Tagebuch festgehalten.

Welche Überraschung, als sie in Caracas entdeckt, daß das imposante Reiterstandbild des Freiheitshelden Simon Bolivar auf einem Marmorsockel aus der Oberpfalz thront und in der Millerschen Erzgießerei in München gegossen wurde!

Ab und zu überlisten auch ihre Gefühle die Sammelleidenschaft, etwa wenn sie erwägt, ein äußerst seltenes Neunbindengürteltier, das sich am Kopf streicheln läßt, für die Münchner Sammlungen aufzukaufen: »Leider mußte ich der Versuchung widerstehen, das Tier zu erwerben, in Anbetracht der Unmöglichkeit, es auf der ganzen noch bevorstehenden Reise lebend mitzuschleppen. Und zum Töten desselben könnte ich mich nicht entschließen«, schreibt sie bedauernd.

Der Blick für Kleinigkeiten, aber gleichzeitig das Denken in großen Zusammenhängen — beides ist bezeichnend für sie. Ein Vermächtnis ihrer früh verstorbenen Mutter? Therese hat ihr, die mit 39 Jahren an Schwindsucht starb, ein Buch gewidmet, das ihr Leben liebevoll nachzeichnet: *Auguste Ferdinande Prinzessin Luitpold von Bayern, geb. Prinzessin von Toscana, Erzherzogin von Österreich.* Therese war erst 13 beim Tod der Mutter, aber deren Charakter und Erziehungsgrundsätze haben sich dem Mädchen tief eingeprägt. Die Lebensgestaltung und Lebensbewältigung der Mutter werden für die Tochter richtungsweisend. Sie schildert die Entschlossenheit der Verstorbenen: »Zaudern gestattet sie nie«; den Weitblick und durchdringenden Verstand von »männlicher Schärfe«; die Anforderungen, die sie an sich selbst stellte: »Sie verfolgte den einmal als recht anerkannten Weg unbeirrt, unbekümmert um das Urteil der Menschen, hiedurch selbst denjenigen Achtung abgewinnend, welche andere Ziele verfolgten als sie. Mit dieser Festigkeit und Willensstärke verband sie eine große Ausdauer; was ihr heute nicht gelingen wollte, versuchte sie morgen oder übermorgen neuerdings...« — Sätze, die auch über Therese geschrieben werden könnten.

Aber während die Charakterstrenge der Mutter von äußerem Liebreiz gemildert wird — Schwiegervater König Ludwig I. läßt sie deshalb vom Hofmaler Stieler für seine

Schönheitsgalerie porträtieren —, wirkt Therese schon als junges Mädchen auf Bildern ernst und in sich gekehrt. Ihre starke musische Begabung tritt hinter der Naturwissenschaft im Laufe der Zeit immer mehr zurück. Für lockere Geselligkeit hat sie nie viel übrig gehabt. Sie hängt an ihrem Vater, der nach dem Tod der Mutter nicht wieder heiratet und ein zurückgezogenes Leben führt. Sie hängt an ihren drei Brüdern, besonders an Arnulf, dem jüngsten. Der enge familiäre Rahmen gibt ihr Geborgenheit. Ob sie dem Vater zuliebe keine vereinnahmenden Freundschaften pflegt, keine Ehe eingeht? Oder nimmt die Wissenschaft sie so gefangen, daß daneben für andere Bindungen kein Platz bleibt? Ihre so ausführlichen Aufzeichnungen enthalten kaum persönliche und gar keine intimen Notizen. Was ihr wichtig und überliefernswert erscheint, sind ihre Beobachtungen als Naturforscherin.

Über ihr soziales Engagement spricht sie kaum, das gilt als selbstverständlich in ihren Kreisen. So setzt sie sich für Stipendien an junge Forscher ein oder führt die »Marien-Krankenküche« auf eigene Rechnung weiter, die die Königin-Mutter Maria, der sie sehr verbunden war, eingerichtet hat. Im Ersten Weltkrieg läßt sie in ihrer Villa am Bodensee, wohin sie sich zurückgezogen hat, ein kleines Lazarett für Verwundete einrichten und pflegt diese selbstlos — eine besondere Leistung, wenn man ihre häusliche Ungeschicktheit bedenkt.

Ihre wertvollen Sammlungen vermacht sie dem bayerischen Staat. Sie werden den Museen Münchens und der Staatsbibliothek übereignet.

Am 19. September 1925 stirbt sie in ihrem Lindauer Haus. Die Folgen des Ersten Weltkriegs — die persönlichen und die politischen — hatten sie schwer mitgenommen, vor allem die Geschicke Bayerns und des Hauses Wittelsbach. Es war, als ob ihr unermüdlicher Elan erlahmte, der sie noch 1913, im Alter von 63 Jahren, den Ätna und den Parnaß besteigen ließ. Aber untätig — das Wort hatte für sie immer eine negative Prägung — war sie nie. In den letzten Jahren widmete sie sich neben der Arbeit am Schreibtisch der Pflege ihres Parks und der Zucht und Veredelung seltener Bäume.

In den *Mitteilungen der Geographischen Gesellschaft in München* wird die Bedeutung Therese von Bayerns für die Naturwissenschaften in einem Nachruf gewürdigt. Einige Ergebnisse ihrer Arbeit und damit die Bandbreite ihres Wirkens werden in Heft 1/1926 noch einmal in Erinnerung gebracht, so die Erforschung mexikanischer Seen und Fischarten, ihre Untersuchungen in den brasilianischen Tropen und die Systematisierung in Südamerika gesammelter Pflanzen und Insekten, vor allem aber die Beobachtungen bei nicht weniger als 23 Indianerstämmen.

In der Tat hat ihre Erforschung einiger bis dahin unbekannter Indianerstämme im Gran Chaco zwischen La Plata und dem Amazonas die Fachwelt in Erstaunen versetzt: Mit welcher Systematik, welch fundiertem Wissen und vor allem mit welcher Unerschrockenheit sich da eine Frau ans Werk machte, sich auf lebensbedrohliche Wagnisse einließ, das durfte — trotz aller Vorbehalte gegen weibliche Dilettanten — einfach nicht unbeachtet bleiben. Man verglich Therese von Bayerns Leistungen mit denjenigen Alexander von Humboldts, und das war — aus der Sicht männlicher Wissenschaftler — das höchste Lob, das ihr gespendet werden konnte.

Für Frauenstimmrecht und Frieden

Anita Augspurg
1857—1943

Ein kleines graugrünes Haus, das wie eine Bühnenkulisse mitten im München der Jahrhundertwende steht. Ecke Von-der-Tann-Straße/Königinstraße, unmittelbar am Englischen Garten. Der Jugendstilarchitekt August Endell hat es provozierend phantasievoll gestaltet, mit unregelmäßig gesetzten Fenstern, in deren Form Gertrud Bäumer das Temperament des Jugendstils zucken sieht, etwas »wie gebundene Elektrizität, ein schwungvolles Spiel elementarer Lust des Lebens«. Die Fassade wird von einem kühn stilisierten Drachen beherrscht, »Drachenhaus« spöttelt der Volksmund deshalb. Aber nicht nur deshalb: Das Haus gehört zwei jungen Frauen mit kurzgeschnittener Titusfrisur und unbekümmert selbstsicherem Auftreten. Frauen, die ohne männliche Begleitung durch den Englischen Garten radeln und sich in die Politik einmischen.

Das Drachenhaus haben Sophie Goudstikker und Anita Augspurg ganz nach ihren Vorstellungen bauen lassen, sie betreiben hier ein Photoatelier. »Hof-Atelier Elvira« steht in steilen Schnörkelbuchstaben neben der Eingangstür. Die Klientel kommt aus Künstlerkreisen und selbst aus der bayerischen Königsfamilie, die Frauen verstehen ihr Geschäft, sie haben sich bei erstklassigen Photographen ausbilden lassen.

In Wirklichkeit aber treibt sie etwas anderes um: die Benachteiligung der Frau im politischen Leben und in der Gesellschaft. Sie haben sich beide ganz der Frauenbewegung verschrieben, die im letzten Jahrzehnt des 19. Jahrhunderts

Anita Augspurg

allmählich Kontur und Macht gewinnt. »Verein für Fraueninteressen« nennt sich der Kreis, der sich im Drachenhaus trifft, unverfänglich. Darunter kann man sich backende Hausfrauen oder kunstbegeisterte höhere Töchter vorstellen; nur auf den Gedanken, es handle sich womöglich um politisch aktive Frauen, sollte niemand kommen. Noch — und das bis zum Jahre 1908 — ist Frauen die Gründung politischer Vereine und die Teilnahme an politischen Versammlungen gesetzlich untersagt. Aber Münchens Frauen machen sich trotzdem politische Gedanken, keine hochfliegend utopischen, sondern handfest praktische: Sophie Goudstikker hat eine Rechtsschutzstelle für Frauen in Not eingerichtet, Ellen Ammann die erste katholische Bahnhofsmission gegründet, Ika Freudenberg beruft 1899 in München den ersten »Allgemeinen bayerischen Frauentag« ein.

Anita Augspurg bringt kosmopolitischen Wind in die Münchner Frauenszene. Sie kennt sich im Ausland aus, hat Jahre in Zürich gelebt, in Berlin und Hamburg, Erfahrung in der Frauenarbeit gesammelt, sie sieht auch in München eine Chance, Frauen für ihre Rechte zu mobilisieren. München, nach Berlin und Hamburg das dritte deutsche Zentrum der Emanzipationsbewegung, gilt als kulturell aufgeschlossene und vorurteilsfreie Stadt. Doch auch hier sind die Bildungsmöglichkeiten für Frauen noch sehr eingeschränkt, der Zugang zur Universität ist ihnen noch verwehrt. Wohlmeinende Professoren lassen weibliche Hörer da und dort mit durchschlüpfen, aber Examen ablegen können sie erst von 1903 an. Noch im Jahre 1900 gibt es in München nur eine einzige Ärztin, und die ist Engländerin und darf keine Rezepte ausstellen.

Anita Augspurg, die Photographin, die auch eine solide Ausbildung als Lehrerin und eine etwas weniger solide als Schauspielerin hinter sich hat, mußte deshalb ihre vierte berufliche Laufbahn, die einer Juristin, in Zürich beginnen.

Eine Legitimation als Gesetzeskundige schien ihr die einzige Möglichkeit zu sein, in Männergremien mitzuhalten, wenn dort Frauenpolitik »zum Besten« der politisch Unmündigen gemacht wurde. 1897 promovierte sie als Vierzigjährige an der Zürcher Universität zum Dr. jur. — gerade rechtzeitig, um sich in Deutschland in die Vorbereitungen für ein neues Bürgerliches Gesetzbuch einschalten zu können. Die neue Gesetzgebung sollte mit dem Jahrhundertbeginn in Kraft treten, da gab es im Vorfeld noch viele Weichen für die Frauenpolitik zu stellen. Abänderungsvorschläge mußten bei der Regierung und beim Reichstag eingebracht werden, das machte die Anwesenheit in Berlin nötig — ein großes Opfer für die Norddeutsche mit dem Hang zum Süden. Ihre spätere Gefährtin Lida Gustava Heymann beschreibt diesen Konflikt plastisch: »So leidenschaftlich sie Bayern und München liebte, ebenso haßte sie Preußen und besonders die Berliner Atmosphäre wie die Berliner selbst mit ihren schreienden mißtönenden Fistelstimmen, dem ewigen Getue, dem immer alles Besserwissenwollen.«

Doch ausgerechnet in diesem verhaßten Berlin haben sich die beiden Frauen zum ersten Mal getroffen. 1896, auf dem Internationalen Frauenkongreß: Anita Augspurg hielt eine Rede, und die elf Jahre jüngere Hamburger Kaufmannstochter Lida Gustava war von der Rednerin fasziniert. Damit beginnt ein Lebensbund, in dem die vitalere Anita Augspurg die Führungsrolle übernimmt. Die Gefährtin bewundert sie als »Lebenskünstlerin«.

Für beide steht die Frauenbewegung im Mittelpunkt, doch haben sie auch andere, gemeinsame Interessen: ihre Naturnähe, ihre Reiselust. Zu zweit machen sie Sommerferien im bayerischen Kloster Schäftlarn, pendeln zwischen Berlin und München und werden schließlich in München seßhaft.

Anita Augspurg hat sich inzwischen in die juristischen Probleme der Frauenfrage eingearbeitet, hat alle einschlägigen Gesetzestexte im Kopf, kein Parlament und kein Gericht kann sie noch mit Paragraphenzitaten einschüchtern. Wie wichtig der juristisch fundierte Unterbau einer Argumentation ist, wenn man politisch etwas erreichen will, hat sie schon in ihrem großbürgerlich geprägten Elternhaus in Verden an der Aller mitbekommen.

Der Vater war Jurist und wurde als engagierter Liberaler nach der Revolution von 1848 für seine Überzeugung eingesperrt. Von ihm hat sie den starken Gerechtigkeitssinn geerbt und das nüchterne Engagement, das weniger mit Emotionen als mit richtigen Gesetzesparagraphen an eine Sache herangeht.

Die Frauenanwältin sieht ihren Platz nicht im gemäßigten Flügel der Frauenbewegung, in dem Helene Lange mit ausgewogener Diplomatie eine Strategie der kleinen Schritte verfolgt, sondern im radikalen um Minna Cauer, der ungeduldiger und lautstarker Frauenrecht einfordert. Die beiden Flügel unterscheiden sich im Ton, aber auch in vielen ihrer Zielsetzungen. Es gibt unterschiedliche Auffassungen zu Fragen des Mutterschutzes, der Prostitution und Ausbeutung durch den Mann, zum § 218 — alles heute noch heiße Eisen. Auch bei der Forderung nach dem Frauenwahlrecht gibt es Differenzen. Die Gemäßigten setzen sich für das bestehende Dreiklassenwahlrecht ein, die Radikalen verlangen Gleichheit für alle Klassen und beide Geschlechter.

1908 kann die Frauenbewegung einige Erfolge verbuchen. Eine längst fällige Mädchenschulreform wird durchgesetzt, die endlich dem weiblichen Geschlecht gleiche Bildungschancen einräumt — wenigstens auf dem Papier. In der Praxis sind die eingewurzelten Familienstrukturen nicht so rasch zu verändern: der Junge studiert, das Mädchen heiratet.

Von 1908 an können Frauen auch politischen Parteien beitreten. Das verbessert ihre Lage aber erst einmal kaum, da sie ihre Kräfte in den verschiedenen Lagern verzetteln, ohne zu einer Solidarität über Parteigrenzen hinweg zu kommen. Den 1894 gegründeten »Bund deutscher Frauenvereine« sieht Anita Augspurg nicht als wirksame Frauenlobby, da er als Dachorganisation systemlos alles aufnehme, vom »Verein für die Aussteuer jüdischer Bräute« bis zum Verein »Frauenwohl«. Abseits halten sich ohnehin die Arbeiterinnen und die katholischen Frauenvereine. Die sozialistische Frauenbewegung mit Clara Zetkin an der Spitze hat sich vom bürgerlichen Lager abgekoppelt, um sich auf der Seite des Proletariats mit den Genossen gemeinsam für die Arbeiterinnen einzusetzen. Anita Augspurg bleibt da skeptisch: »Der sozialdemokratische deutsche Mann beutete, wo er die Möglichkeit dazu hatte, das heißt in der Familie, die Frau für seine persönlichen Zwecke in gleicher Weise aus wie die bürgerlichen Männer ... Bei den Sozialdemokraten war es die Natur, bei den Kirchenvätern der liebe Herrgott. Männlichen Despoten hat es noch nie an Ausreden gefehlt.«

Wie ihre Lebensgefährtin Heymann engagiert sich Anita Augspurg in der liberalen Deutschen Freisinnigen Volkspartei. Aber die beiden erfahren bald, daß Frauen in den bestehenden Männerparteien keine wirkungsvolle Frauenpolitik machen können. Schon 1902 hatten sie in Hamburg den »Deutschen Verein für Frauenstimmrecht« gegründet als Antwort auf das Desinteresse der Parteien an mitarbeitenden und mitdenkenden Frauen. Sie wissen, daß das Stimmrecht der entscheidende Hebel ist für die Gleichberechtigung auf allen Gebieten, deshalb setzen sie sich in Vorträgen und Diskussionen so nachdrücklich für dieses Ziel ein. 1912 erscheint die erste Nummer ihrer Zeitschrift *Frauenstimmrecht*, und Anita Augspurg stellt mit Befriedigung fest, daß sich ihre Gegner sofort zu einem »Bund zur Bekämpfung des Frauenstimmrechts« formieren. In einem Leitartikel frohlockt die Kampfbereite: »Wann hätte wohl je der deutsche Blätterwald so intensiv von Frauenbewegung und Frauenstimmrecht gerauscht? ... das Frauenstimmrecht wurde verteidigt von Blättern, die bisher drei Kreuze vor ihm machten, die es ohne diesen Angriff nie für würdig befunden hätten, Gegenstand eines ernsten Leitartikels zu sein.«

Die unerwartete Publizität macht den Stimmrechtsanhängerinnen Mut, sich mit einem Propagandazug durch München zu ihrer Sache zu bekennen. In fröhlicher Reihe geht es mit zwanzig girlandengeschmückten Wagen quer durch die Innenstadt bis zum Englischen Garten. Tafeln mit der Aufschrift »Frauenstimmrecht« werden von Frauen getragen, die gar nicht wie Blaustrümpfe oder zigarrenqualmende Emanzen in den Witzblättern aussehen. Die Münchner sind verblüfft, nehmen's als Gaudi, und das Bild der verbissenen, furchteinflößenden Suffragetten ist gebannt.

Die Initiatorinnen wundern sich, daß es »weder Ungezogenheiten noch irgendwelche Anrempelungen oder Grobheiten« gab, nur erheiternde Zurufe wie »Aha, keinen Mann gekriegt!«

Der Münchner Frauenbewegung geht die herbe Strenge ab, mit der in Preußen Frauenpolitik gemacht wird. Aber gerade diese weniger dogmatische, vielleicht auch gemächlichere Art hat die beiden »radikalen« Norddeutschen aus Verden und Hamburg nach Bayern gezogen. Zwar setzen sich beide für die Frauenbelange voll ein, aber daneben führen sie ein intensives Privatleben auf dem Lande, mit körperlicher Arbeit und sportlicher Betätigung.

Lange schon hatte Anita Augspurg von einem eigenen Bauernhof geträumt — und auch diesen Traum mit mehreren Semestern an der Landwirtschaftlichen Hochschule in Berlin solide untermauert. Sie fühlt sich der Herausforderung gewachsen, einen Hof mit Landwirtschaft und Viehzeug zu führen. Der Siglhof bei Peissenberg ist nach ihrem Geschmack: 1000 Tagwerk Land, 43 Kühe. »...das war ein Feld praktischer Arbeit, da war Raum für Phantasie, köstliche Möglichkeiten, Neues zu gestalten«, heißt es in den Memoiren. Der etwas verkommene Bauernhof entwickelt sich nach und nach zu einem Mustergut. Sümpfe werden trockengelegt, Wiesen drainiert, Hänge aufgeforstet, Torf wird gestochen. Und die ganze Arbeit wird ausschließlich von Frauen bewältigt. Die staatliche Moorkulturanstalt beteiligt sich an Versuchen mit Getreide-, Kartoffel- und Gemüseanbau auf moorigen Böden.

Die bäuerliche Umgebung verfolgt die Arbeit der »Weiberkommune« mit Mißtrauen und die Erfolge mit Neid. Auch nach zwei Brandstiftungen geben die Frauen den Versuch noch nicht auf, mit den Einheimischen in Kontakt zu kommen. Vielleicht lassen sich Jugendliche und Frauen mit einer privaten und kostenlosen Bücherausleihe ins Haus locken? Zuerst ist die Neugier der Dorfbevölkerung groß und der Andrang entsprechend, doch bald hört die Leselust auf: Die ausgeliehene Literatur entspricht nicht dem, was der Pfarrer sich für seine Schäfchen wünscht.

1913 muß der Siglhof wegen einer schweren Erkrankung Anita Augspurgs verkauft werden. Auch ein späterer Versuch mit einem Landsitz bei Icking, den die beiden Besitzerinnen »Burg Sonnensturm« nennen und der ihr Altersruhesitz werden soll, erweist sich als kurzlebiger Traum. Der Hof kann aus finanziellen Gründen nicht gehalten werden. Trotzdem bereuen die beiden so ähnlich auf Herausforderungen und Schicksalsschläge reagierenden Gefährtinnen ihre Landerfahrungen nicht. Sie stellen fest, daß ihre »vielseitige private Beschäftigung vor Einseitigkeit und Sterilität im öffentlichen Leben schützt«. Sie holen sich bei diesem Ausgleich die Kraft für ihre politische Arbeit — und die brauchen sie in zunehmendem Maße.

Inzwischen ist der Erste Weltkrieg ausgebrochen, die nationale, vaterländische Begeisterung schlägt überall in Deutschland hohe Wellen, von denen auch die Frauenbewegung nicht unberührt bleibt. Die Kluft, die die bürgerlichen Frauen seit langem in einen gemäßigten und einen radikalen Flügel gespalten hat, vertieft sich nun noch. Während die Gemäßigten unter Gertrud Bäumer einen Nationalen Frauendienst aufbauen, in dem sich auch Sozialdemokratinnen beim Roten Kreuz, in Nähstuben und Großküchen engagieren, sammeln die Radikalen ihre Anhängerinnen zum Widerstand. Unannehmbar ist für sie, was die Führerin der Gemäßigten, Helene Lange, postuliert: »Aber wenn die Frage heißt: Krieg oder Stillstand deutscher Entwicklung, Tod oder Knebelung deutschen Lebens, so lautet die Antwort der deutschen Frau ohne Besinnung: Krieg und Tod.« Entschieden lehnen die pazifistischen Radikalen dagegen jede »Beihilfe« zu Kriegshandlungen ab. Lida Gustava Heymann bekräftigt das nachdrücklich: »Wir würden keine Arbeit für direkte Kriegszwecke leisten, wie Hospitaldienst, Verwundetenpflege. Halbtot geschundene Menschen wieder lebendig und gesund machen, um sie abermals den gleichen oder noch schlimmeren Qualen auszusetzen? Nein, für einen solchen Wahnsinn würden wir uns nicht hergeben.«

Frauenstimmrechtsbewegung und Friedensbewegung gehören für die radikalen Frauen untrennbar zusammen. Erst wenn die Frauen in allen Parlamenten säßen, könne Krieg und Rüstung Einhalt geboten werden, argumentieren sie. Sie setzen ihre Hoffnung auf weltweite Frauensolidarität.

Auf der Internationalen Frauenfriedenskonferenz 1915 in Den Haag, bei der sich Frauen aus zwölf Ländern in ihrem Friedenskampf solidarisch erklären, vertreten Augspurg und Heymann Deutschland — und werden daraufhin vom Bund Deutscher Frauenvereine wegen ihrer pazifistischen Aktivitäten ausgeschlossen. In Bayern verbietet das Kriegsministerium die Verbreitung der in Den Haag gefaßten Entschlüsse. Das hindert die beiden nicht, in einem internationalen Friedensausschuß, der späteren »Internationalen Frauenliga für Frieden und Freiheit«, weiterzuarbeiten. Es folgt, was vorauszusehen war: Rede- und Publikationsverbot, Postüberwachung, Verbot von Auslandsreisen. Lida Gustava Heymann wird aus Bayern ausgewiesen. Die Überwachung ist aber so lasch, daß die laut Gesetz Ausgewiesene im Isartal untertauchen und hier das Kriegsende abwarten kann.

Das Ende des Krieges bringt mit der Novemberrevolution auch die Erfüllung einer immer wieder hartnäckig gestellten Forderung: Die Frauen erhalten das Wahlrecht. Aber für Anita Augspurg ist damit der politische Einsatz nicht zu Ende. Die in München gebildete sozialistische Regierung unter Kurt Eisner bietet ihr Mitarbeit an, obwohl sie kein Parteimitglied ist. Und sie sagt zu, auch wenn ihr eigentlich politisch frei schweifende Arbeit lieber ist als enge Parteibindung. Sie arbeitet im provisorischen Parlament mit und kandidiert als Parteilose für den bayerischen Landtag. Bei Schneetreiben und Kälte zieht sie mit einem Rucksack bepackt von Dorf zu Dorf, von Kneipe zu Kneipe. Wahlkampf im »schwärzesten« Oberbayern. Feixende, pfeifeschmauchende Männer, kichernde, neugierige Frauen, die zum ersten Mal eine Wahlversammlung erleben. Der Pfarrer hat vor den »unchristlichen« Wahlkämpferinnen aus der Stadt gewarnt, und er hat recht behalten: Die Religion wollen sie aus der Schule und aus dem Staat verdrängen — ja, wo kämen wir denn da hin? — Geschlossene Ablehnung der Dorfbevölkerung. Wahlkampf gescheitert, nicht nur in Oberbayern, nicht nur für Anita Augspurg.

Auch die am 7. April 1919 in München ausgerufene Räteregierung mit Köpfen wie Ernst Toller oder Erich Mühsam bleibt ein kurzer, blutig niedergeschlagener Traum. Von »Frauenräten« mit politischem Mitwirkungsrecht ist nun nicht mehr die Rede. Dabei hatte der Aufbruch der Frauen nach dem Kriegsende so verheißungsvoll begonnen, mit Volksversammlungen auf der Theresienwiese, mit aufbegehrenden Arbeiterinnen, mit Frauendemonstrationen auf dem Marienplatz. »Wohin sind alle diese widerspenstigen Frauen verschwunden?« fragt Monika Meister in der Sendung *Friedensrechtlerinnen der Räterepublik* im Bayerischen Rundfunk, »in der Geschichtsschreibung über diese Zeit tauchen sie nicht mehr auf.« Und ihr bitteres Fazit: »Wenn Frauen ihre Geschichte nicht selbst schreiben, geht sie verloren... Um Frauengeschichte zu erfahren, muß man wohl in Polizei-, Geheimdienst- und Gerichtsakten wühlen.«

Gegen dieses Vergessenwerden, dieses lässige Beiseiteschieben von Frauen- und Friedensinitiativen kämpft Anita Augspurg an. Auf die Weimarer Republik setzt sie keine großen Hoffnungen mehr, weltweit sieht sie für die Idee des Pazifismus größere Chancen. In Stockholm war Bertha von Suttner schon 1905 als erster Frau der Friedensnobelpreis verliehen worden. Ihr Buch *Die Waffen nieder* kam in 27 Sprachen heraus — das ermutigt.

Wieder einmal leistet das Gespann Augspurg/Heymann gemeinsame publizistische Arbeit mit der Herausgabe einer neuen Monatszeitschrift. *Die Frau im Staat* erscheint 1919 zum ersten Mal und kann sich durch alle Wirren der Weimarer Zeit bis 1933 halten. Frauenpolitik, Völkerverständigung, Frieden heißt die Zielsetzung, und die Herausgeberinnen scheuen sich nicht, heiße Eisen anzufassen: Versailler Vertrag, Ruhrbesetzung, Aufrüstung, Bürgerwehren, Kolonien. Die Konstituierung der Nationalversammlung 1919 kommentieren sie mit den aggressiven Worten: »Dieselben altersschwachen Greise, dieselben Parteigötzen, die seit Jahrzehnten zu jedem Kuhhandel, zu jeder Konzession bereit waren, die sich von der verflossenen preussisch-monarchistischen, militärischen Regierung so schmachvoll hatten betrügen lassen... diese Männer ziehen wieder in die Nationalversammlung ein.« — Daß die beiden scharfzüngigen Kritikerinnen polizeilich beobachtet werden, kann sie eigentlich nicht wundern. Sie empören sich aber über das ungleiche Maß, mit dem da gemessen wird. Während die Nationalsozialisten sich ungehindert immer dreister in München ausbreiten, werden linke Aktivitäten streng verfolgt.

Die Frauen entwickeln geradezu ein Gespür für die Gefährlichkeit des Demagogen Hitler und seiner Münchner Auftritte. 1923, noch vor dem Hitlerputsch, verlangen sie gemeinsam mit der katholischen Frauenführerin Ellen Ammann vom bayerischen Innenminister die Ausweisung Hitlers. Kühn und weitsichtig, aber erfolglos bleibt ihr Besuch im Ministerium Schweyer.

Als die Nationalsozialisten 1933, wie befürchtet, die Macht übernehmen, sind Anita Augspurg und ihre Gefährtin gerade auf einer Mittelmeerreise. Die Nachricht erreicht sie auf Mallorca, und sie ziehen sofort die Konsequenzen. Sie wissen, daß eine Rückkehr nach München zu gefährlich wäre, da sie auf einer Liste der zu liquidierenden Personen stehen. So entschließen sie sich zu einem »vorübergehenden« Exil in der Schweiz und reisen, all ihre Habe in München zurücklassend, nach Genf. »Es wäre Wahnsinn gewesen, uns den Hitler-Schergen auszuliefern, diesen sadistischen Psychopathen, diesen Landsknechten schlimmster

Sorte, deren Methoden uns von München her bekannt waren«, schreiben sie in den Memoiren. Für eine Tätigkeit im deutschen Untergrund halten sie sich nicht geeignet. »Illegale Arbeit lief unserer Natur, unserer ganzen Vergangenheit stracks entgegen; mit 75 und 65 Jahren lernt man nicht mehr um.«

Zehn Jahre verbringen die beiden noch gemeinsam im Schweizer Exil, in Zürich, dem Zentrum der Internationalen Frauenliga für Frieden und Freiheit. Sie leben von journalistischen Arbeiten und schreiben an ihren Memoiren. Auf ihre Unterlagen in der Münchner Wohnung, ein umfangreiches Frauenarchiv und die gesamte Dokumentation ihrer Friedensarbeit, können sie nicht zurückgreifen. Die Nationalsozialisten haben alles beschlagnahmt und vernichtet. Lida Gustava Heymann stirbt am 31. Juli 1943, Anita Augspurg nur ein knappes halbes Jahr später, am 20. Dezember.

Was bleibt von ihrer Arbeit? — Das kleine Jugendstilhaus am Englischen Garten, das Gertrud Bäumer als eine »Zelle der Frauenbewegung« bezeichnet hat, das Haus mit der Drachenfassade gibt es nicht mehr. Es wurde 1944 bei einem Bombenangriff eingeäschert. Die letzten Reste ließen die Amerikaner beseitigen, als sie hier in den frühen Fünfzigerjahren ihr Generalkonsulat bauten — mit weniger Phantasie, aber vielleicht haltbarer.

Was von Anita Augspurg bleibt: Stapel von Zeitschriften, in denen sie geschrieben, die sie gegründet, redigiert, herausgegeben hat im Laufe ihres langen Lebens. Es bleiben Protokolle, Berichte und Vortragsmanuskripte, die weder vom Stil noch vom Inhalt her verstaubt sind. Heutige Politikerinnen, die sich Gedanken machen über Frauenfragen, könnten hier Anregungen holen.

Was vor allem bleibt, von Anita Augspurg immer wieder beschworen: die Hoffnung auf eine friedlichere Welt. Eine

Welt, in der Frauen ihren angemessenen Part spielen sollten, vernünftig, versöhnend. Eine Welt, wie sie heute von vielen herbeigesehnt und herbeigeschrieben wird, mit mehr Einsicht vielleicht in die zu veranschlagenden Zeiträume, als die ungeduldig vorwärtsdrängende Anita Augspurg sie den Frauen zubilligte. Christa Wolf könnte ihr antworten: »Wir haben keine authentischen Muster, das kostet uns Zeit, Umwege, Irrtümer; aber es muß ja nicht nur ein Nachteil sein. Wenige, sehr wenige Stimmen von Frauen dringen zu uns, seit um 600 vor unserer Zeitrechnung Sappho sang...« *(Voraussetzungen einer Erzählung: Kassandra)*.

Die Hoffnung, daß es mehr Stimmen werden, bleibt. Die Hoffnung, daß Schreiben Kräfte freisetzt, daß das Geschriebene weiterwirkt. Eine Hoffnung, die Anita Augspurg und Lida Gustava Heymann in ihren Memoiren *Erlebtes — Erschautes* schreiben ließ: »Der Sinn für die höchsten Güter der Menschheit: Freiheit, Frieden, Gerechtigkeit, ist nicht tot, er lebt.«

Die blauen Reiterinnen

Marianne von Werefkin
1860—1938

Gabriele Münter
1877—1962

Der Blaue Reiter — mit diesem Markenzeichen verbinden wir farbsatte Bilder von Kandinsky und Macke, von Jawlensky und Marc, verbinden wir Expressionismus — genauer: Expressionismus in München. Die verrückte Zeit vor dem Ersten Weltkrieg, die in einer grellen, explosiven Kunst ihren Ausdruck findet. Wassily Kandinsky löst die Formen in Farborgien auf, Alexey von Jawlensky revolutioniert mit seiner roten *Turandot* die Porträtkunst, Franz Marc treibt den *Turm der blauen Pferde* kühn in den Kosmos vor — die Welt ist aus den Fugen geraten, die Bilder sprengen Museumswände, krallen sich im Kopf fest. Da bleibt wenig Raum für die ruhigere, verhaltenere, aber dennoch ausdrucksstarke Kunst zweier Frauen, die auch zur Münchner Kunstszene der Jahrhundertwende und zum Kreis der Blauen Reiter gehören: Marianne von Werefkin und Gabriele Münter.

Lange waren ihre Namen fast vergessen, wurden höchstens genannt als »Gefährtin von...« Zwar hingen ihre Werke in einem renommierten Münchner Museum, der Städtischen Galerie im Lenbachhaus, zwar kannte man das Münter-Haus in Murnau, aber als eigenständige Künstlerinnen wurden sie einem breiteren Publikum erst durch die großen Ausstellungen nähergebracht, die 1988 anliefen: für Marianne von Werefkin in Ascona und München, für Gabriele Münter in Hamburg und Darmstadt. Weitere Städte folgten, und die Museumsbesucher zeigten sich von der sou-

Gabriele Münter

veränen Pinselführung und den eigenwilligen Bildkompositionen der beiden Neuentdeckten überrascht.

Daß die Malerinnen so häufig nur im Schatten ihrer Lebensgefährten zur Kenntnis genommen werden, haben sie sich nicht zuletzt selbst zuzuschreiben. Die Werefkin, die ihrem Schützling Jawlensky alle Wege ebnet, die Münter, die sich von Kandinsky den Lebenszuschnitt aufprägen läßt, beide sehen sie sich nicht an der Spitze, sondern in der Nachhut der Blauen Reiter, wenn auch mit gelegentlichem inneren Aufbegehren. So beschreibt Gabriele Münter anschaulich, wie Kandinsky in ihrem gemeinsamen Sommerhaus in Murnau die Schlafzimmermöbel bunt und lustig bemalt hat, auch ihr Toilettenschränkchen: »Am mittleren Fach rennen ein ›blauer Reiter‹ und eine dunklere Reiterin. Er wendet sich um nach ihr und winkt, und sie rennt was sie kann — manchmal hat mich dieser Scherz geärgert, weil er unwahr ist — denn er wandte sich nie um und sagte nie ›Komm mit‹.«

Dieser Satz enthüllt die ganze Tragik der Künstlergemeinschaft. Kandinsky, der Vorausgaloppierende, der kühne Theorie postuliert und in neue, abstrakte Sphären vorstößt, und sie, die Bedächtigere, Erdverbundenere, die ihre Intuitionen mit einer inneren Sicherheit malt, die keiner begründenden Theorie bedarf. Kandinsky sagt ihr, noch bevor sie seine Lebensgefährtin wird: »Du bist hoffnungslos als Schüler — man kann dir nichts beibringen. Du kannst nur machen, was in dir gewachsen ist.« Und die Schülerin fühlt sich in ihrem Schaffen von ihm »am feinsten verstanden und dadurch gehegt und gefördert, daß er es nie zu beeinflussen versuchte«.

Bei Marianne von Werefkin und ihrem vier Jahre jüngeren Freund Jawlensky liegen die Dinge umgekehrt, da ist sie die Überlegene, künstlerisch Fortgeschrittenere, die den jungen Maler in die Lehre nimmt und ihm alle Türen auf-

Marianne von Werefkin

stößt. Beiden Frauen gemeinsam ist die ständige Spannung, unter der ihr Leben und Schaffen steht. Das Bemühen, ihrer Kunst und gleichzeitig ihrer Liebe und Fürsorge gerecht zu werden, das Ringen um Eigenständigkeit und daneben der Wunsch, sich ganz und bis zur Selbstaufgabe in den Partner hineinzuleben. Gegensätze, die ausgehalten, künstlerisch und seelisch verarbeitet werden müssen. Nicht nur die persönliche Dramatik, auch die äußeren Lebensbedingungen ähneln sich. Beider Beziehungen zu den doch sehr um sich selbst kreisenden Künstlergefährten scheitern und ziehen Schaffenskrisen nach sich. Beide erleben sie aber auch ihre schöpferischen Höhepunkte in der Zeit ihrer problematischen Gefährtenschaften.

Man könnte sich die auch gegenseitig verflochtenen Künstlerpaare in einem Vierpersonenstück auf der Bühne vorstellen. Ort der Handlung: ein Schwabinger Salon im Jahre 1908 mit Boheme- und Stehkragenstatisten, zwei aufgeregt disputierenden Künstlern russischer Herkunft, und in der weiblichen Paraderolle ebenfalls eine Russin, temperamentvoll, vulkanisch, die Szene beherrschend. Daneben als ruhender Pol und Gegengewicht eine bedächtige, in sich gekehrte Deutsche, preußisch streng, doch mit bayerisch-liebenswürdigem Kolorit. Ein Handlungsablauf, der sich, immer im selben Salon, über ein Vierteljahrhundert zuspitzt bis zur inneren und äußeren Krise im Jahre 1933. Die Lebensdaten der Schauspieler, die zum Verständnis des Stückes nötig sind, könnten dem Programmheft entnommen werden:

Marianne von Werefkin, 1860 in Tula geboren, gehört zum Moskauer Uradel. Die Mutter stammt aus einem alten Kosakengeschlecht, der Vater, wohlhabend und angesehen, ist Kommandant der Peter-und-Pauls-Festung in der Residenzstadt St. Petersburg. So kann er es sich leisten, seine künstlerisch begabte Tochter bei dem damals berühmtesten russischen Maler Repin ausbilden zu lassen. Aus dem Lehr-verhältnis wird eine Liaison. Aber nicht nur Repin ist der glutvollen Adelstochter verfallen, sondern auch ein Arzt, der ihre bei einem Jagdunfall durchschossene rechte Hand behandelt, und vor allem ein junger Leutnant und Kunst-student: Alexey von Jawlensky. Sie benutzt seine Hingabe, ihn nach ihrem Willen zu formen. »Ich suchte die andere Hälfte meiner selbst ... In Jawlensky meinte ich sie erschaf-fen zu können«, schreibt sie später. Eine Umkehr der Ur-situation: Sie, die Frau, will Adam erschaffen.

Sie unterrichtet den jungen Künstler, der den Dienst bei der Armee quittiert hat, in Malerei und Lebenskunst, for-dert dem schwerfällig Nachdenklichen jedoch zuviel ab: »... ich erweckte in ihm eine ganze Welt, aber er verstand mich nicht.« Sie ahnt seine Begabung, läßt ihm in ihrer Un-geduld aber zuwenig Zeit zur Entfaltung. Sie liebt ihn als Frau, als Mutter, als Besitzende. Er jedoch entzieht sich ihr: »Ich kann Sie nur als Schwächere lieben, aber Sie sind mir zu stark ...« — Da fängt sie an, sich selbst zu verleugnen: »Ich machte mich zur Schwachen, ich entsagte meinem Wil-len, meinen Wünschen, meinem Leben ... Damit er nicht auf mich als Künstler eifersüchtig sein sollte, verbarg ich vor ihm meine Kunst.«

Doch Jawlensky lohnt ihr die Erniedrigung nicht, er be-ginnt ein Verhältnis mit dem jungen Dienstmädchen im Hause, das ihm Modell sitzt. Und die Werefkin duldet — er-staunlicherweise — diese Beziehung. Als ihr nach dem Tod des Vaters eine hohe jährliche Pension zufällt, die ein Leben im Ausland ermöglicht, siedelt sie 1896 nach München über — mit Jawlensky und dem Mädchen Helene. Die drei beziehen, durchaus standesgemäß, zwei geräumige Atelier-wohnungen in der Giselastraße 23 — eine gute Adresse, na-he an Schwabings Boheme und nahe am Englischen Gar-ten, auch Thomas Mann wird sich wenig später in einem

benachbarten Haus niederlassen und hier seine Budden-
brooks schreiben. Trotz des großbürgerlich liberalen Flairs
hält man auf Wohlanständigkeit: Der kleine André, Sohn
Helenes und Jawlenskys, wird offiziell als »Neffe« ausgegeben. Claire Goll, die scharfe Beobachterin internationaler
Salonkultur, faßt auch hier nach und macht öffentlich, was
diese »Frucht eines Schäferstündchens mit dem Dienstmädchen« für die Werefkin bedeutet: »Jawlensky vergötterte
das Kind, was seiner Mutter die Möglichkeit gab, Marianne
das Leben unerträglich zu machen.«

Zu den häuslichen Spannungen kommen die aufregenden
künstlerischen Umbrüche zu Beginn des zwanzigsten Jahrhunderts. Aber die hat Marianne von Werefkin bewußt gesucht. Nur in zwei Städten glaubt sie diese neuen Strömungen voll miterleben zu können, in Paris und München. Sie
hat sich für München entschieden, trotz ihrer Orientie-
rung an der französischen Malerei, trotz ihrer Bewunderung für Van Gogh und Gauguin. In München hat ein fri-
scher europäischer Wind alte Verkrustungen weggeweht.
Hier gab es schon 1892 eine Secession, die erste in Deutschland. Hier haben sich Künstler vom »Abschildern der Natur« gelöst, hier werden die Franzosen ausgestellt, hier entwickelt sich der Jugendstil zu einer internationalen Kunst-
richtung. Genau in dem Jahr, in dem die Werefkin sich mit
ihrem Gefolge in Schwabing niederläßt, erscheint in München die erste Nummer der Zeitschrift *Jugend*, die mit ihren stilisierten Ornamenten der neuen Bewegung den Namen gibt. Und wenige Monate später kommt eine zweite,
weit über München hinaus stilprägende Zeitschrift heraus,
der *Simplizissimus*, dessen graphische Linie der Zeichner
Gulbransson mitbestimmt.

Kunst nicht als abgetrennte Oase, sondern als ein Prozeß,
der ins Leben hineingreift und auch das Bild einer Stadt zu
bestimmen vermag, das imponiert der Werefkin: Peter Beh-

rens, der mit künstlerischen Entwürfen für Gebrauchsgegenstände die Kluft zwischen hoher und angewandter
Kunst aufheben will, oder Franz von Stuck, der in seiner
1898 gebauten Villa die Idee des Gesamtkunstwerks konsequent verwirklicht.

Die Werefkinsche Wohnung in der Giselastraße, mit erle-
senem Rokoko und Biedermeier und mit russischer Volkskunst ausgestattet, wird bald zum Treffpunkt der neuen
Münchner Kunst- und Intellektuellenszene, und die Werefkin, die ihre Arbeit an der Staffelei ja um Jawlenskys willen
aufgegeben hat, kann bei den Theoriedebatten mühelos
mithalten. Sie ist nicht nur die Grande Dame der Gesellschaft und Ziehmutter Jawlenskys, als die sie die Kunstgeschichte — wenn überhaupt — lange Zeit eingeordnet hat.
Der Biograph Bernd Fäthke betrachtet sie als »Spiritus rec-
tor im Vorfeld des Expressionismus« und als Hebamme des
Blauen Reiters. Diese Rolle, so vermutet er, habe ihr die
Kunstgeschichte bislang versagt, weil sie den Gedanken,
»eine Frau könne Protagonistin für die neue, weltbewegen-
de Malerei des Expressionismus gewesen sein, von vornher-
ein als unmöglich verwarf«. Die damalige Münchner Boheme allerdings weiß, was sie an der Werefkin hat, das wird
in einem jener blumig-sarkastischen Briefe deutlich, wie sie
Else-Lasker-Schüler an Franz Marc zu schicken pflegte:
»...grüße den adeligen Straßenjungen, die große Malerin
Marianne von Werefken und ihren Pfalstaff von Jablensky«.

So sehr Werefkin der Kunst neue, in die Abstraktion vor-
stoßende Impulse geben mag, so gering ist ihr Einfluß auf
Jawlensky, um den sie sich nach wie vor bemüht: »Für ihn
bin ich nicht die Frau, ohne die er nicht leben kann...Ich
werde versuchen fortzugehen«, schreibt sie — und bleibt
doch während 27 Jahren, alle Demütigungen ertragend, an
seiner Seite. Vergebens hofft sie auf einen seelischen Gleich-
klang: »Aber ich liebe ihn, und ich hätte so sehr den

Wunsch, daß er beginnen würde, mit dem Herzen in meiner Sprache zu reden.« Sie ist bescheidener geworden in ihren Ansprüchen, aber noch immer kann sie nicht begreifen, daß ihr Schützling, der jede äußere Hilfe ohne Zögern annimmt, sich ihr innerlich verweigert. In seinen Erinnerungen steht: »Ich blieb mit Werefkin in München. In unserer Wohnung hatte ich ein großes Atelier. Ich fing jetzt an, selbständig zu arbeiten, zu suchen, um mich selbst zu finden.« Sie dagegen beklagt sich: »...durch ihn wurden meine Seele und meine Nerven zerrissen, durch ihn kann ich nicht mehr ich selbst sein.«

Aber Resignation liegt nicht in ihrer Natur. Die selbstlose Malabstinenz bedrückt sie zunehmend. »Nichts mehr habe ich vor mir, als den eigensinnigen Wunsch, aus dem Schlamm des Lebens herauszusteigen... Ich will wieder meine Kunst ergreifen«, schreibt sie und gründet die Künstlervereinigung *Sankt Lukas*, die, an Vorbildern der Romantik orientiert, über diese mit ungestümer Kraft hinausdrängt. Werefkin postuliert: »Die Kunst ist nicht mehr das abgeklärte Leben, es ist das Leben selbst, verletzt, leidenschaftlich, verwirrt, sich selbst widersprechend, aber es ist das Leben, und das Herz gibt ihm Antwort.« Sie sieht die Kunst der Zukunft als emotionale Kunst. Eine Kunst, die alle Lebensbereiche beherrscht und sämtliche Grenzen sprengt, die sich nicht nur in Bildern und Bauten, sondern auch in der Stimme, der Körpersprache, der Musik ausdrückt. In ihrem Salon trifft Diaghilew, der Erneuerer des russischen Balletts, auf den *Sturm*-Verleger Herwarth Walden, die Schauspielerin Eleonora Duse auf den Tänzer Alexander Sacharoff, Kandinsky oder Klee auf den Museumsdirektor Paul, der es genießt, wenn er die bayerische Aristokratie mit dem fahrenden Volk der internationalen Boheme vermischt sieht. »Nie wieder habe ich eine Gesellschaft kennengelernt«, schreibt er, »die mit solchen Spannungen geladen war. Das Zentrum, gewissermaßen die Sendestelle der fast physisch spürbaren Kraftwellen, war die Baronin. Die zierlich gebaute Frau mit den großen dunklen Augen, den vollen roten Lippen und der infolge eines Jagdunfalls verkrüppelten rechten Hand, beherrschte nicht nur die Unterhaltung, sondern ihre ganze Umgebung.«

Von ihrem Salon aus geht die Initiative zur Gründung der *Neuen Künstlervereinigung München*, der Keimzelle des *Blauen Reiters*. Ihr zur Schau getragenes Selbstbewußtsein läßt nichts von den inneren Zweifeln spüren und von den Wunden, die Jawlensky, »der im Grunde der Alleinige und wirklich Einzige meines Lebens ist«, ihr schlägt. Diese Verletzungen vertraut sie nur ihrem Tagebuch an und den *Lettres à un Inconnu*, Briefen an einen Unbekannten, die sie bis zum Jahre 1905 schreibt. Sie beklagt darin, aus dem Leben so gänzlich ausgeschlossen zu sein und bezweifelt, ob Frauen überhaupt fähig sind zu einem Dasein als ausübende Künstler.

Erst Reisen nach Frankreich geben ihr das Selbstvertrauen zurück und bestärken sie in ihrem neuerwachten, geradezu mythischen Sendungsbewußtsein, das sie, wie Jeanne d'Arc, eine Mission erfüllen läßt. 1906 schließlich, nach zehnjähriger Abstinenz, greift sie wieder zum Pinsel: »Alle Bilder, die ich seit langem in mir trage, stehen wieder auf. Visionen und Farben, alles dreht sich in und um mich.« Sie nimmt sich vor, »bis zur Tollwut« zu arbeiten. Schon vor den Fauves in Frankreich hat sie für sich die Bedeutung des Lichts und des Schattens als eigene Farben entdeckt. Ihre Ängste und Beklemmungen sucht sie in surrealistischen, symbolschweren Bildern wegzumalen. Dem Malerfreund Verkade schreibt sie: »Ich verstand, daß ich nicht das malen mußte, was ich sah, ... sondern nur das, was in mir, in meiner Seele lebte.« Sie experimentiert mit den Farben. »Marianne spielt mit den Farben Rußlands Malen«, bemerkt die sprachsichere Else Lasker-Schüler. Mit diesen Farben erobert sie auch die bayerische Landschaft.

Die Gegend um Murnau wird zum Schlüsselerlebnis für sie. Hier ergibt sich auch ein engerer Kontakt zum zweiten Paar des Bühnenstückes, zu Wassily Kandinsky und Gabriele Münter. Kandinsky war 1896, im selben Jahr wie Werefkin und Jawlensky, aus Moskau nach München gekommen. Nach einem abgebrochenen Malstudium an der Akademie hat er die Künstlergruppe *Phalanx* gegründet und an der angegliederten Kunstschule unterrichtet. 1902 wurde die 25jährige Gabriele Münter seine Schülerin. Ein Jahr später verlobte er sich auf einer Malreise offiziell mit der um elf Jahre Jüngeren, obgleich er zu der Zeit noch mit Anja Tschimiakin verheiratet war. Das Paar entzog sich den Komplikationen durch ausgedehnte Reisen bis nach Tunis und Rußland. Im September 1908 wurden die beiden doch wieder in München seßhaft und mieteten sich in der Ainmillerstraße 36 ein, einer geräumigen Wohnung im Schwabing der besseren Kreise zwischen Kurfürstenplatz und Leopoldstraße.

Den Sommer über hatten sie die Umgebung Münchens durchstreift und dabei in der Voralpenlandschaft des Staffelsees das von Moosebenen umgebene Dorf Murnau entdeckt, das ganz ihren Vorstellungen von ländlicher, unheroischer Idylle entsprach. Sie gaben ihre Entdeckung an Jawlensky und Werefkin weiter, und im Herbst trafen sich die vier zu einem gemeinsamen Malaufenthalt in dem Dorf. »Wir wohnten im Griesbräu und es gefiel uns sehr«, schreibt Gabriele Münter. Sie ist von der Gegend so angetan, daß sie sich entschließt, ein Haus am Rande des Dorfes in der Kottmüllerallee als Sommersitz zu kaufen. 1909 zieht sie mit Kandinsky in das »Russenhaus«, wie es bald im Volksmund heißt, ein, und Werefkin und Jawlensky, auch Klee, Marc und Macke sind hier häufige Gäste. Sie bringen weitere Malerkollegen mit — immerhin sind in München um diese Zeit 1447 aktive Künstler registriert —, so findet in dem verträumten Dorf auch noch der letzte Misthaufen seinen Maler.

Ein Leben zwischen Stadtwohnung und Landhaus — wenn auch ohne Wasserleitung und Elektrizität —, das ist ein Zuschnitt, wie er zur Werefkin paßt, aber auch zu Gabriele Münter, die in Berlin in einem großbürgerlich weltläufigen Haus aufgewachsen ist. Die Eltern waren Deutschamerikaner, ihr Erbe ermöglicht der Tochter einen zweijährigen Aufenthalt in Texas und Arkansas. Danach zieht es sie in die Kunststadt München. Doch die Schmalspurausbildung für weibliche Künstler an der Schule des Künstlerinnen-Vereins behagt ihr nicht. Da die staatliche Kunstakademie Frauen noch verschlossen ist, tritt sie 1902 in die private Phalanx-Schule ein. Die strebsame Schülerin, die für das schillernde Schwabing nichts übrig hat, kommt in die Malklasse von Wassily Kandinsky und lernt bei ihm Aktzeichnen. Daß Kandinsky, anders als die anderen Lehrer, auf sie eingeht, daß er sie »wie einen bewußt strebenden Menschen, der sich Aufgaben und Ziele setzen kann« sieht, festigt ihr Selbstvertrauen. Wenn Kandinsky bei einer Ausstellungseröffnung allerdings betont, ihre urwüchsige Begabung dürfe in keinem Falle als eine »fast männliche« taxiert werden, sondern ausschließlich als eine rein weibliche, so deutet sich damit schon eine Bewertung ihrer Arbeit an, die ihr den künstlerisch maßgeblichen Rang versagt.

Von Partnerschaft ist nicht mehr die Rede von dem Augenblick an, wo sie seine Lebenspartnerin wird und mit ihm zusammenzieht. Nun teilt er ihr die Betätigungen zu, die er für angemessen hält, die aber nur ihre geschickten Hände, nicht ihren Kopf beanspruchen. Sie strickt und stickt nach seinen Vorlagen Handtäschchen und näht Kleider, die er entworfen hat. Und während sie widerstrebend fügsam an ihren Applikationen stichelt, nimmt ihr Maler- auge doch Bilder wahr, schweifen ihre Gedanken über den Stickrahmen hinaus. Franz Marc, häufiger Gast im Hause, charakterisiert die Münter in einem Brief an August »Von- derfarbe« (Macke) treffend knapp: »Sie ist ebenso klug als bescheiden; ich glaube, diese beiden Eigenschaften sind der Grundzug ihres Wesens.« Aber schon im nächsten Brief hat er sich Kandinskys joviale Sehweise zu eigen gemacht: »Be- treff Münterle hast Du selbstverständlich recht ... Sie ist so niedlich hier, wenn sie bayrisch geht.« — Niedlich — ein harmloses und zugleich verräterisches Wort.

Da setzen Wortführer des Expressionismus mit welt- sprengenden Ideen im Kopf sich für Emanzipation und Akademiezulassung der Frauen ein und fallen in der eige- nen häuslichen Umgebung doch in überlegenheitsbeque- me Denkstrukturen zurück — und die Rebellion der Ge- fährtinnen hält sich in Grenzen. So schreibt August Mackes Frau Elisabeth ganz arglos über ein Malertreffen: »Es waren unvergessliche Stunden, als jeder der Männer sein Manu- skript ausarbeitete, feilte, änderte, wir Frauen es dann ge- treulich abschrieben.« Eine Erfahrung, die sechzig Jahre später die Studentinnen der 68er Revolte noch ähnlich machten, als sie den Revolutionären die Flugblätter tippen durften und in der Mensa Brote schmierten für die hungri- gen Kämpfer.

Elisabeth Erdmann-Macke schildert Kandinsky, der »mit seiner Amazone auf dem Plan erschien«, als merkwürdig fremd, aber ungemein anregend. Er habe etwas Mystisches, Phantastisches an sich, gepaart mit seltsamem Pathos und einem Hang zur Dogmatik, schreibt sie, und bedauert, von seinen Gedanken so wenig mitzubekommen, da bei Spa- ziergängen die Männer stets vorangingen und die Frauen nur ab und an einzelne Worte aufschnappen könnten.

Wenn Gabriele Münter auch von diesen Männergesprächen ausgeschlossen ist, so berührt das zwar ihren Stolz, aber nicht ihr Schaffen, von dem Kandinsky schon früh erkannt hatte, daß es ganz aus ihr selbst erwachsen müsse. Während er die Welt auf der Leinwand auflöst, fügt sie Vertrautes in ungewohnt farbiger Verdichtung zusammen. Sie malt Murnauer Landschaft, Münchner Vorstadtstraßen, Menschen, die ihr begegnen, mit eigenwillig sicherem Strich. Ihr Kopf arbeitet ähnlich wie der Jawlenskys, bedächtig beobachtend, nur das Wesentliche speichernd. »Wenn ich ein formales Vorbild hatte«, schreibt sie, »so ist es wohl Van Gogh durch Jawlensky und dessen Theorien.«

Marianne von Werefkin dagegen hat mehr mit dem dynamisch vorwärtsdrängenden Kandinsky gemein — eine sich überkreuzende Gedankenverwandtschaft, die an Goethes *Wahlverwandtschaften* erinnert, ohne daß sich hier die Handlung zum Drama zuspitzt.

Wie die Werefkin sich selbst sieht und von der Umwelt gesehen werden möchte, zeigt ihr Selbstbildnis aus dem Jahr 1910: Diese Frau mit dem entschlossenen Mund, den kühn geschwungenen Augenbrauen und darunter den herausfordernd roten Augen ist aufregender und feuriger als die Werefkin, die Gabriele Münter ein Jahr zuvor gemalt hat: auffallend schön, mit kaltblau beobachtenden Augen unter einem mondänen Hut — eine Dame von Welt.

Ein Selbstporträt der Münter aus demselben Jahr 1909 in pastellblassen Farben wirkt dagegen verhalten, der ängstlich fragende Blick deutet Unsicherheit an. Empfindet sie die adlige Russin als Rivalin, als Überlegene?

Immer wieder in diesen Jahren setzt sie sich malend mit ihren Künstlergefährten auseinander. Mit sicherem Pinsel entwirft sie Charakterstudien: Kandinsky am Tisch, Paul Klee im Sessel, Jawlensky als Zuhörer.

Zum Jawlensky-Bild schreibt sie erläuternd: »Jawlensky war weniger intellektuell oder intelligent als Kandinsky und Klee, und ihre Theorien verwirrten ihn oft.« Und doch wird gerade Jawlensky mit seinen Impulsen, die er aus Frankreich mitgebracht hat, ihr wichtigster Anreger, mehr als Paul Klee, der mit Frau und Söhnchen Felix ebenfalls in der Ainmillerstraße, ganz in ihrer Nachbarschaft, wohnt.

Der gemeinsam in Murnau verbrachte Sommer 1909 ist für die Paare Münter/Kandinsky und Werefkin/Jawlensky eine fruchtbare Zeit, trotz der Spannungen, die innerhalb dieser Viererkonstellation herrschen. Die beiden Frauen haben zu ihrem künstlerischen Ausdruck gefunden. Bei Gabriele Münter führt dies zu einer starken Vereinfachung der Formen, zu leuchtkräftigen Bildern mit ungebrochenen Farben, oft vertauscht sie den Pinsel mit dem Spachtel. Als neue Technik entdeckt sie für sich die Hinterglasmalerei, die in den ländlichen Gegenden Oberbayerns eine lange Tradition hat. Die kleinen, in der Art von Votivtafeln gemalten Bilder regen auch die übrigen Hausgenossen zu Malversuchen in dieser überkommenen Bauerntechnik an.

Die Hinterglasbilder hängt die Münter in ihrer Münchner Wohnung auf, bald nehmen sie eine ganze Wand ein. Auf dem Tisch davor hat sie ihre Sammelschätze ausgebreitet, Votivgaben, Holzfigürchen, Bauernkeramiken. Von den schlichten, in sich ruhenden Formen läßt sie sich inspirieren, auch von den naiv religiösen Inhalten. Über diesen Hang zum Volkstümlich-Mystischen schreibt August Macke in einem Brief an Franz Marc: »Es ist etwas ›deutsches‹ darin, etwas Altar- und Familienromantik.«

Das Mystische bei der Werefkin ist von ganz anderer Art. Sie malt, vom französischen Symbolismus beeinflußt, hintergründig existentielle Bilder, die Beklemmung hervorrufen. Auch wenn beide Malerinnen sich derselben Stilmittel bedienen, flächige Pinselführung, satte Farben, schwarze

Konturierung, so entstehen doch sehr verschiedene, für die eine oder andere charakteristische Werke. Die Zusammenarbeit mit den »Giselisten«, so nennt die Münter das Malerpaar aus der Giselastraße, erweist sich, alles in allem, doch als produktiv. Nur wenige Straßenzüge liegen die beiden Wohnungen auseinander, zwar wohnt die Werefkin wesentlich komfortabler, aber Gabriele Münter fühlt sich in den vier Zimmern und zwei Kammern, die sie mit Kandinsky für 1400 Mark im Jahr in der Ainmillerstraße gemietet hat, auch wohl und »eingesessen«: Schwabing vor der Haustür und Murnau mit der Bahn so leicht und schnell zu erreichen, auch Sindelsdorf, wo Marc mit seiner Frau Maria wohnt.

Bei aller Eigenwilligkeit der einzelnen Künstler hat sich doch eine festgefügte Gemeinschaft herausgebildet. Jeder ist Mitglied der *Neuen Künstlervereinigung München*, bevor es hier im Dezember 1911 zum Krach und zur Spaltung kommt. In einer Jurysitzung wird ein provozierendes Bild des unbequemen Kandinsky ausjuriert, offiziell, weil es die Höchstmaße um wenige Zentimeter überschreitet. Eine Einigung ist nicht möglich, daraufhin treten mit Kandinsky auch Marc, die Münter und Alfred Kubin aus der Neuen Künstlervereinigung aus, später folgen Jawlensky und die Werefkin. In der Galerie Thannhauser, in der die Ausstellung stattfindet, wird nun im Gegenzug von den Ausgetretenen eine zweite Ausstellung eröffnet: *Redaktion der Blaue Reiter*. Dieser Blaue Reiter will keine neue Künstlervereinigung mit festen Statuten, sondern ein künstlerisches Programm, das, von Kandinsky und Marc formuliert, in der Form eines Almanachs herausgebracht werden soll. Die Entwürfe zu diesem Almanach — längst vor dem Streit entstanden — werden nun der Öffentlichkeit vorgestellt, und der Titel *Der Blaue Reiter*, gibt der ganzen neuen Bewegung den Namen. Blau, wie die Blume der Romantik, der Reiter als Symbol für das Vorausstürmende. Auf dem Titelblatt galoppiert ein blauer Reiter Kandinskys, der Künstler hat das Thema in verschiedenen Entwürfen immer wieder variiert. Der Inhalt soll, wie Kandinsky an Verleger Piper schreibt, einen Bogen spannen zwischen den einzelnen Kunstgattungen, zwischen Malerei und Musik, zwischen der Kunst der Vergangenheit und der Kunst der Gegenwart, die geistigen Strömungen der Zeit sollten sichtbar gemacht werden.

Als der Almanach im Mai 1912 gedruckt erscheint, rückt München als Zentrum revolutionärer Kunst — wieder einmal — ins Rampenlicht. Die programmatische Schrift mit ihren Aussagen und Beispielen zur Kunst des 20. Jahrhunderts gilt auch heute noch als eines der bedeutendsten Dokumente zur Geschichte des Expressionismus. Allerdings: Die Blauen Reiterinnen fehlen. Nur Gabriele Münter und Natalija Gontscharowa reiten abgeschlagen in der Nachhut — wie auf dem Nachtschränkchen, das Kandinsky bemalt hat.

Die Ausstellungen, die parallel zur Buchveröffentlichung 1911 und 1912 in der Münchner Galerie Thannhauser und — als letzter Versuch — in der Buchhandlung Hans Goltz in der Brienner Straße stattfinden, sind kein Erfolg und werden nach kurzer Zeit wieder aufgelöst. Dem Münchner Publikum gefallen die Bilder nicht: zu aufreizend, zu wirr, zu explosiv.

Zwei Jahre später beginnt der Erste Weltkrieg. Da überholt die Wirklichkeit die Kunst. Chaos und Brutalität auf der Leinwand waren vorweggenommener Kriegsalltag. Von der Blauen Blume der Romantik ist nicht mehr die Rede. Der vorwärtsstürmende Reiter stürzt sich in die Schlacht. Marc und Macke, die sich als Kriegsfreiwillige gemeldet haben, fallen auf den Schlachtfeldern in Frankreich. Damit ist das Ende der Blauen Reiter besiegelt, denn auch die Russen Kandinsky, Werefkin und Jawlensky müssen mit Kriegsbeginn, wie die meisten Ausländer, Deutschland verlassen. Ein schmerzlicher Aderlaß der Münchner Kunstszene, die ja gerade durch ihre Internationalität so lebendig und dynamisch war.

Gabriele Münter begleitet Kandinsky in die Schweiz, aber das Zusammenleben erweist sich unter den Exilbelastungen als noch schwieriger als in München. Kandinsky entzieht sich der Gefährtin und ihren Hoffnungen auf eine — späte — Legitimation ihrer Beziehung durch eine Eheschließung. Er kehrt nach Rußland zurück. Gabriele Münter löst die gemeinsame Wohnung in München auf und bringt den gesamten Besitz nach Murnau, immer noch auf eine spätere Fortsetzung ihrer Lebensgemeinschaft hoffend. Doch er macht ihr — nach einem ernüchternden Treffen in Stockholm — in einem Brief klar, welche Qual für beide doch ihr gemeinsames Leben war. »Wir sind beide daran schuld, soweit der Mensch daran schuld ist, daß sein Charakter so und nicht anders ist... Meine Schuld besteht darin, daß ich mein Versprechen, Sie standesamtlich zu heiraten, gebrochen habe.« — Ein Jahr später heiratet er in Moskau Nina von Andrejewsky.

Der Blaue Reiter auf dem Nachtschränkchen ist endgültig davongestürmt. Gabriele Münter verkraftet die Trennung kaum, sie bleibt bis in die Dreißigerjahre in ihrem künstlerischen Schaffen gelähmt. Warum ist sie 1921 nach Murnau, in dieses erinnerungsbeladene Haus zurückgekehrt? Sind diese Erinnerungen doch ihr eigentliches Leben? Weiß sie, auch wenn sie noch gelegentlich malt, daß die große Zeit hinter ihr liegt? — »Nach Deutschland zurückgekehrt, fand sie sich fremd unter den Expressionisten-Epigonen«, schreibt ihr späterer Altersgefährte Johannes Eichner.

Ihre Bilder sind im Dritten Reich unerwünscht. Eine 1937 im Münchner Kunstverein geplante Ausstellung muß in letzter Minute wieder abgehängt werden, der Gauleiter hatte gedroht, das Geschmiere zu verbrennen. Gefragt ist jetzt heroische Kunst. Keine »körperlichen Degeneraten«, sondern einen gesunden, kraftvollen Geist in einem gesunden, kraftvollen Körper fordert Hitler in seinen Reden. Die Bilder der Expressionisten sprechen dem Hohn, müssen den Haß der neuen völkischen Kulturträger auf sich ziehen. Die »Entartete Kunst« wird im Hofgarten zusammengeschleppt und der feixenden NSDAP-Prominenz am 19. Juli 1937 vorgeführt.

Am Vortag hat Hitler das *Haus der Deutschen Kunst* ganz in der Nähe eingeweiht. Da ist zu sehen, was die Deutschen in Zukunft unter Kunst zu verstehen haben. Die Ausgrenzung des Bösen aus der Ästhetik durch das »gesunde Volksempfinden«, nennt der Kulturkritiker Karl Heinz Bohrer diesen Vorgang. Zur Ehrenrettung der Münchner sei festgehalten: Über zwei Millionen Besucher zählte die Ausstellung *Entartete Kunst* damals, die meisten nachdenklich und keineswegs feixend. Hitlers Paradeausstellung im neuerbauten *Haus der Kunst* brachte es nur auf ein knappes Drittel dieser Besucherzahl.

Gabriele Münter tut gut daran, nach den Münchner Erfahrungen die Werke Kandinskys, die sie in ihrem Besitz hat, im Keller ihres Murnauer Hauses still und heimlich einzumauern. Sie selbst zieht sich aus dem öffentlichen Leben zurück. In ihrem Refugium übersteht sie den Krieg unbeschadet und mit ihr die »entarteten« Bilder Kandinskys. Nie hat die Verschmähte sich, wie es in der Kunstgeschichte nicht selten vorkommt, an ihrem früheren Freund gerächt. Sie hat vielmehr alles darangesetzt, sein Werk, das sie hoch über das ihre stellte, der Nachwelt geschlossen zu erhalten. So vermachte sie zu ihrem 80. Geburtstag ihre Murnauer Schätze — die Bilder Kandinskys, ihre eigenen und die von Freunden — der Städtischen Galerie im Lenbachhaus, die damit zum Münchner Zentrum des Blauen Reiters und vor allem Münterscher und Werefkinscher Kunst wurde.

Am 19. Mai 1962 ist Gabriele Münter im Alter von 85 Jahren in Murnau gestorben und auf dem Dorffriedhof beerdigt worden. Von ihrem Grab aus sieht man in der Ferne das »Russenhaus«. Um zwei Dutzend Jahre hat sie Marianne von Werefkin überlebt, die nicht so ruhig und im Bewußtsein, den Nachlaß gut geordnet zu haben, in den Tod gehen konnte.

Wie Kandinsky und Münter hat die Werefkin bei Ausbruch des Ersten Weltkriegs zusammen mit Jawlensky Deutschland verlassen und sich am Genfer See, dann in Zürich niedergelassen. Wegen Jawlenskys angeschlagener Gesundheit siedeln sie ins wärmere Ascona über und beziehen dort ein Schlößchen — zu viert, denn für das ehemalige Dienstmädchen Helene und deren und Jawlenskys Sohn André kommt die Baronessa, wie sie in Ascona genannt wird, ebenfalls großzügig auf. Nach der Oktoberrevolution in Rußland hat sie jedoch ihre zaristische Rente verloren, der luxuriöse Lebenszuschnitt für vier Personen kann auf die Dauer nicht aufrechterhalten werden. Jawlensky denkt nicht daran, durch einen Brotberuf etwas zum Unterhalt des Haushalts beizusteuern, er hat eine junge und wohlhabende Malerin als neue Mäzenin gefunden und zieht auf ihren Wunsch mit Helene und André nach Wiesbaden.

Die Werefkin, nun völlig verarmt und vereinsamt, muß mit sechzig Jahren zum ersten Mal in ihrem Leben Geld verdienen. Sie, die gewohnt war, ein großes und großzügiges Haus zu führen, verdingt sich als Pharma-Vertreterin. An das Ehepaar Klee, das in der Münchner Zeit nahbei wohnte, schreibt sie verbittert: »Und nun liegt unser 27jähriges Leben auf der Piazza von Ascona im Staub und Dreck... Aber daß ich — der Künstler, statt zu malen —

bei Ärzten Medikamente einführen soll, verdanke ich dem Mann, der mir seine ganze Kunst verdankt, von A bis Z.« — Wie wahr und wie beschämend.

Doch die Werefkin, noch immer stolz und willensstark, überwindet ihre Verbitterung und findet zu einer neuen Lebensphilosophie. »Wir Künstler müssen durch persönliche Leiden zur Versöhnung mit dem Leben durchdringen und es in allen seinen Formen anerkennen.« — Eine Einsicht, die auch Gabriele Münter für ihr Leben, das in den Höhepunkten und den Enttäuschungen dem der Werefkin so ähnlich ist, bejahen könnte.

Die Baronessa, die in den letzten Jahren ihres Lebens zurückgezogen und in einfachen Verhältnissen gelebt hat, stirbt am 6. Februar 1938 78jährig. Die Bevölkerung und die Künstler von Ascona trauern um sie und geleiten sie zum Friedhof, wo sie nach russisch-orthodoxem Ritus bestattet wird. Im München der Siegesparaden und der Monumentalkunst nimmt man keine Notiz vom Tod der Verfemten und Verdrängten. Doch ihre Kunst, ihre dem Leben abgerungenen Einsichten haben längeren Bestand als die heilsgewissen Losungen des Tausendjährigen Reiches und als die Bilder, die nun in Münchens Museen hängen.

Die stürmische Blaue Reiterin von einst ist in ihren abgeklärten Alterssätzen kaum noch wiederzuerkennen, wohl aber im Lebensmut, der aus ihren Zeilen spricht: »Nicht unsere eigenen Leiden müssen wir zu dem lösenden Akkord bringen. Für alle und mit allen müssen wir leiden, aber sie müssen nicht mit uns in unseren Werken leiden, sondern wieder mit uns glauben, lieben, hoffen. Das ist mein Weg, er ist sehr schwer, aber er gibt dem Leben Sinn.«

Annette Kolb

Europäerin in München

Annette Kolb
1870—1967

Annette Kolb, wie der Schriftstellerkollege Thomas Mann sie porträtiert: »Von mondäner Häßlichkeit, mit elegantem Schafsgesicht, darin sich das Bäuerliche mit dem Aristokratischen mischte, ganz ähnlich wie in ihrer Rede das bayerisch Dialekthafte mit dem Französischen, war sie außerordentlich intelligent und zugleich gehüllt in die naiv nachfragende Ahnungslosigkeit des alternden Mädchens.« — In einem Satz meisterlich boshaft zusammengefaßt das Charakteristische dieser »Romandichterin«, der Thomas Mann im *Doktor Faustus*, den Namen Jeanette Scheurl gibt.

Er hatte reichlich Gelegenheit, seine gefürchtet exakten »Studien« über Annette Kolb alias Jeanette Scheurl zu machen, die ihm schon im Fin de siècle-München im Hause seiner Schwiegereltern Pringsheim aufgefallen war. Beide verließen sie mit sicherem Instinkt für das Kommende diese Stadt und dieses Land im Jahre 1933. Annette Kolb ging nach Paris, Thomas Mann in die Schweiz, wo sie ihn in Küsnacht mehrmals besuchte, bevor er sich nach Amerika absetzte. Auch sie tat diesen Schritt später, und wieder kam es zu einem Treffen mit Mann, diesmal in seinem kalifornischen Exil Pacific Palisades, während er am *Doktor Faustus* arbeitete. Nach Kriegsende kehrten beide nach Europa zurück, zogen die in Schutt und Asche liegende alte Welt der neuen vor, hatten ihr europäisches Bildungsbürgertum mit dem weiten Horizont und den entsprechenden Beziehungen über die Zeiten gerettet.

Thomas Mann, 1875 geboren, ist fünf Jahre jünger als Annette Kolb, auch wenn sie sich gelegentlich zur Gleichaltrigen macht, sie nimmt es mit biographischen Daten und Fakten nicht so genau, schreibt über Geburtstagsfeiern: »Es ist mir fortan nicht erinnerlich, mein Alter jemals richtig angegeben zu haben. Ich griff ad libidum in die Tasten, zu hoch oder zu tief, ganz einerlei nach Laune und wie es mir gefiel. Nur stimmen durfte es nie, weder Ort, noch Tag, noch Jahr.« So steht denn auf ihrem schmiedeeisernen Grabkreuz auf dem Münchner Friedhof Bogenhausen als Geburtstag der 2. Februar, im Erzbischöflichen Matrikelamt aber der 3. Februar. Das Geburtsjahr hat sie in ihrem Paß von 1916 mit einem dicken Tintenkleks unleserlich gemacht, eine weibliche Koketterie, die zu der herb Intellektuellen eigentlich nicht paßt, genausowenig wie die verspielten Schleierhütchen, die sie über Jahrzehnte trägt. Eine schräg ins Gesicht gezogene Baskenmütze wäre für die Deutsch-Französin mit dem politischen Kopf charakteristischer.

Der Zeichner Olaf Gulbransson hat Annette Kolb auf dem Umschlag ihres Bändchens *Kleine Fanfare* einen — männlichen — Zylinder verpaßt und läßt sie mit finsterem Blick und ausgemergelten Backen kräftige Fanfarenstöße ins Land blasen: die unbequeme Mahnerin, die die satten Bürger diesseits und jenseits des Rheins aufschreckt.

Joseph Roth, den die Kolb seit 1930 kennt, und mit dem sie später während der Emigration in Südfrankreich in den Cafés von Nizza wieder zusammentreffen wird, malt in seiner liebenswürdig-entlarvenden österreichischen Art noch ein anderes Bild von ihr. Aus einem Brief vom 5. Juli 1932, den er ihr vom Gustav-Kiepenheuer-Verlag aus Berlin schickt, geht hervor, daß sie offenbar an den Verlag Manuskripte und Briefe geschickt hat, die einander »mit einer so reizenden Schnelligkeit« jagen, daß er kaum antworten kann. Nach dieser galanten Umschreibung ihrer nervtötenden Hartnäckigkeit geht er auf ein von ihr beigelegtes Photo ein: »Wenn ich ein Bett hätte«, schreibt der Unbehauste, »ich hängte es darüber, vorausgesetzt, daß Sie nichts dagegen hätten. Es ist ein sehr schönes Bild von Ihnen, ein pfingstlicher Ernst ist darüber.«

Ob das Bild ihn wirklich begeistert, oder ob der Charmeur der Knochentrockenen nur die Nachricht versüßen will, die dann — auch wieder hübsch verklausuliert — folgt, sei dahingestellt. Er schreibt: »Selbstverständlich würde Kiepenheuer ein Buch bringen, das Aussichten hätte ›zu gehn‹.« Im Klartext: Es hat sich herumgesprochen, daß mit ihren Büchern kein Geschäft zu machen ist. Er tröstet sie mit seinem eigenen Schicksal: »Mein Radetzky-Marsch ist immer noch nicht ganz gesetzt ... es ist gar nicht zu sagen, wie schlecht es mir geht ... Heute habe ich Unglück hinter und neben mir, graue Haare, eine kranke Leber und bin unheilbarer Alkoholiker.« Aber dann wieder der Gentleman: »Ich küsse Ihre lieben Hände — Ihr alter Joseph Roth.«

Dreimal Annette Kolb. Aus der Sicht Thomas Manns, Olaf Gulbranssons, Joseph Roths. Vielschichtig und widersprüchlich. So ist sie, und so möchte sie auch sein. Immer ein bißchen kostümiert und altjüngferlich, das neckische Strohhütchen als Tarnung der darunterliegenden scharf beobachtenden und leicht zusammengekniffenen Augen. Röntgenblicke auf das Gegenüber, auf Geschriebenes, auf das Zeitgeschehen. Immer auf der Hut und protestbereit, immer aber, wie es ihrer Erziehung entspricht, Contenance wahrend, die schmutzigen Dinge beherzt, doch mit feingehäkelten Handschuhen anfassend.

So hat sie es aus dem Münchner Elternhaus mitbekommen, das so münchnerisch gar nicht war, auch wenn der Vater als Königlicher Gartenbauinspektor — und, wie man munkelte, Abkomme eines Wittelsbachers — zum Hofstaat gehörte. Mehr wurden die vier Kinder, Annette als jüngstes, von der Mutter geprägt, einer französischen Pianistin. Sie brachte in die bieder-bayerische Dienstwohnung in der Sophienstraße am Alten Botanischen Garten Pariser Flair. Man sprach selbstverständlich französisch, man musizierte, Madame Kolb hielt Cercle. Die Kinder wuchsen — soweit sie nicht in Internaten untergebracht waren — ohne geregelte Mahlzeiten und warme Winterkleider auf, aber geübt wurde an einem Pleyel-Flügel.

Man lebte ständig und ohne Scham etwas über die Verhältnisse, das Gehalt des inzwischen zum Hofrat beförderten Vaters reichte unerklärlicherweise nie bis zum Monatsende. Auf einen standesgemäßen Salon wollte die Mutter, Preisträgerin des Pariser Konservatoriums, aber nicht verzichten. Um Gäste wie den Hofkapellmeister Bülow, seine Frau Cosima samt Vater Franz Liszt in gebührendem Rahmen empfangen zu können, sah sie sich gezwungen, gänzlich unmusikalischen Töchtern aus dem Bekanntenkreis Klavieretüden beizubringen. Ein hartes Brot. Verletzter Stolz schlug in Überheblichkeit um. Annette Kolb beschreibt diese auch den Kindern vermittelte Wertearroganz in ihrem autobiographischen Roman *Die Schaukel*. Da mokiert sich die Familie Lautenschlag, zu der sie als jüngstes Mädchen gehört, über die neuadligen von Zwingers und deren stockunbegabte Töchter. Da wird Frau Konsistorialratswitwe Erlendicht geschildert, hart und hager, aber hochgebildet, in einer Wohnung, die den Lautenschlagschen Kindern protestantisch, kalt und preußisch vorkommt: »Die Räume, nüchtern, unverbindlich, ausgekältet, glichen Betsälen... Weihnachten auf Eis.« Für die Lautenschlags hingegen ist Weihnachten ein üppiges Herschenkefest: »Geschenke weit über ihre Verhältnisse zu geben, gehört mit zu ihrem Größenwahn.« Und die Jüngste steht mit ihrem drallen katholisch-bayerischen Selbstbewußtsein weit über den Zugereisten: »Sie sagt der Butter, der Schokolad, und wäre es nur aus Opposition. Die Preußen, die sagten Blumenkohl statt Karfiol und Tüte statt Stranitzel, und Apfelsinen statt Orangen sagten die, und Sonnabend und Abendbrot, und Berliner Pfannkuchen statt Faschingskrapfen... sie kannten das Wort Krapfen nicht einmal, solche Leute waren das.«

Berliner Zugezogene sind es auch, die sich über den unperfekten Lautenschlagschen Salon entsetzen, in dem es keine Kuchengäbelchen gibt und der zu hart gebackene Zwetschgenkuchen von den Töchtern statt vom Personal gereicht wird. Und die Lakaien, die die Damen des Hofes herkutschiert haben, müssen in einem schmalen, dunklen Gang statt in standesgemäßen Vestibülen warten, wo gibt es denn so etwas?

Aber die Lautenschlags sind über Kritik von Dilettanten und Leuten mit mittelmäßigen Bildern an den Wänden erhaben: »Blöde Urteile über Musik oder Bücher oder Bilder unwidersprochen hinzunehmen, weil sie von Leuten kamen, in deren Sold man geriet, das war nichts für sie, o nein. In dieser Meinung waren die Eltern mit den Kindern eins. Diese mußten immer frei bleiben, frei, ihre Ansicht, gelegentlich auch ihren Hohn zu äußern.« Das hat Annette Kolb ihr Leben lang getan — mit einem unverwechselbar bayerisch-französischen Sprachkolorit, das im *Doktor Faustus* Thomas Manns gönnerhafte Würdigung findet: »Zwischen den Sprachen aufgewachsen, schrieb sie in einem reizend inkorrekten Privatidiom damenhafte und originelle Gesellschaftsstudien, die des psychologischen und musikalischen Reizes nicht entbehrten und unbedingt zur höheren Literatur zählten.«

Die Dame mit dem inkorrekten Privatidiom und der Zuordnung zur höheren Literatur hat dem Literaturpapst diese Klassifikation nie verziehen. Auf wohlwollendes Schulterklopfen reagiert sie allergisch. Wie sie mit den überheblichen Männern umzugehen beabsichtigte, wußte sie schon als Schülerin: »Jetzt ging sie ja noch ins Institut, aber später würde sie der Welt schon zeigen, daß sie für kein fades Aufblicken zum Manne, als wäre sie weniger als er, zu haben sei ...«

Annette Kolb blieb ihr Leben lang unverheiratet. Schwer vorstellbar ein Mann an ihrer Seite, der ihrem kritischen Blick und dem sarkastischen Wortwitz auf Dauer standgehalten hätte. Ebenbürtige Männer suchten sich bequemere Frauen — es sei denn, sie gerieten in die Ehe wie ihr Vater, der »hatte mit der Unüberlegtheit geheiratet, mit welcher man für eine Tagestour einen Vergnügungsdampfer besteigt.«

Die häusliche Atmosphäre mit dem abseitsstehenden Vater und der in höheren Sphären schwebenden Mutter, die den Haushalt so zerstreut führte, »daß es schon besser war, sie komponierte«, läßt Annette Kolb nicht mit Wehmutssehnsucht an ihre Jugend zurückdenken, aber auch nicht mit Widerwillen; den hebt sie sich für die Schilderungen der Internatsjahre bei den Salesianerinnen in Thurnfeld und später im Münchner Privatinstitut von Therese Ascher in der Luitpoldstraße auf — nachzulesen in *Torso* und *Klosterleben*. Auf Freiheitsentzug hat sie zeitlebens empfindlich reagiert. Sie ließ sich weder vom Elternhaus noch von einem Mann noch von der Gesellschaft oder der Politik ihre Rolle zuschreiben, sie bestimmte alle ihre Schritte selbst: Nicht Musikerin wurde sie, wie das in der Familientradition gelegen hätte, sondern Schriftstellerin, und dazu entschied sie sich schon früh.

Daß sie die Musik in ihr Schreiben hineinnahm, war für sie selbstverständlich und oft ein Trost in finsterer Zeit. Bis 1937 fuhr sie regelmäßig zu den Salzburger Festspielen, hörte Beethovens Siebte mit Toscanini, *Die Entführung aus dem*

Serail mit Bruno Walter und schrieb das heitere Bändchen *Festspieltage in Salzburg.* Dann kam Österreichs Anschluß ans Reich und ihr Ausschluß aus der deutschen Kultur. In Paris ging sie in stillem Protest gegen das braune Pathos Mozarts Lebensspuren nach. 1937 erschien ihre Mozart-Biographie, die französische Übersetzung ein Jahr später mit einem Vorwort von Jean Giraudoux. In den ersten wirren Kriegsmonaten schrieb sie in Paris und Vichy mit ihrer Schubert-Biographie gegen das innere und äußere Chaos an. In den Entbehrungen der Nachkriegszeit, als sie 1946 ins zerstörte München zurückkam, setzte sie sich mit *König Ludwig II. und Richard Wagner* auseinander, der Geschichte einer glanzvollen und tragischen Freundschaft. Auch dieses Bändchen erschien in deutscher und französischer Sprache.

Immer wieder dieses zweisprachige Denken, diese doppelte kulturelle Zugehörigkeit, die sie bereicherte und belastete. Der Konflikt hatte schon ihre Kindheit überschattet. Im Jahr ihrer Geburt, 1870, standen sich im Deutsch-Französischen Krieg die Truppen beider Nationen gegenüber, und der Sieg der Deutschen war für ihre Mutter, Französin in München, nur schwer zu verkraften. So hängt für Annette von klein auf die Familienharmonie mit der großen Politik zusammen, Völkerverständigung ist für sie kein Pathoswort, sondern eine Alltagsvokabel. Sie sieht die nationalen Übersteigerungen in beiden Ländern und warnt vor den Folgen. Vergeblich.

Nach Ausbruch des Ersten Weltkrieges ruft sie noch eindringlicher zur Versöhnung auf, mit Briefen im Münchner Zeit-Echo, die 1916 unter dem Titel *Briefe einer Deutsch-Französin* als Buch erscheinen. Darin zieht sie gegen die Alldeutschen, die »plumpen Parforce-Germanisierer« ebenso zu Felde wie gegen die nationalistischen Franzosen — und gerät zwangsläufig unter Beschuß von beiden Seiten, so wie sie auch Freunde in beiden Lagern hat. Rathenau setzt sich für sie ein, und Romain Rolland schreibt ihr bewundernd: »Sie sind nicht nur Patriotin, sie sind es gleich doppelt, als Deutsche und als Französin.«

Das patriotisch aufgeheizte Volk ist weniger tolerant. Schon bei ihrer ersten öffentlichen Rede 1915 hat man sie als Pazifistin niedergeschrien und von der Tribüne gedrängt. Das Bayerische Kriegsministerium versuchte, ihre politische Tätigkeit durch eine Briefsperre und ein Verbot von Auslandsreisen zu lähmen. Wiederum mit Rathenaus Hilfe setzt sie sich 1917 in die Schweiz ab. Von neutralem Boden aus hofft sie, ihren pazifistischen Appellen breitere Resonanz zu verschaffen. Sie arbeitet mit Schriftstellern wie Hermann Hesse oder Carl Sternheim zusammen und mit dem Friedensnobelpreisträger Alfred Fried, sie kämpft an allen publizistischen Fronten für eine Beendigung des unseligen Krieges. Dabei lernt sie auch den elsässischen Dichter René Schickele kennen, der die pazifistischen *Weißen Blätter* herausgibt und sie zur Mitarbeit auffordert. Aus dieser Begegnung entwickelt sich eine lebenslange Freundschaft.

Pazifist zu sein, ist suspekt in jener Zeit in der Schweiz — nicht nur in der Schweiz und nicht nur in jener Zeit. Die Schweiz kommt ihr vor wie ein herrlicher, aber nach allen Seiten hin verbarrikadierter Garten.

Ihre Zusammenkünfte werden von der Polizei registriert und machen den Geheimdiensten auf französischer und auf deutscher Seite Kopfzerbrechen, da sie in ständigem Kontakt mit Regierungsstellen und Oppositionsgruppen beider Länder steht. Ihre Gespaltenheit, ihr Grenzgängertum paßt nicht ins Freund-Feind-Schema. »Wenn jemand keine Parteien kannte, so war ich es«, schreibt sie in *Zarastro*, den tagebuchartigen Aufzeichnungen jener Wühljahre.

Obwohl Annette Kolb, die sich nie in eine von außen oder oben vorgegebene Ordnung pressen läßt, für Parteien nicht viel übrig hat, nimmt sie 1919 am Internationalen Sozialistenkongreß in Bern teil. Sozialismus sieht sie als einen Weg zur Überwindung kapitalistischer Auswüchse, aber niemals als eine künftige Gesellschaftsform an. Für einen egalitären, auf Gemeinschaft angelegten Staat ist sie allzusehr Individualistin.

In diesen Jahren nach dem Ersten Weltkrieg ist sie viel in Europa unterwegs. Unermüdlich tritt sie für ihre sich selbst auferlegte Kulturmission ein, die Versöhnung der Erbfeinde Deutschland und Frankreich. In ihren Notizen tauchen Namen von Politikern wie Brüning und Paul Hirsch auf, von so unterschiedlichen Schriftstellern wie Gerhart Hauptmann, Arnold Zweig und Rainer Maria Rilke, von Verlegern wie Samuel Fischer und Kurt Wolf oder von Dirigenten wie Furtwängler und Toscanini. Auch Regisseure und Schauspieler sind darunter, Max Reinhardt, Alexander Moissi; das Leben ist für sie eine Bühne, die Bühne ein Stück Leben, vorübergehend, flüchtig, ohne Alltagsabsicherung.

Das Geld, zu dem sie nie ein ausgewogenes Verhältnis hatte, »reichte nicht, um es zurückzulegen, wohl aber, um es eine Weile nicht zu zählen«, sie gibt es bedenkenlos für Reisen und Theaterkarten aus, wie sie schon als Schülerin Galoschen, Wintermantel und Schlittschuhe bei einer Tandlerin verhökert hat, um den ersten Auftritt Eleonora Duses in München miterleben zu können.

Gegen Ende der zwanziger Jahre läuft die Politik der Kunst immer stärker den Rang ab. Annette Kolbs Buch über *Aristide Briand*, den Schöpfer des Locarno-Paktes und Hoffnungsträger eines friedlichen Europa, findet zwar Anhänger in Deutschland und in Frankreich, kann aber politisch nichts mehr bewirken, ebensowenig wie eine Rede, die sie im April 1932 in Paris hält, und in der sie vor dem Faschismus und dem Bolschewismus gleichermaßen warnt. Ihre Worte »Lieber gekillt oder liquidiert, als ohne Recht auf freie Meinungsäußerung leben«, zwingen sie schon bald zu Konsequenzen. Wieder einmal werden die Weichen ihres weiteren Lebens durch die Politik gestellt.

Am 31. Januar 1933 dreht sie das Radio an, sucht nach einer Musiksendung und hört dabei zufälligerweise eine Stimme »in einem niederträchtigen Deutsch, eine Stimme, die in Gebell ausartet, Töne und Untertöne des Hasses, der Rachgier, der hündischen Wut...!« Es ist die Stimme Hitlers. Sie hört ihn an diesem Abend zum ersten- und zum letztenmal und weiß: »Wenn dieser Mann die Macht behielt, dann war Krieg, ein neuer, unmenschlicher Krieg unabwendbar!«

Mit zwei Koffern und einer Hutschachtel verläßt sie Deutschland und trifft nach einigen Umwegen in Paris ein, dieser Stadt, die ihr nach München die vertrauteste ist. 1936 erhält sie die französische Staatsbürgerschaft. Sie schreibt, reist, lebt von Übersetzungen und wird 1939 zum internationalen PEN-Kongreß nach New York eingeladen. Aufregende Wochen für sie, mit einem Empfang bei Präsident Roosevelt, einem Besuch bei Thomas Mann in Princeton, einem Gespräch mit dem verstörten expressionistischen Dichter Ernst Toller wenige Tage vor dessen Freitod.

Wieder zurück in Paris, erlebt sie die Zuspitzung der Lage kurz vor dem Einmarsch der deutschen Truppen, ihrer Landsleute. Wieder läßt sie, wie 1933, ihre Wohnung, ihre Habe hinter sich und flüchtet nach Vichy, wo sich viele Emigranten mit der Hoffnung auf Ausreisemöglichkeit in ein neutrales Land einfinden. Sie ist nun siebzig, ein Alter, in dem man sich normalerweise zur Ruhe setzt. Für sie aber beginnt erneut ein Leben aus dem Koffer: Basel, Genf, dann im letzten Augenblick die Visen für Spanien, Portugal, die Vereinigten Staaten. In abenteuerlicher Flucht entkommt sie in Barcelona knapp der Gestapo, und es gelingt ihr, sich im April 1941 von Lissabon aus nach New York einzuschiffen.

Viereinhalb Jahre tristes Emigrantenleben folgen, Hotelunterkünfte, Anonymität. Ab und zu ein paar Lichtblicke, ein Treffen mit alten Freunden, ein Besuch bei den Zuckmayers auf der Backwoods-Farm in Vermont, und als Höhepunkt im Juli 1944 de Gaulle in der französischen Kolonie in New York. Auf den General und die Befreiung Frankreichs von Hitlers Truppen setzt sie fortan ihre Hoffnung. Das beschwerliche und niederdrückende Leben in Amerika hatte sie schon bei ihrem ersten Übersee-Aufenthalt festgehalten. Nirgends sei das Exil für einen deutschen Autor tragischer als in den Vereinigten Staaten: »Der Haß dort auf alles Deutsche ist heute so groß, daß auch dessen herrliche Sprache davon betroffen wird«, schreibt sie bitter.

Nach dem Krieg kehrt Annette Kolb ins zerstörte Europa zurück, und ihre gelähmte Energie erwacht wieder, auch wenn die Kräfte nicht mehr die alten sind. Das Wiedersehen mit München im Jahre 1946 ist eine Herausforderung. »...so habe ich die Hände voller als ich Kraft habe«, schreibt sie bedauernd. Aber die Kraft zum Schreiben wächst mit der Arbeit. 1954 erscheint der Band *Blätter in den Wind*, einige Jahre später *Memento* und als letzte Zusammenfassung ihrer Lebensstationen kommen 1964 die *Zeitbilder 1907—1964* heraus.

Doch auch aus ihren drei weitgehend autobiographischen Romanen kann man Fakten und Gestimmtheiten entnehmen. Der erste, schon 1913 erschienene, mit dem Titel *Das Exemplar* brachte ihr den Fontane-Preis ein, und Rilke gratulierte in seiner komplimentreichen Art: »Wenn ich nicht in dieser infamen Entfernung wäre, ich würde Ihnen alle Blumen ins Haus schicken, die ich zu sehen bekomme, um nur etwas zu tun, was meiner Freude und Ergriffenheit gleichkommt...«

Der zweite Roman *Daphne Herbst* ist 1928 herausgekommen. Er zeichnet ein strahlendes Bild der frühverstorbenen Schwester vor dem Hintergrund einer langsam auseinanderbrechenden Feudalgesellschaft am Münchner Hof vor dem Ersten Weltkrieg. Verklärung und Untergangsstimmung liegen nah beieinander, wie häufig in Zeiten sich anbahnender Umbrüche. Am Zerfall einer Familie läßt sich gleichzeitig das Ende der bayerischen Monarchie ablesen — Annette Kolb registriert es mit einer bei ihr ungewohnten Wehmut.

Auch über dem dritten Roman *Die Schaukel* aus dem Jahre 1934 liegt der elegische Grundton des endgültig Vergangenen. »Das Licht in seinem Hause wird nicht mehr ausreichen, um die Schatten zu bannen, die in den Spalten und Ritzen sich sammeln«, heißt es da über den Vater, und die Familie wird einbezogen in diese allmähliche Verdüsterung, auch wenn sie es nicht wahrhaben will und scheinbar unbekümmert in den Tag hinein lebt mit geborgtem Glanz und gepflegtem Selbstbewußtsein. Doch das Buch enthält auch viele heitere Episoden, Welterfahrungen eines eigenwilligen, unangepaßten Kindes und liebevolle Schilderungen der Stadt, die den Rahmen für diese behütete und doch offene Jugend bietet: München.

»München leuchtete«, so beginnt Thomas Mann seine Erzählung *Gladius Dei*. München leuchtete auch für Annette Kolb. Die Stadt öffnet sich ihr auf immer neue und überraschende Weise. In *Daphne Herbst* sieht sie vom Zug aus, der über die Großhesseloher Brücke donnert, über die Isar hinweg auf die »von den Alpen fast bedrohlich nahe umzackte Stadt« am Rande eines Horizontes, »der sie in Glut und Schwefel badete«. Oder ein anderer Blick von der Terrasse zur Friedenssäule auf die Isar, die »so leuchtend und blau dahinfloß, so deutsch mit dem verträumten Gebüsch ihrer weiten Sandbänke…« — Eine Stadt der Träume und Beschaulichkeit ist München für Annette Kolb, »vielleicht die schönste Sommerstadt der Welt«, schwärmt die Nüchterne, sonst jedem Pathos Abgeneigte. Und wenn Thomas Mann München für völlig unliterarisch hält, zählt das für sie nicht so viel wie die individualistische Freiheit, die sie hier genießt: »…der Boden war für das Ausgefallene weit aufnahmebereiter als andernorts«, schreibt sie. Sie hat sich wohlgefühlt in München. Ist immer wieder in diese Stadt zurückgekehrt, aus Frankreich, aus der Schweiz, aus New York und Berlin, selbst aus dem geliebten Badenweiler, das für sie — nah an Frankreich und der Schweiz gelegen, mit René Schickele Haus an Haus — umweht war »von einer Luft, welche die Menschen gütig stimmt«.

Ihre letzte »Heimkehr« nach München fällt in den Sommer 1961. Da zieht sie nach Bogenhausen in die Händelstraße, nicht weit entfernt von der St. Georgskirche, an deren Friedhofsmauer sie später beerdigt wird. Hier waren sie wieder versammelt, die alten Freunde, die sie alle überlebt hat: der Kulturhistoriker Wilhelm Hausenstein, einer ihrer anregendsten Gesprächspartner, der Dirigent Hans Knappertsbusch und — nur ein halbes Jahr vor ihr gestorben — der Dichter Oskar Maria Graf, der genau wußte, warum es sich in München so gut leben ließ: »…weil wir alle, wir echten Münchner, durch unsere katholische Herkunft nihilistisch, in einem herrlich wurschtigen Sinn angekränkelt sind«. Eine Münchner Heiterkeit schwebt über diesem Friedhof, auf dem später die Gräber von Erich Kästner und Liesl Karlstadt dazukommen; aber Heiterkeit und Tragik liegen nah zusammen, die Gedenktafel für den Jesuitenpater Alfred Delp an der Kirchenmauer erinnert daran: Er hat den Widerstand gegen die Nationalsozialisten in dieser Gemeinde am 2. Februar 1945 mit dem Leben bezahlt. Schon von Efeu überwuchert und fast nicht mehr lesbar auf einem Findling der Name des Filmemachers Rainer Werner Faßbinder — ein Unangepaßter auch er, nur daß er nicht mit der Weisheit Goethes in den Tod gegangen ist, die sich Annette Kolb schon früh mit der Erkenntnis »Wie gut ist es, daß der Mensch sterbe« zu eigen gemacht hat.

Annette Kolb, die am 3. Dezember 1967 mit 97 Jahren diese ihr fremd gewordene Welt verlassen hat, liegt auf dem Bogenhausener Friedhof unter ihresgleichen, unter einem geschmiedeten Kreuz, dunkelgrün und mit Gold verziert, wie es in der Gegend üblich ist. Ein geschliffener Marmorobelisk auf dem Pariser Friedhof Père Lachaise hätte genauso zu ihr gepaßt, denn sie war, wie sie immer wieder betonte, in Bayern und in Frankreich beheimatet, Europäerin und Weltbürgerin, ein Leben lang unterwegs.

Noch in ihrem letzten Lebensjahr hatte sie einen Reisewunsch: Israel. Mit 97 immer noch die zäh Beharrliche, die sich nichts aus dem Kopf schlagen läßt, was einmal darin ist. Die Reise sei in ihrem Alter zu beschwerlich? Sie hat schon anderes durchgestanden. Das Klima zu anstrengend? Sie hält doch auch den Föhn in München aus. Der Flug zu teuer? Sie findet natürlich Mäzene: Carl Jacob Burckhardt und das Auswärtige Amt. Warum gerade Israel? Auf den jungen Staat ist sie neugierig, die Heiligen Stätten will sie besuchen. Aber der tiefere Grund läßt sich ihrem schon 1954 erschienenen Aufsatz *Gelobtes Land — gelobte Länder* entnehmen: Sie möchte mit der jüdischen Frage — die für sie auch eine christliche ist —, mit ihrem Verhältnis zum Judentum ins Reine kommen.

Auch wenn sie zeitlebens mit Juden befreundet war, mit Franz Werfel etwa, mit Rathenau oder zum Schluß mit dem israelischen Dichter Elazar Benyoetz, so hatte sie sich doch oft mit Vorbehalt über jüdische Kollegen geäußert; der erst 1987 veröffentlichte Briefwechsel mit René Schickele zeigt dies.

In ihrem Urteil war sie von alttestamentarischer Härte, aber in ihrem Handeln strebte sie stets Versöhnung an. Der jüdische Schriftsteller Hermann Kesten bescheinigt ihr, neben französischem Esprit, den Glanz europäischer Humanität. Sie selbst setzte ihr Wirken bescheidener an — aber mit trotzig selbstbewußtem Nachsatz: »Mein Leben hindurch sprach ich in den Wind — und hatte doch manchmal recht.«

Annette Kolb ist für ihre Haltung und für ihr literarisches Werk hoch geehrt worden. In Bayern mit dem Kunstpreis für Literatur der Stadt München und dem Bayerischen Verdienstorden. In der Bundesrepublik mit dem Großen Verdienstkreuz mit Stern und dem Orden Pour le mérite. In Frankreich als Chevalier der Französischen Ehrenlegion. Einen europäischen Orden hätte sie außerdem verdient.

Franziska Gräfin zu Reventlow

Ums Überleben schreiben

Franziska Gräfin zu Reventlow
1871—1918
Lena Christ
1881—1920

Zwei Frauen in München, die ihre Jugend, ihr bisheriges Leben niederschreiben. Zwei Frauen, die nicht vorhatten, Schriftstellerin zu werden, und es, gedrängt von ihren Partnern, doch geworden sind. Zwei Frauen, die außerhalb der wohlgeordneten bürgerlichen Normgesellschaft leben und das Stigma dieser Gesellschaft zu spüren bekommen.

Die Rede ist von Franziska Gräfin zu Reventlow und ihrem autobiographischen Roman *Ellen Olestjerne* und von Lena Christ mit ihren *Erinnerungen einer Überflüssigen.* Zwei Zeitdokumente, die Frauenleben um die Jahrhundertwende widerspiegeln, Frauenleben im Kaiserreich mit all seinen Behütungen und seinen Sanktionen für Ausbrechende. Und das Erstaunliche: Die Muster gleichen sich in den verschiedenen Gesellschaftsschichten. Lieblosigkeit und Ausbeutung, Aufbegehren und Alltagsflucht gibt es ganz oben und ganz unten, das zeigen die beiden Lebensläufe drastisch. Ob Aufbruch und Ausbruch aus einem Schloß oder einem Kätnerhaus, das Verlassen der vorgezeichneten Bahnen bedeutet Isolierung, Einsamkeit.

Franziska zu Reventlow stammt aus einem Schloß. Am 18. Mai 1871 wird sie in Husum als viertes Kind des preußischen Landrats und Grafen zu Reventlow geboren und getauft auf die Namen Fanny Liane Wilhelmine Sophie Auguste Adrienne. Behängt mit so viel Familienvergangenheit, behütet von Gouvernanten und Hauslehrerinnen, einge-

Lena Christ

sperrt in einem herrschaftlichen Park, hat sie nichts anderes zu tun, als sich auf eine spätere standesgemäße Ehe vorzubereiten, während ihren Brüdern alle Möglichkeiten der Entfaltung offenstehen. Mit 19 eben aus einem Internat in Altenburg hinausgeworfen, wohin die Eltern die Widerspenstige verbannt hatten, beklagt sie sich bei einem Freund: »Sie machen sich gar keinen Begriff, wie mit solch unglücklichen Backfischen zu Hause und in Pensionen verfahren wird, ihnen werden die unnötigsten, uninteressantesten Kenntnisse eingetrichtert, furchtbar viel Religion, Grammatik, Handarbeit und Klavier. Sie sollten gewaltsam in eine Schablone gepreßt werden; was dabei herauskommt, können Sie an den durchschnittsjungen Frauen und Mädchen sehen, ungebildete, bleichsüchtige spitzenklöppelnde, interesselose Geschöpfe, die, wenn sie sich verheiraten, in Haushalts- und Kindergeschichten aufgehen und ihrem Mann unmöglich etwas sein können, als eben seine Hausfrau — bleiben sie ledig, so entsteht aus ihnen die Sippe der unleidlichen alten Jungfern, über die sich alles lustig macht, deren Wirkungskreis in Kaffeeklatsch und Diaspora besteht...«

Erstaunlich, mit welcher Schärfe da eine Neunzehnjährige ihre und die Rolle ihrer Geschlechtsgenossinnen sieht und auch den Schlüssel findet für diese gesellschaftliche Deklassierung: »Es liegt eben darin, daß man die Frau nicht als Selbst, nur als wesenloses Geschöpf betrachtet.« Und dagegen wehrt sie sich, versucht, sich selber geistig weiterzubilden.

Natürlich hat sie — angeregt durch den Lübecker Ibsen-Club — Nora gelesen und sich Ibsens Emanzipationsideen zu eigen gemacht. Sie möchte, nachdem sie schon ihre Zigeuner- und Zirkusträume begraben hat, Malerin werden. Die Eltern haben dafür kein Verständnis. Ihr bleibt, wie vielen aus dem Hause strebenden höheren Töchtern damals, nur das Lehrerinnenseminar als Ausweg. Sie absolviert, noch minderjährig, die Ausbildung lustlos und ohne den Wunsch, jemals Lehrerin zu werden.

Wie dankbar dagegen wäre Lena Christ für eine gute Ausbildung gewesen. Sie, die schon als Kind aufgeweckt und wißbegierig war, allerdings auch eigensinnig und widerborstig. Am 30. Oktober 1881 im Dorf Glonn südlich von Ebersberg geboren, gehört sie noch zur gleichen Erlebnisgeneration wie Franziska zu Reventlow, nur das Umfeld ist ein völlig anderes. Sie ist das uneheliche Kind einer Magd und — wahrscheinlich — eines Schmiedegesellen, der später auf hoher See verschollen ist. Im Haus der Großeltern, biederen, ärmlichen Kleinbauern, wächst Lena zusammen mit anderen Kostkindern auf, und sie fühlt sich vor allem in der Obhut des Großvaters wohl.

Als eines Tages die Mutter, die inzwischen einen Gastwirt und Metzger geheiratet hat, anreist, um die Achtjährige nach München zu holen, fängt das Elend einer »Überflüssigen« an. Nicht aus Mutterliebe handelt die für Lena fremde Frau, sondern aus Geschäftssinn: Mit acht kann das Mädchen schon kräftig in Haus und Laden zupacken. Aber alles an Lena paßt der Mutter nicht, die bäuerische Sprache, die langen Zöpfe, der plumpe Gang. Die Haare werden der Läuse wegen kurzgeschoren, und in der Schule rufen die Kinder nun »Gscherte« oder »Dotschen« hinter ihr her. Nachts holt sie die Katze ins Bett, um ein bißchen Wärme zu haben.

Die Geburt eines kleinen Stiefbruders macht ihre Lage noch schlimmer. Sie muß neben der Schule die Arbeit einer vollen Kraft verrichten, um fünf aufstehen, das Kind allein versorgen, die Wäsche waschen, Geschäft und Schlachthaus putzen. »Kam ich mittags aus der Schule, wurde ich meistens mit Schlägen empfangen, denn ich hatte nachsitzen müssen, weil ich in der Früh zu spät gekommen war.« Sie hetzt wieder zum Nachmittagsunterricht, kämpft ständig gegen den Schlaf an, kann keine sauberen Hausaufgaben vorweisen und wird in Handarbeiten mit einem »Ungenügend« bestraft, wofür sie sich zutiefst schämt.

Während für Franziska zu Reventlow jeder Handarbeitsunterricht sinnloses Zeittotschlagen höherer Töchter ist und sie sich darüber erhaben fühlt, könnte Lena dem Sticken, Stricken und Nähen schon etwas abgewinnen, wenn man ihr die Zeit dazu ließe. Sie ist ehrgeizig und hat sich trotz der häuslichen Misere zur Klassenersten emporgearbeitet. Vermerke wie die im Reventlowschen Zeugnis: »Sie ist zerstreut und vergeßlich« oder »Durch Mangel an Pflichttreue und Gewissenhaftigkeit war sie ein nachteiliges Beispiel für andere«, würden sich in ihrem nie finden. Über ein »Ungenügend« in Betragen, Gesang und Englisch, wie die Pröbstin des Freiadeligen Magdalenenstiftes zu Altenburg es der jungen Gräfin bescheinigt, käme sie nicht so unbekümmert hinweg. Sie möchte sein wie die andern oder noch ein bißchen fleißiger und gescheiter, sie will heraus aus ihrem Hinterzimmer in der Schlachterei und weiß instinktiv, daß ihr dies nur über Wohlverhalten und besondere Leistung gelingen kann.

Beide Mädchen träumen sich in ein anderes Leben. Franziska über Konventionen und starre Einbindungen hinaus in die Welt des fahrenden Volkes, zu Zigeunern und Zirkusleuten, Lena aus dem gehetzten Mägdealltag in die ruhige Geborgenheit eines verstehenden Menschen. Bei beiden sind es Männerträume, wilde, verwegene oder schutzsuchende, bei beiden ist es Flucht vor der eigenen Mutter. Erschreckend, wie Kälte und mangelnde Zuwendung sich wie eine Eisschicht über Kindheit und Jugend legen können, lähmend, aber auch Widerstandskräfte freisetzend.

Franziska, die »Unberechenbare«, die viel lieber ein Junge gewesen wäre, und mit der die Eltern keinen Staat machen können wie mit der adretten Schwester Agnes, schreibt am 16. 4. 1890 an ihren Jugendfreund Emanuel Fehling über die

Mutter, die sie als engherzig und etikettenstolz charakterisiert: »Sie kann mich nicht leiden, seit frühester Kindheit bin ich immer ein Stiefkind gewesen. Besonders ist sie in steter Angst, daß ich etwas tue, was sie nicht mögen.« Die Angst ist nicht unbegründet. Franziska zahlt die Abweisung mit Renitenz heim. Sie schreibt an Fehling: »Sie glauben nicht, was das für eine Wonne für mich ist, wenn ich in Holstein bin, diese Art Leute vor den Kopf zu stoßen; dieselben leiden nämlich auch sehr an Standesvorurteilen...«

Die gesellschaftlichen Honneurs, von denen Lena Christ nicht einmal zu träumen wagt, sind der jungen Gräfin ein Greuel. Sie schildert ihrem Freund einen der Bälle, von denen es etwa zwanzig in der Saison zu absolvieren gilt: »Während die unglücklichen Schlachtopfer arglos sich amüsieren, sitzen die Mütter in langen Reihen umher, beobachten mit mehr wie Argusaugen, wer wem die Cour macht etc. und tun ihr möglichstes, um Partien zu machen.« Sie entflieht diesen Zwängen, sobald sie volljährig ist, erst nach Hamburg, dann nach München. In Hamburg hat sie sich mit einem Assessor verlobt, der sie großzügiger- oder leichtsinnigerweise noch einmal auf ein Jahr nach München ziehen läßt, damit sie sich im Malen fortbilden kann.

München, für sie die Stadt der großen Freiheit, der Kunst und Boheme, ist für Lena Christ ein Alptraum. Ein Alptraum, der aus Schlachtereien und Schankstuben, in denen sie von früh bis spät Fronarbeit leisten muß, besteht: Adalbertstraße, Glückstraße, Buttermelcherstraße, schließlich Sandstraße, heißen die Stationen. Arbeit, Hunger, Schläge einer unbeherrschten Mutter, die tiefe Striemen hinterlassen, sadistische Strafen. Einmal muß das Mädchen eine Nacht lang auf einem Holzscheit knien, weil es einem Lehrer von den Schlägen der Mutter erzählt hat. In den *Erinnerungen einer Überflüssigen* ist vom Haß der Mutter immer wieder die Rede: »Jede, auch die geringste Verfehlung wurde mit Prügeln und Hungerkuren bestraft, und es gab Tage, wo ich vor Schmerzen mich kaum rühren konnte.«

Bei den Reventlows wird nicht geschlagen und mit einem »Ochsenfiesel« gezüchtigt, hier kennt man subtilere Strafen: Nichtbeachtung, Liebesentzug, den kalten, haßerfüllten Blick der Mutter, der Franziska jedesmal zusammenzucken läßt. Auch sie kann sich nicht wehren, oder höchstens mit den Worten, die sie in ihr Tagebuch schreibt. Verse wie »Zurückgestoßen vom Mutterherzen/mit kalter Hand und nie geliebt«, oder

»Verloschen ist mir des Tages Glast,
die Welt liegt weit und leer.
Hinwerfen möcht ich des Lebens Last,
sie war mir schon lange zu schwer.«

Lebensüberdruß auf den Reim gebracht, Schreiben als Therapie. Lena Christ hat diese Möglichkeit — noch — nicht. Sie erträgt die Demütigungen der Mutter, die allein durch die Anwesenheit dieses »Kindes der Sünde« ja auch eine Gedemütigte ist, eine, deren Leben durch den einen »Fehltritt« verpfuscht wurde, und die sich nun, in der Position der Stärkeren, aber im Grunde genauso Ohnmächtigen, rächt. Sie prügelt noch die Neunzehnjährige mit dem Stock. Mehr als ein Jahrzehnt später erst, als Lena gelernt hat, ihr Leben in Worte zu fassen, beschreibt sie diese Hilflosigkeit, die zur Katastrophe führt: Sie möchte, in einem doch ab und zu durchbrechenden Tochtergefühl, der Mutter eine Namenstagsfreude machen und kauft einer Magd eine fein gehäkelte Spitze ab, die sie als eigene Arbeit ausgibt. Die Mutter, die die Täuschung des »verlognen Luders« merkt, wirft die Spitze mit hämischem Lachen ins Feuer.

Lena ist verstört, unsäglich allein, gerät in ausweglose Panik: »... plötzlich ergriff ich das große Tranchiermesser, legte erst die eine und dann die andere Hand auf den Hackstock und schnitt mir an beiden Armen die Pulsadern durch. Dann lief ich zum Schlüsselbrett, nahm die Kellerschlüssel, rannte die Stiege hinab, schloß mich in den Weinkeller ein und kauerte mich in einen Winkel und hoffte stumpfsinnig auf den Tod.«

Man findet die ohnmächtig in ihrem Blute Liegende und schafft sie eiligst zum nächsten Bader. Später näht ein Arzt die Wunden, aber die seelischen Verletzungen können nicht genäht werden. Als Lena nach Hause zurückkommt, empfängt die Mutter sie mit den Worten: »Hat die jatz der Teufi no net gholt! Bist no net hin?«

Lena wehrt sich nicht, reagiert fast erschreckend vernünftig auf die herzlosen Worte und denkt, »es könnte am Ende besser sein, wenn ich ginge; denn vielleicht bekäme ich von der Mutter einmal einen Hieb, der mich zum Krüppel machte, da wäre ich doch lieber tot.« Aber das Weggehen ist nicht so einfach, sie ist noch nicht volljährig, braucht die Einwilligung des Vormunds und ein Dienstbuch von der Polizei, wenn sie eine Stelle antreten will.

Schließlich kommt sie als zweite Köchin in der Floriansmühle, einem Ausflugslokal am Englischen Garten, unter. Sie schickt sich gut, die Wirtsleute sind mit ihr zufrieden. Aber als plötzlich die Mutter auftaucht und sie zurückholen will, bricht so etwas wie Heimweh in Lena auf, die Mutter ist für sie doch die einzige Person, an die sie sich gebunden fühlt: »I möcht wieder hoam. Mi leid's nimmer da, wenn i woaß, daß mi d'Muatter braucht«, sagt sie der Wirtin und läßt sich — sie hat gut Geld verdient — von einem Fiaker nach Hause fahren.

Ihre zweite freiwillige Rückkehr ins ungeliebte Elternhaus. Schon zwei Jahre zuvor hatte sie ein Noviziat im schwäbischen Kloster Ursberg abgebrochen, die Züchtigungen der Mutter schreckten sie doch weniger als der Drill und die Unterwerfungsriten des klösterlichen Lebens.

Sie ist nun im besten Heiratsalter, hübsch anzusehn in ihren Wirtschaftskleidern aus blauem Mousseline mit weißem Battistkragen, dazu dem weißen Spitzenschürzchen, die blonden Haare zur Krone aufgesteckt, in der Stirn ein paar neckische Löckchen. Der Stiefvater, ein gutmütiger, ihr wohlgesonnener aber ungeschlachter Mensch, kauft ihr Lackschuhe, so ist sie bestens ausstaffiert, um Freier anzulocken. Die bleiben nicht aus: ein Drechsler aus Traunstein, ein angejahrter Briefträger, ein Bräumeisterssohn, ein Schlosser, ein reiselustiger Schneider, ein Eisenbahnexpeditor und ein verschuldeter Hausbesitzer treten nacheinander auf den Plan. Sie alle werden vom Buchhalter Anton Leix ausgestochen, der in den *Erinnerungen* als Benno Hasler auftritt (Lena Christ verändert alle Namen).

Der Buchhalter kommt mit einem Veilchenstrauß und vielen Versprechungen in die Wirtsküche und auch gleich zur Sache: »Liabs Fräuln Leni, ich hab Sie lang beobacht und hab g'funden, daß bloß Sie mi glücklich machen können. Wenn' s Ihnen also recht ist, heiraten wir, Ihre Eltern haben mich nicht abgewiesen.« Die Wirtsleni willigt ein. Eine Liebesheirat ist es nicht, aber doch eine recht gute Partie, ein Schritt über die Schankstube hinaus.

Die Mutter gibt ihr statt ihres Segens Verwünschungen mit auf den Weg: »Du sollst koa glückliche Stund habn, so lang'st dem Menschn g'hörst, und jede guate Stund sollst mit zehn bittere büaßn müaßn.« Aber diese selbe Mutter schenkt ihr einen Frauntaler und überläßt ihr die stattliche Mitgift von 38 000 Mark. Diese Mutter, die mit der Heirat der Tochter nicht nur eine tüchtige Arbeitskraft verliert, sondern auch an ihr eigenes Altwerden, ihr nichtgelebtes Leben, das mit der Schande ihrer Mutterschaft zusammenhängt, erinnert wird.

Lena vermerkt nach der ernüchternden Hochzeitsnacht mit einem angetrunkenen, brutalen Bräutigam lakonisch:

»So hatte ich denn den ersten Schritt in das Leben getan, das mir noch so übel geraten sollte.« Die Vorahnung täuscht nicht, die Ehe mit dem labilen Trinker Anton Leix wird zur Hölle, schlimmer noch als das Elternhaus. Der anfängliche Wohlstand — auch der Bräutigam brachte ein stattliches Vermögen in die Ehe ein — schwindet schnell, wird vertrunken, verjubelt, an der Börse verspekuliert. Lena, die sich Kinder wünscht, aber dann von acht Schwangerschaften in sechs Jahren doch überfordert ist, kann sich nicht wehren, wenn der betrunkene Ehemann immer wieder über sie herfällt, selbst in Zeiten, wo sie hochschwanger ist: »... unter den gröbsten Schmähungen zerrt er mich an den Haaren herum, wirft mich zu Boden, tritt sein eigen Fleisch und Blut mit Füßen und versucht, mich zu erwürgen.«

Nachbarn befreien sie aus der Gewalt des Rasenden, weiter geschieht nichts. Männer, die ihre Frauen prügeln, gehören zur Alltagsrealität. Ungewöhnlich ist nur, daß jemand, daß eine Frau, eine Betroffene, darüber schreibt. Zu ändern vermögen solche Anklagen kaum etwas. Gewalt in der Ehe ist noch längst kein Thema, sie wird weder gesellschaftlich geächtet noch juristisch verfolgt. Daß Lena schließlich, nachdem der Mann sie mit dem gezückten Stilett bedroht und die Wohnung kurz und klein geschlagen hat, mit den Kindern in die kalte Schneenacht flieht, ist keine Polizeiaktion, nicht einmal eine Pressenotiz wert. Immerhin wird der Randalierer — Sachbeschädigungen scheinen schwerer zu wiegen als Körperverletzung — erst einmal in psychiatrische Verwahrung gebracht.

Lena Christ geht nun auf Arbeitssuche, obwohl ihre Gesundheit ruiniert ist und sie sich kaum auf den Beinen halten kann.

Sie hat nicht nur die vielen Schwangerschaften, sondern auch ein halbes Dutzend Wohnungsumzüge in diesen letzten Jahren hinter sich. Immer Geldnöte und nie das, was sie sich so sehnlich gewünscht hat, ein Zuhause. Unterschlupf findet sie am Ende in einer feuchten Neubauwohnung in Haidhausen. »Trockenwohnen« heißt ein solches Mietverhältnis, das damals durchaus üblich war für Familien, die keine angemessene Miete bezahlen konnten. »...das Wasser lief an den Wänden herab; wir schliefen auf dem Boden und bedeckten uns mit alten Tüchern und krochen zusammen, damit wir nicht gar zu sehr froren«, schreibt Lena Christ, und es verwundert nicht, daß sie, von schwerer Lungenkrankheit, Hunger und Kälte gepeinigt, sich nach einem Ende der Misere sehnt: »Oft war die Versuchung in mir aufgestiegen, dem Leben ein Ende zu machen; oft hatte ich am Abend den Hahn der Gasleitung zwischen den Fingern; doch die Hoffnung auf eine bessere Zukunft ließ mich das nicht vollbringen, was die Verzweiflung mir eingab.«

Die Armenbehörde gewährt ihr schließlich ein Spitalbett. Die Kinder, von denen nur drei überlebt haben, werden »untergebracht«, wie es in der Aktensprache heißt. Der Sohn kommt zu den Schwiegereltern, die beiden Töchter ins Kloster Moosburg. Damit ist die Familie, Lenas letzter Halt, aufgelöst. Ihre Aufzeichnungen enden mit diesem harten Schnitt — aber auch mit dem erstaunlich zuversichtlichen Satz: »Doch das Leben hielt mich fest und suchte mir zu zeigen, daß ich nicht das sei, wofür ich mich so oft gehalten, eine Überflüssige.«

Die Jahre vor und nach der Jahrhundertwende, die Lena Christ so dumpf in München verbracht hat, ohne von dieser Stadt mehr zu kennen als Schankstuben, graue Mietwohnungen und feuchte Neubauten, hat auch Franziska zu Reventlow hier durchlebt, in ganz anderer Weise allerdings, voller Lebensgier, Übermut und einer lustvoll zelebrierten »Revolution des Fleisches«. Sie fordert freie Liebe, nachdem sie eine mißglückte Ehe hinter sich gebracht hat, nachdem der eher halbherzige Versuch, etwas von der im Grunde verachteten Ordnung und Sicherheit in ihr Leben zu bringen, ge-

scheitert ist. Mit Myrthenkranz und Schleier wie eine Jung-
frau hatte sie am Hochzeitsmorgen vor dem Spiegel gestanden, blaß und »beinahe schön«: ». . . Ich habe mich sehr lange im Spiegel gesehen, weil es mein zweites Ich sehr interessiert, wie das erste sich heut machen wird«, schreibt sie ins
Tagebuch. Sie spielt ihre Rolle und ist sich dessen bewußt:
»Eine Art Freude in mir bei alledem, ein Stolz, so va banque
zu spielen, so ganz allein und so ganz stark.« Aber sie kann
sich in dem als großbürgerlich steif empfundenen Hamburg
nicht mehr einleben. Sie will nicht, wie sie später verallge-
meinernd für die Frauen ihrer Gesellschaftsschicht schreibt,
»als Nutzobjekt oder Dekorationsgegenstand im Hause figu-
rieren, . . . den Pflichten des christlichen Eheb'ettes nach be-
stem Vermögen nachkommen und ihre Kinder zu derselben
trostlosen Lebenslangeweile erziehen«.

Es treibt sie nach Schwabing zurück. In einem Taumel von
Freiheit lebt sie sich aus. Sie überläßt sich dem Augenblick,
ist bereit, »für einen Moment der Freude« selbst ihre »ewige
Seligkeit« zu verkaufen.

Von ihrer gräflichen Familie hat sie sich längst losgesagt.
Der letzte Versuch, mit den Ihren Kontakt aufzunehmen,
als der Vater im Sterben lag, war gescheitert. Die Mutter hatte ihr den Zutritt zum Elternhaus verwehrt, der Pastor hatte
sie gnadenlos abgewiesen: ausgestoßen aus der gräflichen
Sippe. In unserer Zeit hat Elisabeth Plessen in ihrem Buch
Mitteilung an den Adel einen ähnlichen Konflikt mit der
standesbewußten Familie geschildert — nur daß hier die
Tochter freiwillig auf die Teilnahme an der Beerdigung des
Vaters verzichtet. Die alten Strukturen haben sich erhalten,
aber der Spielraum ist größer geworden.

Für Franziska zu Reventlow ist Ehrlichkeit ein wichtiges
Postulat. Das bedeutet für sie, stets ihren augenblicklichen
Bedürfnissen zu folgen, sich keinem Zwang zu unterwerfen.
Eine lebenslange Bindung an einen Mann lehnt sie als Heu-

chelei ab. Als 1897 ihr Sohn Rolf geboren wird, ein Wunsch-
kind, das sie emphatisch liebt, gibt sie den Namen des Vaters
nicht preis. Sie will das Kind alleine, nach ihrem Willen erziehen, auch wenn sie damit ihre Freiheit beschneidet und
für ein einigermaßen geregeltes Einkommen sorgen muß.
»Mein Kind hat keinen Vater, es soll nur mein sein«, bestimmt sie. Zum ersten Mal im Leben hat sie das Gefühl, daß
ihr etwas wirklich gehört — derselbe Stolz, wie ihn auch Lena Christ nach der Geburt des ersten Kindes empfindet. Ein
Besitz, der gleichzeitig Bürde und Verzicht bedeutet.

Aber weder Lena Christ noch Franziska zu Reventlow haben über ihre Mutterpflichten jemals geklagt. Muttersein haben beide, auch wenn es ihnen von der Gesellschaft schwer-
gemacht wurde, als Bereicherung, als Glück gesehen. Jeman-
den ganz für sich zu haben, ein Kind, dem man aber nie so
ausgeliefert ist — so empfanden es beide — wie einem Mann.

Das Aufgehen in der Mutterrolle verändert Franziska zu
Reventlows unstetes Leben. Sie bemüht sich um Ordnung,
um Arbeit, die Heimarbeit sein muß, damit sie ihr Kind be-
aufsichtigen kann. So hält sie sich mit Übersetzungen aus
dem Französischen über Wasser, schreibt gelegentlich für
den *Simplizissimus*, die führende satirische Zeitschrift Münchens, und lebt im übrigen immer noch auf großem Fuß.
Zwar wohnt sie nun nicht mehr so komfortabel, aber ein
Hausmädchen zu halten, gehört als Selbstverständlichkeit
zu ihrem Lebenszuschnitt, auch wenn die Schlafstelle in der
Küche eingerichtet werden muß und das Essen oft kaum für
drei reicht. Übersetzen wird schlecht bezahlt, die mühselige
Nachtarbeit setzt ihrem nach schwerer Krankheit und Operation geschwächten Körper zu, aber dem Sohn Rolf darf es
an nichts fehlen, er »muß das Sonnenkind werden, das ich
nicht geworden bin«.

Doch die Voraussetzungen dazu sind nicht günstig. Franziska zu Reventlow muß erleben, daß der ferne Ehemann in

Hamburg nicht bereit ist, sie mit dem Kind eines fremden Mannes wieder aufzunehmen. Auf seine Veranlassung wird die Ehe »wegen fortgesetzter Untreue« der Ehefrau geschieden. Das Kind bleibt ohne Vater. Es wird darunter nicht so leiden wie Lena Christ, die Schwabinger Boheme ist keine Kleinbürgerszene, trotzdem weiß die Ausbrecherin, daß sie mit dem Kind gesellschaftlich »für immer bankrott« sein wird und daß dies wie eine Hypothek auf dem Sohn lastet.

In ihrem Freundeskreis wird sie ob ihrer Kühnheit, mit der sie ein Vertuschen des »Makels« ablehnt, bewundert. Für Rilke ist sie »die Madonna mit dem Kinde« — eine Rolle, in der sie sich wohlfühlt. Sie posiert in Madonnenhaltung vor dem Spiegel. In einem Brief an den Freund Paul Schwabe malte sie sich schon vor der Geburt des Kindes aus, wie sie im weißen Schlafrock mit dem Baby im Arm durch ihre Gemächer schreiten würde. Der weiße Schlafrock sei schon vorhanden, schreibt sie, nur mit den Gemächern würde es bei ihren Schulden wohl noch Schwierigkeiten geben — und sie bittet den gutmütigen Freund bei der Gelegenheit, ihr noch etwas Gnadenfrist für die Rückzahlung des Geborgten zu gewähren.

Immer wieder das Geldproblem. Franziska zu Reventlow hat es nie gelernt, mit Geld umzugehen. Hatte sie welches, gab sie es bedenkenlos aus, hatte sie keins, borgte sie es sich genau so bedenkenlos zusammen. Von ihrem Verleger Langen läßt sie sich für die Übersetzungen Vorschuß geben — 150 Mark für 280 Druckseiten, die innerhalb von vierzehn Tagen vorliegen sollen.

Ihre Bücher sind für 50 Pfennig das Stück zum Antiquar gewandert. Vom Bodensee, wo sie billiger zu leben hoffte, ist sie enttäuscht nach München zurückgekehrt und wohnt nun wieder für acht Mark Monatsmiete in ihrer kleinen Bude in der Georgenstraße, sitzt an ihrem alten Tisch und schläft auf ihrem »Diwan dem Schrecklichen«, da ihr die fünfzig Mark fehlen, um Bett und Wäsche aus der Pfandleihe auszulösen.

Sie schmarotzt nicht nur, sie rackert sich auch redlich ab. »Siehst du, ich habe so arg unter mir selbst gelitten, unter meinem Leichtsinn und alledem«, schreibt sie an Schwabe. Sie versucht sich als Schauspielerin, als Animierdame. Sie eröffnet sogar ein Milchgeschäft in der Schillerstraße, eine »Gräfliche Milch- und Butterniederlage« mit einer naturgetreu gemalten Kuh im Schaufenster. Aber alle Reklame hilft nichts, das Geschäft floriert nur genau eine Woche, bis die Neugier der Kunden gestillt ist, dann bleibt sie auf ihren Milchkannen sitzen, während die Freunde im Hinterzimmer den ohne Konzession ausgeschenkten Schnaps trinken und gute Ratschläge geben, die aber die Pfändung des ganzen Unternehmens nicht verhindern können.

Franziska zu Reventlow hat viel über das Recht der Frau auf freie Liebe geschrieben, schon 1898 über *Das Männerphantom der Frau*, ein Jahr später *Was Frauen ziemt* — der Titel wurde vom Herausgeber Oskar Panizza in den verkaufsträchtigeren *Viragines oder Hetären* verwandelt. Doch die in der Theorie eingeforderte Freiheit nimmt sich in der Praxis weniger großartig aus. Die Willkür, mit der Partner und Rollen gewechselt werden, zeugt eher von rastlosem Getriebensein als von innerer Freiheit. Als heimliche Geliebte eines Münchner Rechtsanwalts gerät die so selbstbestimmt Auftretende doch in eine gefühlsmäßige Abhängigkeit, deren Ausmaß sie überrascht: »Sonderbar, wie demütig ich vor diesem Mann bin, es rührt und freut mich jedes gute Wort...«

Willig schlüpft sie auch in die Rolle, die ihr der Philosoph Ludwig Klages zugedacht hat, die der Hetäre, der kultisch verehrten Freundin, die neben einem schönen Körper auch eine empfindsame Seele besitzt. Perikles' Aspasia oder Demosthenes' Freundin Lais mögen Klages vorgeschwebt haben, als er in der ebenmäßigen Gestalt der Gräfin seine »heidnische Göttin« zu entdecken glaubt.

Klages, wie die Reventlow aus Norddeutschland nach München gekommen und von der Offenheit dieser Stadt fasziniert, hatte sich auf der Suche nach einem über Rationalismus und Empirie hinausgehenden Lebenssinn dem Kreis der »Kosmiker« um Karl Wolfskehl, Stefan George und Alfred Schuler zugewandt. Diese beschäftigten sich mit dem Werk Nietzsches und begründeten darauf eine Metaphysik der Seele, wobei sie den Geist als den Widersacher der Seele sahen, in ihr kosmisches Weltbild hinein holten sie auch antike Mysterienkulte und die Lehre Bachofens über Mutterrecht und Matriarchat. All ihre Findungen wurden, dem Zeitgefühl entsprechend, kultisch zelebriert. Franziska zu Reventlow, die von Klages in den Kreis eingeführt wurde, fühlt sich gleichzeitig überhöht und in neue Abhängigkeiten verstrickt.

Die Rolle der beseelten Hetäre spielt sie mit Bravour, bejaht Mutterkult und die »Kräfte des Blutes«, die ihr seit der Geburt ihres Sohnes eine elementare Lebenserfahrung sind. Aber es ist eine ihr von Männern zugeschriebene Rolle. Klages will sie, das wird ihr rasch klar, nach seinem Bilde formen. Er möchte auch — hier ganz selbstlos — Ordnung in ihr äußerlich und innerlich chaotisches Leben bringen. In seine Fürsorge schließt er Franziskas Sohn Rolf, den »Hetären-Sprößling«, ein.

Die solchermaßen kultisch Verehrte und zugleich in die Pflicht Genommene verweigert sich dieser Erziehung, obwohl sie spürt, daß Klages wie niemand sonst sich bemüht, sie zu verstehen, sie aus ihrer Einsamkeit herauszuholen, unter der sie, von Geschäftigkeit übertüncht, sehr leidet. Ihre ständigen Krankheiten und Depressionen, ihre Migräne verstärken dieses Einsamkeitsgefühl noch. Klages schreibt über eine gemeinsame Reise nach Wildenroth, die er sich auch als eine Reise nach innen wünschte: »Ich fühlte: alles ist vorhanden, aber wie hinter eisernen Gittern verborgen, die ich sprengen muß. Die Geliebte lauschte hingerissen; und doch kam sie mir vor wie eine in jenen Käfig gesperrte Seele; ich rüttelte an den Stäben, ich konnte sie nicht zerbrechen. Sie horchte, ahnte, sehnte sich, aber sie fand nicht den Ausweg aus dem Kerker, den eine schlimme Jugend, verworrene Fahrten, irrende Abenteuer geschmiedet hatten.« Was Klages da unternimmt, kommt einem psychotherapeutischen Behandlungsversuch nahe.

Er ermuntert sie auch, ihr Leben, über das sie ja Tagebuch geführt hat, in Romanform niederzuschreiben und gibt ihr dabei Hilfestellung. An ihr Innerstes kommt er trotzdem nicht heran, an ihre »Elementarseele«, die er sich »im selben Feuerkreis« wünscht. »Ich spürte, daß sie draußen blieb«, schreibt er resigniert. Sie löst sich aus der Beziehung im selben Jahr 1903, in dem ihr autobiographischer Roman *Ellen Olestjerne* erscheint. Die Rollen, die sie für Klages spielte als Hetäre, Sirene, Erdmutter und Hermaphrodite sollten ihre letzten fremdbestimmten sein. Von bürgerlichen Zwängen hat sie sich längst befreit, nun versucht sie, sich auch vom Sog der Schwabinger Boheme zu lösen, ihre Kräfte nicht mehr auf Künstlerfesten, in exzentrischen Literaturzirkeln oder okkultistischen Séancen zu verschleißen.

Der Erfolg ihres Romans bestärkt die zwischen Malerei, Schauspielerei und Schreiben Schwankende, bei der Feder zu bleiben. Die Subskriptionsliste von *Ellen Olestjerne* — fünf Mark soll der Band kosten — wird von illustren Namen angeführt; in München zeichnen Helene Böhlau, Dr. Karl Wolfskehl, Dr. Ludwig Klages, Frank Wedekind und Otto Falckenberg, in Berlin Maximilian Harden, in Paris Rainer Maria Rilke.

Sie erfährt nun, daß sie mehr sein kann als die Geliebte von …, daß sie ein eigenes Gewicht, eine eigene Sprache hat, die weitab vom Pathos der Kosmiker, viel eher in der Umgebung Heines angesiedelt ist. Die Übersetzungen gehen ihr leichter von der Hand; sie schreibt Essays und Erzählungen mit ironischem Unterton. Viel München ist darin und viel Sozialkritik. In der kurzen Geschichte *Nachtarbeit* beobachtet sie bei einem Spaziergang an der Isar einen Heizer hinter einem Bretterverschlag, der, übermüdet und von der Hitze gequält, Kohlen in einen brennenden Schlund wirft. Und sie hört gleichzeitig, wie sich Theaterbesucher im Pelz und Abendmantel auf der Brücke über Sozialismus und die letzten Streiks unterhalten, wie ein Kavalier sagt: »Sehen Sie, Fräulein, ein interessantes Motiv«, während der Heizer schweigend »zwischen Nachtfrost und Kohlenhitze« seine Arbeit tut.

Franziska zu Reventlow schreibt für in- und ausländische Zeitschriften, am häufigsten für den *Simplizissimus*, in dessen Autorenregister Namen wie Wedekind, Hamsun, Tschechow, Rilke oder Thomas Mann auftauchen. Über die Mitarbeit dichtender Damen ist der Redakteur Ludwig Thoma gar nicht erbaut. Er beklagt deren »miserable Diktion, hysterisches, unwahres Empfinden und saudumme Erfindung«.

Dabei gehört Franziska zu Reventlow nicht zu den in Redaktionsstuben verhaßten »Bewegungsweibern«, denen man Übereifer und Humorlosigkeit nachsagt. Sie bejaht zwar die Ziele der Frauenbewegung, ist aber für Selbstbestimmung nur dort, wo das Geschlechterspiel, das erotische Knistern nicht wegfällt. Der Behauptung, die Frau könne alles, was der Mann kann, sie sei nur durch jahrhundertelange Unterdrückung daran gehindert worden, hält sie entgegen: »Aber für jedes wahrhaft erotisch empfindende Weib liegt gerade ein unendlich feiner Reiz darin, den stärkeren Gegner im Liebeskampf anzureizen, zu versuchen und sich ihm dann im selbstvergessenen Rausch zu schenken.« Sie wirft der Frauenbewegung vor, Feindin aller erotischen Kultur zu sein, weil sie die Frauen vermännlichen und »unseren blutarmen höheren Töchtern durch Gymnasium und Studium das bißchen Geschlecht noch völlig abgewöhnen« wolle.

Bei diesem Rundumschlag bekommt auch das Christentum ein paar Hiebe ab. Es habe mit der Einehe auch die Prostitution geschaffen: »Der Geschlechtstrieb und seine Befriedigung überhaupt wird als notwendiges Übel hingestellt, dem so oder so abgeholfen oder der gesteuert werden muß. In der Ehe wird er zur Pflicht gestempelt, außerhalb derselben verpönt oder seine Befriedigung in möglichst unästhetischen Formen, wie unsere heutige staatliche konzessionierte Prostitution, gebracht.« Und sie plädiert dafür, da die Kinder nun einmal in Sünde empfangen worden seien, sie auch den Mut zur Sündhaftigkeit zu lehren.

Die Autorin mit der spitzen Feder kennt keine Scheu, sich mit Mächtigen anzulegen, öffentliches Ärgernis zu provozieren. Als ihre Satire *Das jüngste Gericht* im Simplizissimus Anstoß wegen Gotteslästerung erregt und das Heft vom Staatsanwalt beschlagnahmt wird, spornt sie das Verfahren zu einer Fortsetzungssatire an, *Das allerjüngste Gericht*, die in einer der folgenden Nummern erscheint.

Ihre Erlebnisse im literarischen München, vor allem bei den Kosmikern und dem sich davon ablösenden George-Kreis bringt sie im *Schwabinger Beobachter* unter, der, 1904 von ihr anonym herausgegeben, in drei Folgen erscheint. Ausführlicher und aus dem Abstand eines Jahrzehnts heraus mit milder Ironie schildert sie ihre wilde Schwabinger Zeit in dem Schlüsselroman *Herrn Dames Aufzeichnungen*. Hier karikiert sie die von den Kosmikern angestrebte androgyne geschlechtliche Einheit. Karl Wolfskehl tritt als Professor Hofmann auf, sie selbst als Bohemienne, Stefan George wird despektierlich zum »Weihenstefan«, Schwabing heißt »Wahnmoching«. Der in Form tagebuchartiger Aufzeichnungen geschriebene Roman zum »Mythos München« erscheint 1913 und wird natürlich von allen Kennern der Szene begierig gelesen. Verschlüsselte Personendarstellungen erhöhen die Spannung und werden auch von andern Autoren häufig gewählt. Die Husumer Gräfin findet sich etwa in Ernst von Wolzogens Roman *Das dritte Geschlecht* wieder und soll auch für Wedekinds *Lulu* Modell gestanden haben.

Wie unterschiedlich Frauenleben in München sein kann, wird augenfällig, wenn man Franziska zu Reventlows vom Normalbürgeralltag abgehobenen Schwabing-Roman mit Lena Christs *Erinnerungen einer Überflüssigen* vergleicht, dieser zur selben Zeit entstandenen harten Aufzeichnung des Kleineleutelebens. Die Hilfe und Ermunterung, die Franziska zu Reventlow durch Klages erfahren hat, wird Lena Christ durch den Schriftsteller Peter Jerusalem zuteil, von dem sie sich 1911 als Diktatschreiberin anheuern ließ. Er erkennt sehr schnell ihre Fähigkeit, Erlebtes und Beobachtetes in anschaulicher, unverbrauchter Sprache wiederzugeben, und er drängt die nun Dreißigjährige, ihr Leben niederzuschreiben. Was dabei entsteht, ist mehr als ein sozialkritischer Mägdereport, es ist ein Stück volksnaher bayerischer Literatur, und der Kritiker Hofmiller bescheinigt der Verfasserin: »Sie weiß alles, diese Erzählerin... Sie blickt ihren Gestalten bis ins Innerste. Keine Regung entgeht ihr, kein Verdacht, kein Spiel mit einem Gedanken... Ein urwüchsigerer echterer Dialog ist in altbayerischer Mundart niemals geschrieben worden.«

Lena Christ hat die Niederschrift der *Überflüssigen* viel Mühe gekostet, den zweiten Teil vollendete sie im Schwabinger Krankenhaus, wo sie wegen eines sich verschlimmernden Lungenleidens längere Zeit liegen mußte. Der angesehene Verlag Langen nahm das Manuskript auf eine Anregung Ludwig Thomas hin an — besser hätte ein Einstieg in die literarische Welt nicht erfolgen können. Peter Jerusalem, der sich später Peter Benedix nannte, selbst ein erfolgloser

Schwabinger Poet, hatte auf das richtige Pferd gesetzt. Die beiden heiraten im August 1912, und Benedix, der überzeugt ist vom Schreibtalent seiner Frau, drängt sie nun, anknüpfend an Ludwig Thomas erfolgreiche Lausbubengeschichten, *Lausdirndlgeschichten* zu schreiben. Aber das Buch wird kein Erfolg. Lena Christ liegt das humorvoll Augenzwinkernde nicht.

Benedix läßt sich vom Mißerfolg »seiner Dichterin« nicht beirren. Er bringt ihr Jeremias Gotthelf und Gottfried Kellers *Grünen Heinrich* als Lektüre mit, volksnahe, aber nicht volkstümelnde Werke. Sie ist gelehrig, was Aufbau und Rahmen der Bücher betrifft, aber sie behält ihre ureigene kräftige Sprache, die der Germanist Jörg Drews der Kellerschen an die Seite stellt.

Wie Klages seine Gräfin zur Hetäre stilisierte, so drängt Benedix seinen Schützling in die Rolle des urwüchsigen, ungebildeten und unverbildeten Naturkindes. In ihrer Biographie wird die Häuslerkindheit, die Arbeit als Schankstubenmagd hervorgehoben; daß Lena Christ während ihres Noviziats im Kloster mit den Schülerinnen des Lehrerinnenseminars gemeinsam unterrichtet wurde, daß sie Dantes *Göttliche Komödie* fast auswendig kann und durchaus belesen ist, paßt nicht ins Bild und wird verschwiegen. Es wäre aber ungerecht, Peter Benedix nur Vermarktung und Ausbeutung eines Talents vorzuwerfen. Er hat der Labilen und oft Depressiven auch ein Heim geboten, in dem sie sich, zum ersten Mal in ihrem Leben, zu Hause fühlt. Sie kann ihre beiden Töchter aus dem Kloster zurückholen, kann eigenen Besitz, und seien es nur wertlose, beim Tandler erstandene Krüge, zusammentragen, kann aus einer Mansardenwohnung in Gern in eine geräumigere in Nymphenburg umziehen und von dort gar in ein kleines ländliches Haus am Würm-Kanal. In diesem Hoamatl in der Kuglmüllerstraße entfaltet sie sich als Kleinbäuerin, legt einen Gemüsegar-

ten an und hält, in Erinnerung an die Kindheit beim Groß-
vater, Schweine, Hühner, Enten und zwei Geißen.

Zwar kostet das Viehzeug mehr als es einbringt, aber Lena
Christ kann sich diesen bescheidenen Luxus nun leisten.
Ihre Bücher haben Erfolg, sie kommen dem Bedürfnis der
Leser nach »authentischer Literatur« entgegen, ähnlich Anna Wimschneiders *Herbstmilch* in unseren Tagen. 1914 erscheint der Roman *Mathias Bichler*, die Lebensgeschichte eines Findelkindes, das in die Münchner Welt der Kunst aufbricht und ein berühmter Bildschnitzer wird. Mathias Bichler ist der Name ihres geliebten Großvaters, den sie auf diese
Weise in ihrem Werk festhält und unvergessen macht.

Ebenfalls 1914 kommen in Albert Langens Reihe der
Kriegsbücher ihre Skizzen aus dem Kriegsalltag heraus: *Unsere Bayern anno 14*. Das Buch und zwei Folgebände erreichen in kürzester Zeit mehrere Auflagen und bringen ihr
eine Einladung ins Wittelsbacherpalais ein. Bei Tisch unter-
hält sie Ludwig III. und die Hofgesellschaft mit ihren
Münchner Gschichtln. Gleichzeitig aber wird ihr mit Entsetzen bewußt, daß nun schon wieder eine der Vorhersagen
in Erfüllung gegangen ist, die ihr eine Wahrsagerin vor vielen Jahren gemacht hat: Die Frau hatte ihr prophezeit, sie
werde von ihrem ersten Mann getrennt, finde aber einen
zweiten, durch den sie so berühmt werde, daß Könige sie
empfingen. Mit 38 aber werde sie sterben. — Orakelgläubig
wie sie ist, kann sie sich ihre weitere Lebensspanne ausrech-
nen; drei Jahre bleiben ihr noch. Sie verfällt nun öfter in
Schwermut, zumal Benedix zum Kriegsdienst eingezogen
wird und das geregelte Familienleben, das ihr Halt gegeben
hatte, entfällt.

Obwohl ein weiteres Buch von ihr erscheint, *Die Rumplhanni*, das von Ludwig Thoma und den Kritikern gelobt
wird, fühlt sie sich unverstanden und einsam. Hofmiller, der
später voller Anerkennung von ihr sagt: »Wenn die richtigen

Weiber anfangen zu erzählen, dann reichen sie in Tiefen, wo
die Mannsbilder nicht mehr hinkommen«, weiß so gut wie
sie selbst, daß in dieser Tiefe gleichzeitig Gefährdung liegt.
Lena Christ schreibt dem in Landshut stationierten Ehemann verzweifelt: »Ich war nur durch Dich was und bin nix
mehr, seit ich Dich nicht mehr hab. Ich bin haltlos, kraftlos
und lebenslos... mein eigentliches Leben ist wie in einem
Sarg verschlossen, und nur Du kannst es wieder zum Leben
bringen.«

Die Alleingelassene hat Angstzustände und zieht dem einzigen, der ihr die Angst nehmen kann, nach Landshut hinterher. Benedix, der an die Front nach Frankreich ausrücken
muß, bittet einen jungen, kriegsversehrten Freund, den Sänger Ludwig Schmidt, sich um die Verstörte zu kümmern.
Daß aus dem Fürsorgeverhältnis Liebe und Leidenschaft
werden könnte, hat er nicht bedacht. Lena Christ zieht zu
dem »Buab« nach München und versucht in einer Art Tor-
schlußpanik, versäumtes Leben, versäumte Jugend nachzu-
holen.

Um den jugendlichen Geliebten an sich zu binden,
braucht sie Geld. So versieht sie zweitklassige Bilder aus ihrem Besitz mit Signaturen bekannter Maler, um sie teurer
verkaufen zu können. Die Fälschungen sind derart unbehol-
fen und naiv, daß der Schwindel auffliegen muß. Sie wird
von einem Händler angezeigt, und ihre Verhaftung droht.

Im Roman *Rumplhanni* findet eine Bauernmagd nach vielen Abenteuern schließlich in der Stadt ihr Glück. Umgekehrt bringt in ihrem letzten Roman *Madam Bäurin* das ein-
fache Leben auf dem Dorfe einem Stadtmädchen Erfüllung.
Die Muster sind gradlinig wie im Märchen: die Helden
kommen nach allerhand Prüfungen und Entbehrungen zu
Ansehen und Wohlstand. — Wunschträume der Lena Christ.

Auf ihr eigenes Leben paßt dieses Muster nicht. Sie sieht
aus den Verstrickungen keinen andern Ausweg mehr als den

Tod — den ihr die Wahrsagerin prophezeit und den ihr die Mutter herbeigewünscht hatte. Sie schreibt Peter Benedix, der sich von ihr scheiden ließ, sich ihr aber immer noch verbunden fühlt und sich um ihre Kinder kümmert: »Ich bin so elend beisammen, so zermürbt, daß ich halt nicht mehr kann. Denn daß Ihr mir bald beide verloren seid, Du und der Bub, daß auch das Glück sich allmählich von mir wenden wird, das weiß ich bestimmt. Ich falle eben doch dem Schicksal anheim, welches mir meine Mutter gewünscht hat.« — Die Zerstörung des Selbstvertrauens durch die Ablehnung der Mutter wirkt noch zwei Jahrzehnte nach und kann auch nicht durch Benedix' Zuwendung wettgemacht werden. Ein zerbrochenes Leben. Auch der junge Sänger hat sie im Stich gelassen.

Sie bittet Benedix um einen letzten Gefallen. Er soll ihr Gift besorgen, damit ihren Kindern die Schmach ihrer Verurteilung wegen der Fälschungsgeschichte erspart bleibe. Benedix zögert. Sie setzt ihn unter Druck, droht, sich von der Großhesseloher Brücke zu stürzen oder sich in der Zelle aus den Fetzen ihres Gewandes einen Strick zu drehen. Er verspricht schließlich, ihr von einem Chemiker Zyankali zu beschaffen, und sie ordnet, äußerlich ganz ruhig, ihre Sachen, schreibt ein Testament und einen Abschiedsbrief an Ludwig Thoma, der ihren Schritt erklären soll: »Ich habe meinen Fehltritt freiwillig mit dem Opfer meines Lebens gesühnt, damit die Ehre meiner Kinder bewahrt bleibt.«

Am Vormittag des 30. Juni 1920 trifft sie sich mit ihrem ehemaligen Mann auf dem Münchner Waldfriedhof. Er übergibt ihr das Gift und verabschiedet sich von ihr. Sie geht allein in den Tod, wird auf einem efeuüberwachsenen Grabhügel gefunden und auch auf diesem Friedhof beerdigt. Das ist für eine offenkundige Selbstmörderin, der die Kirche den Segen verweigert, außergewöhnlich. Ihr Grab liegt — registriertes Elend — in der Sektion 44. Erst viele Jahre später, als er wegen Beihilfe zum Selbstmord nicht mehr belangt werden konnte, veröffentlichte Peter Benedix die aus seiner Feder stammende Fortsetzung der *Erinnerungen einer Überflüssigen: Der Weg der Lena Christ.*

Lena Christ ist in München gestorben. Franziska zu Reventlow hat ihre letzten Lebensjahre nicht mehr in München verbracht. Sie zog ins Tessin und spielte hier noch einmal eine Rolle, die der große Coup werden sollte, aber doch — wie so vieles in ihrem Leben — scheiterte. Erich Mühsam, der wohlmeinende Schriftstellerkollege, hat bei diesem Stück Regie geführt. Er schlägt der chronisch unter Geldmangel leidenden und gesundheitlich geschwächten Autorin eine Scheinehe mit einem begüterten baltischen Baron vor. Dieser führt ein ungebundenes Leben als Sonderling und Bohemien in Ascona.

Die auf Reputation bedachte Familie will ihm das Erbteil nur auszahlen, wenn er eine standesgemäße Ehefrau vorweisen kann. Da macht sich ein Gräfinnentitel nicht schlecht. Aber der Vater durchschaut den Schwindel, der Sohn bekommt nur den Pflichtteil, doch auch der garantiert noch ein angenehmes Leben.

Franziska zu Reventlow legt den ihr überlassenen Anteil, diesmal ganz bürgerlich solide, auf einer Tessiner Bank an. Aber die Bank macht 1914 Konkurs, und die betrogene Betrügerin sieht von ihrem Geld nichts mehr. Sie verarbeitet den Verlust nicht ohne Ironie literarisch in der autobiographischen Novelle *Der Geldkomplex* — und lebt weiter in Armut.

Zwischendurch erwägt sie, wieder nach München zurückzuziehen, doch der Krieg hat auch die Schwabinger Bohemewelt verändert, alte Freunde sind in die Emigration gegangen, die Hochstimmung ist in Resignation umgeschlagen. So bleibt sie im Tessin und versichert sich schreibend der Vergangenheit. Nur wenige Menschen sind der früher so Umschwärmten geblieben. Als sie am 27. Juli 1918 nach einer Operation in Muralto bei Ascona verarmt und vereinsamt stirbt, ist sie erst 47 Jahre alt. Tröstlich, daß wenigstens ihr Sohn Rolf, der ihrem Leben Sinn gegeben hat, bei ihr ist.

Franziska zu Reventlows und Lena Christs Lebenskreise berührten sich kaum, auch wenn beide Frauen zur gleichen Zeit in München und, noch eingegrenzter, in Schwabing gewohnt haben.

Denkbar wäre eine Begegnung durchaus gewesen, etwa bei Kathi Kobus, der legendären Wirtin des Simpl, der Künstlerkneipe in der Türkenstraße. Weniger im Café Noris, wo sich Intellektuelle und politische Emigranten trafen. In diesen Kreisen verkehrte Lena Christ nicht, sie waren der passende Zuschnitt für die Gräfin Reventlow, die über dem Café im Haus Leopoldstraße 41 eine Zeitlang gewohnt hat — eine Gedenktafel erinnert daran.

Für Lena Christ ist eine Gedenktafel am Gasthof Deutsche Eiche angebracht, Ecke Sandstraße/Kreitmayrstraße, dem Gasthof, der Lenas Eltern gehörte und in dem sie ihre bittersten Jugendjahre verlebt hat. Wer ahnt heute etwas vom Elend der »Wirtsleni«, wenn er die Tafel, eingerahmt von Reklameschildern für Löwenbräu und Grillhendl, liest?

Ums Überleben schreiben: Lena Christ hatte zum Schluß die Kraft nicht mehr. Doch war für sie wie für Franziska zu Reventlow lange Zeit Schreiben nicht nur eine notwendige materielle Basis in ihrem ungesicherten Dasein, sondern auch die einzige Brücke, die die Vereinsamten mit der Außenwelt verband.

Daß die Werke beider Schriftstellerinnen heute, neu aufgelegt, mit einer Anteilnahme gelesen werden, die über das historische Interesse weit hinausgeht, zeigt, daß hier Lebenstragik jenseits der Zeitepochen niedergeschrieben wurde: höchst subjektive Dokumente, in ihrer sprachlichen und psychologischen Substanz doch zu allgemein menschlichen Aussagen verdichtet.

Nachruf auf eine Unbeugsame

Toni Pfülf
1877—1933

»Antonie Pfülf, geboren am 14. Dezember 1877 in Metz, gestorben am 8. Juni 1933 in München« — das sind die einzigen Worte, die bei der Feuerbestattung der sozialdemokratischen Reichstagsabgeordneten Toni Pfülf gesprochen werden. Nicht von einem Parteifreund, nicht von einem Pfarrer, sondern von einem angestellten Sprecher des Vereins für Feuerbestattung.

Mehrere hundert Freunde haben sich an diesem 12. Juni 1933 im Krematorium des Münchner Ostfriedhofs zusammengefunden, um die Tote ein letztes Mal zu ehren. Es gibt keinen Blumenschmuck in der Halle, keine Kränze, nur ein paar rote Nelken auf dem Sarg. Toni Pfülf hatte es so gewollt, hatte in ihrem Testament geschrieben: »Ich möchte in aller Stille dem Feuer übergeben werden, ohne Reden, nur mit etwas stiller Musik.«

Sie war ein bescheidener Mensch, ohne die großen Gesten, und es mag sein, daß sie das falsche Pathos fürchtete, das oft über Gedenkreden liegt, wenn es etwas zu verschweigen gilt. Man hätte vielleicht ihren Selbstmord verlegen umschrieben, hätte zu rechtfertigen versucht, wo sie keine Rechtfertigung wollte: Sie ist mit vollem Bewußtsein und in voller Verantwortung in den Tod gegangen.

Es mag sie auch Sorge um ihre Freunde zu dieser letztwilligen Verfügung veranlaßt haben. Nachrufe an ihrem Sarg wären immer auch politische Bekenntnisse gewesen und lebensgefährlich in dieser Zeit des Machtrausches und der Rachegelüste einer nun legitimierten NSDAP.

Toni Pfülf

Nicht auszumachen, wer unter den Trauernden ein Gestapospitzel ist.

Keine übliche Trauerfeier also. Die Anwesenden werden es, bei allem Verständnis, mit Bedauern zur Kenntnis genommen haben. Toni Pfülf hätte mehr als ein paar Schweigeminuten verdient. Die Gedenkreden, die bei dieser kargen Bestattung nicht gehalten werden, hätten ihr mutiges und konsequentes Wirken aufzeigen können. Denkbar, wie einige, die ihr nahestanden, nach vorn getreten wären, um Szenen aus diesem Leben zu einem Mosaik zusammenzufügen — spontan aus der Erinnerung oder aus handgeschriebenen Notizen und Briefen.

Ihre Schwester Emma hätte wohl den Anfang gemacht. Sie hätte stockend gesprochen, leise. Vielleicht wäre Reden für sie eine Erleichterung gewesen.

EMMA PFÜLF: Ich stehe hier vor Ihnen, und mir fehlen die Worte. Ich bin voller Ohnmacht und Bitternis. Ohnmacht, weil ich meiner Schwester nicht helfen konnte. Nicht in ihrer letzten Zeit, als wir wußten, daß sie nicht mehr leben wollte, und nicht früher, als sie in unserer Familie kein Verständnis fand. Sie hat es so gewollt, gewiß, sie hatte ihre Grundsätze und ihren Stolz. Doch haben wir es uns nicht zu leicht gemacht mit dem Gedanken, sie sei an jenem kalten Dezembertag 1877, ihrem Geburtstag, einfach in die falsche Familie hinein geboren worden? Eine unbequeme Außenseiterin, die man erleichtert ziehen läßt, wenn sie sich nicht in das Gegebene fügt.

In unserer Familie hielt man auf Tradition, die Vorfahren waren über Generationen Juristen und Offiziere, auch unser Vater hat als hoher kaiserlicher Offizier gedient, später war er leitender Beamter im bayerischen Kriegsministerium. Über seine Gesinnung und seine Grundsätze wurde im Elternhaus, wie wohl in den meisten Häusern der Wil-

helminischen Zeit, nicht gesprochen — mit Töchtern schon
gar nicht. Die hatten sich im Haushalt zu perfektionie-
ren, Politik und öffentliche Belange waren Männersache.
Toni jedoch, von Kindheit an mit einem außerordentli-
chen Gerechtigkeitssinn ausgestattet, rieb sich am herr-
schenden Dreiklassenwahlrecht und an den Privilegien
der Besitzenden, zu denen wir noch immer gehörten, obgleich keine Güter und kein Vermögen mehr vorhanden
waren.

Toni stand schon in den Jahren, als sie noch die Höhere
Töchterschule in Metz besuchte, in Opposition zum Elternhaus und ließ sich von den Ideen des Sozialismus, der eine
klassenlose und gerechtere Gesellschaft verhieß, anstecken.
Die harten Familienauseinandersetzungen zwischen dem
unnachgiebigen Vater und meiner zu übersteigerten Ge-
fühlsausbrüchen neigenden Schwester habe ich in beklem-
mender Erinnerung. Hier ausgleichend einzugreifen, fühlte
ich mich als ältere Schwester — heute sehe ich das mit Bedauern — außerstande. Toni verließ 1896, mit neunzehn und
noch nicht volljährig, das Elternhaus. Sie ging nach München, um Lehrerin zu werden. Das war ein Affront gegen die
Familie und entsprach nicht der Standesreputation, so kamen die Eltern auch nicht für die Kosten auf. Toni mußte
sich die Ausbildung selber verdienen und Geld zusammen-
borgen.

Auch später, als wir nach München zogen, kam es zu keiner Annäherung mehr mit Toni, im Gegenteil, der Familie
war es höchst peinlich, daß sie in die sozialdemokratische
Partei eingetreten war und öffentliche Reden hielt. Das väter-
liche Hausverbot wäre allerdings nicht notwendig gewesen,
Toni, die bei all ihrer körperlichen Zartheit einen unbeug-
samen Eigenwillen besaß, hätte ohnehin nicht um Aufnahme gebeten. Daß ich trotz allem, was an Familienbelastung
hinter uns lag, gerade in diesen letzten Monaten Tonis Ver-

trauen hatte, erfüllt mich mit Dankbarkeit. »Weltkind« nannte sie sich halb scherzhaft in unseren Briefen, und sie spielte dabei wohl auf ihren Austritt aus der katholischen Kirche an, der uns alle schmerzlich traf. Sie hat uns viele Wunden zugefügt und wir ihr nicht weniger. Um so mehr rührt mich die Anrede noch in ihrem letzten Brief: »Mein geliebtes Schwesterle«. Was folgt, ist traurig, sie bittet mich, ihre letzten Wünsche zu erfüllen. »...ich weiß, daß ich Dir einen Schmerz antue mit manchem, was ich hier erbitte. Verzeih mir und tu's doch, weil es mein letzter Wunsch ist«, schreibt sie in dem Brief, dem sie ein Blatt mit ihrer letztwilligen Verfügung beigelegt hat.

Ich kann heute noch kaum fassen, was sie längst beschlossen, was sie aber jetzt erst wahrgemacht hat. Hätten wir es verhindern können? Immer wieder die bohrende Frage. Ich glaube nicht. Alles, was sie sich je vornahm, führte sie kompromißlos aus, und so ging sie auch in den Tod. Wir konnten ihr nicht helfen.

Ich halte mich an den letzten Zeilen ihres Briefes fest, die mir zeigen, daß sie nicht in kopfloser Verzweiflung von uns gegangen ist, sondern gefaßt und im Wissen um ein Weiterleben. »Und Du sollst nicht trauern bitte«, schreibt Toni, »Der Tod ist ja nur Verwandlung, und ich warte schon lange drauf.« Sie sah ihr Sterben als Erfüllung und letzte Konsequenz ihres Handelns. Wir haben uns dem zu fügen, auch wenn es uns schwerfällt.

Denkbar, daß dann, nach einer längeren Pause, eine zweite Frau nach vorn ginge und einen Feldblumenstrauß neben den Sarg legte. Eine frühere Kollegin und Parteigenossin, die Toni Pfülfs Leben ein gutes Stück begleitet hat. Therese A. könnte sie heißen.

Therese A.: Ich möchte meiner ehemaligen Kollegin und meiner verehrten Parteigenossin diesen letzten Gruß aus dem Oberbayerischen mitgeben, der Landschaft, die wir so oft gemeinsam durchwandert haben, und die sie sehr liebte.

Toni Pfülfs Tod hat mich erschüttert, und auch ich frage mich: Hätten wir ihn verhindern können? Vor allem, nachdem wir von dem ersten Versuch wußten, der ihr mißlang. Sie erinnern sich an jenen unseligen 17. Mai, es sind noch keine vier Wochen her, an dem die Mehrzahl der SPD-Abgeordneten im Reichstag, genau 48 der 65 anwesenden Genossen, verunsichert und eingeschüchtert, Hitlers verlogener Friedensresolution keinen Widerstand entgegensetzten, obwohl die Genossin Pfülf, die diesen Schachzug durchschaut hatte, eindringlich warnte. Daß selbst der von ihr so verehrte Paul Löbe als ehemaliger Reichstagspräsident der Erklärung der Reichsregierung zugestimmt hatte, um die Sozialdemokraten nicht als »Landesverräter« gebrandmarkt zu sehen, enttäuscht sie tief.

An wen kann sie sich noch halten? Die meisten ihrer Freunde hatten das Land verlassen oder saßen schon im Gefängnis. Sie selbst hatte das Ehepaar Breitscheid in die Schweiz in Sicherheit gebracht und war danach nach München zurückgekommen in der Hoffnung, hier den verbliebenen Rest der Partei zum Widerstand formieren zu können. Aber weder in München noch in Berlin setzt sie sich durch. Die Partie ist verloren, die sozialdemokratische Partei wird verboten werden, das weiß sie genau. Enttäuscht verläßt sie den Reichstag und fährt nach München zurück. Im Eisenbahnabteil schluckt sie die Tabletten, die sie sich besorgt hat. Aber sie wird, noch bevor der Zug in München einfährt, entdeckt und in ein Krankenhaus gebracht. Gerettet. Doch was heißt hier »gerettet«? Um die Partei steht es schlimm, die Nationalsozialisten marschieren siegesgewiß, sie sieht das Ende deutlich, das ihre, das der Partei, das

Deutschlands. Sie will nicht mehr leben. Hätten wir ihr dieses Leben aufzwingen müssen?

Noch vor ihrer Abfahrt nach München hat sie einige Abschiedsbriefe an Freunde geschrieben, einen davon an Alfons Bayerer in Regensburg, der sie als Parteisekretär bei ihren Wahlkämpfen unterstützt hat. Darin spricht sie den Genossen Mut zu: »Das Banner bleibt stehen, wenn der Mensch auch fällt. Ich danke Euch allen für euer Vertrauen und Eure Treue zu unserer großen Sache. Den Weg, den die Partei heute geht, kann ich nicht mitgehen. Ich sterbe im Glauben an die sozialistische Zukunft Deutschlands und der Welt! Freiheit!« — Der letzte Satz, denke ich, muß ihr besonders schwer gefallen sein, hellsichtig und realistisch wie sie war. Er kann nur in eine ferne Zukunft hinein gedacht sein, und wir sollten ihn als Hoffnung nehmen, nicht als Utopie.

Es war nicht ihr letzter Satz, sie wurde noch einmal ins Leben zurückgeholt. In was für ein Leben: Sie mußte sich vor der Gestapo versteckt halten, ständig die Schlupfwinkel wechseln, bis sie völlig erschöpft am 8. Mai in ihrer Wohnung in München ihrem Leben endgültig ein Ende setzt. Zuvor hat sie Paul Löbe aus Berlin zweimal besucht, die Berliner Sozialdemokratin Louise Schröder, der Augsburger Abgeordnete Josef Felder. Ihm klagte sie: »...daß die große Partei und das Millionenheer der Gewerkschafter, daß ihr Männer nicht auf jedes Risiko hin Widerstand geleistet habt...läßt mir keine Ruhe mehr.« Sie wollte an keiner Reichstagssitzung mehr teilnehmen, um »keine weitere Schmach zu erleben«. Sie fühlte sich selbst als ein Stück dieser Partei, für die sie nun nicht mehr geradestehen konnte.

Ich weiß, wieviel Toni Pfülf die Partei bedeutet hat. Ich habe miterlebt, wie sie in ihren ersten Münchner Jahren Parteiversammlungen in Männerkleidern besucht hat, da Frauen die Teilnahme an politischen Veranstaltungen noch verboten war. Als sich die SPD als erste Partei den Frauen öffnete, ist sie sofort eingetreten und hat von Anfang an Ämter und Aufgaben übernommen. Von 1908 an durften Frauen ja politisch tätig werden, aber es war, auch in den anderen Parteien, immer eine kleine Minderheit, die sich dieser Arbeit stellte. Man kannte sich untereinander und unterstützte sich über Parteigrenzen hinweg. Gerade in München, wo Frauen der Einstieg in die Politik nicht leicht gemacht wurde, war eine solche Solidarität besonders wichtig.

Toni Pfülf engagierte sich schon im Wahlkampf 1912 für die politische Gleichberechtigung der Frau und forderte das Frauenwahlrecht. Hier traf sie sich mit den radikalen Frauenrechtlerinnen Anita Augspurg und Lida Gustava Heymann, die im selben Haus wie sie wohnten. So wurde das Gartengebäude der Kaulbachstraße 12 zu einem geistigen Zentrum der Frauenbewegung und später dann der Friedensbewegung. Auch wenn Toni Pfülf selbst in der internationalen Friedensarbeit nicht ihren Schwerpunkt sah, sprach sie doch mit Achtung von den Frauen, die sich in München für diese Ziele einsetzten, von Constanze Hallgarten, von Gertrud Baer und vor allem von Margarete Eleonore Selenka, die zu ersten internationalen Friedenskundgebungen der Frauen aufgerufen hatte.

Innerhalb der SPD exponierte sich die Genossin Pfülf, die damals, 1914, noch kein Mandat hatte, in der Frage der Kriegskredite. Ich erinnere mich, wie sie Friedrich Ebert, einen der Befürworter dieser Kredite, in einer Versammlung scharf angriff. Sie war aber genauso gegen eine schroffe Ablehnung, wie dies Karl Liebknecht und Rosa Luxemburg forderten, weil man dann später die Sozialdemokraten als vaterlandslose Gesellen hinstellen könnte. Sie plädierte in diesem Falle für Stimmenthaltung — eine Entscheidung, die ihrem kompromißlosen Wesen eigentlich nicht entsprach, doch sie dachte wohl dabei schon in die Zukunft hinein. Dieses Denken in geschichtlichen Dimensionen, über den Tag hinaus, habe ich an ihr immer bewundert. Historisches Wissen, praktische Fachkompetenz und schöpferische Phantasie verbanden sich in ihrem Kopf und befähigten sie zu konstruktiver politischer Arbeit — wovon sich allerdings die Genossen erst allmählich — und viele nie — überzeugen ließen.

Als nach dem Ende des Weltkriegs, im November 1918, in München Arbeiter- und Soldatenräte gebildet wurden, die die provisorische Regierung in den Revolutionswirren unterstützen sollten, gehörten diesen Räten nur Männer an. Toni Pfülf beließ es nicht bei Protesten, sie stellte eine Liste wichtiger Forderungen zusammen, zog damit zum Mathäser-Festsaal, wo der Rat tagte, und verlangte vom Sitzungsleiter Erich Mühsam im Namen der Frauen Gehör. Ich wartete und bangte damals vor der Tür. Toni kam schon nach kurzer Zeit wieder aus dem Saal, blaß und empört. Mühsam hatte sie aufgefordert, sofort die Sitzung zu verlassen. Als sie sich weigerte, ließ er abstimmen. Die Entscheidung fiel gegen sie, obwohl ihre Forderungen auch die Männer hätten interessieren müssen: die Versorgung der aus der Rüstungsindustrie entlassenen Frauen, die katastrophale Wohn- und Hygienesituation in den Arbeitervierteln, die Betreuung der Kriegsgefangenen und Kriegsbeschädigten waren die wichtigsten Punkte.

Die sozialen Fragen brannten Toni Pfülf auf den Nägeln, seit sie ehrenamtlich in München als Waisen- und Armenrätin tätig war. In dieser Zeit arbeitete sie auch mit Frauen anderer Fraktionen zusammen, mit der Demokratin Luise Kiesselbach, die den Stadtbund Münchner Frauenvereine führte, oder mit Ellen Ammann, die in München die erste katholische Bahnhofsmission gründete und später für die Bayerische Volkspartei in den Landtag einzog. Toni Pfülf, inzwischen Vorsitzende des Bundes sozialistischer Frauen in München, brauchte Verbündete für ihre sozialen Bemühungen, im eigenen Parteivorstand fand sie kaum Rückhalt.

Wenn nicht Johannes Hoffmann, der Kultusminister der Regierung Eisner, ihr einen sicheren Wahlkreis in Oberbayern/Schwaben verschafft hätte, wäre sie wahrscheinlich Anfang 1919 nicht einmal in die Verfassungsgebende Nationalversammlung in Weimar gewählt worden. In dieser Nationalversammlung waren zum ersten Mal weibliche Abgeordnete vertreten: 37 von 423, keine stolze Zahl, aber was Toni Pfülf freute: die Hälfte gehörte der SPD an. Sie arbeitete im Verfassungsausschuß mit und kümmerte sich besonders um Frauenbelange, wobei ihr die Münchner Basisarbeit zugute kam.

Die Nationalversammlung hatte auch über die Annahme des Versailler Friedensvertrages zu befinden, den die Genossin Pfülf mit Entschiedenheit ablehnte. Die Sozialdemokraten beschlossen jedoch, für eine Unterzeichnung zu stimmen, und die Gegnerin hatte sich dem Fraktionszwang zu fügen. Diese Beugung des eigenen Willens machte ihr schwer zu schaffen. Sie war aus der katholischen Kirche ausgetreten, weil sie keiner Autorität blind gehorchen wollte — nun zwang man ihr wieder fremden Willen auf. Rudolf Breitscheid, der damals außenpolitisch eine führende Rolle spielte, ging auf ihre innere Not wenigstens ein, wenn er den Genossen ihr Verhalten mit den Worten begründete: »Sie war ein Mensch von aufrechter Gesinnung und geradem Charakter. Kompromisse lagen ihr nicht, und so fand sie keine Freude an der Koalitions- und Tolerierungspolitik, die die Sozialdemokratie zu treiben genötigt war ...« Ich habe miterlebt, wie sie darunter litt, daß die Politik durch Zwänge des Alltags bestimmt wurde und der Alltag nicht umgekehrt durch eine gute Politik verändert werden konnte.

An diesem Unvermögen, mit schlüssiger Theorie die Praxis zu beeinflussen, hat sie sich schon während ihrer Lehrerinnenausbildung gerieben. Ich habe das damals noch gar nicht verstanden; mich, die ich aus einer Arbeitersiedlung in

142

Haidhausen kam, wo es viele Kinder, aber keine Bücher gab, drückten ganz andere Probleme. Ich hatte einen Freiplatz in der Lehrerinnenbildungsanstalt, die in einem Neubau in der Eduard-Schmid-Straße untergebracht war. Mir fehlte es an Bildung, an Umgangsformen, an allem, was Toni so überreich besaß. Ich bewunderte sie, und sie wies mich nicht hochmütig ab, sondern nahm sich meiner geduldig an, erklärte mir vieles und holte mich später auch in die Partei, in die ich eigentlich viel besser paßte als sie mit ihrer feinen Sprache und ihren hohen Ideen, die in den Köpfen der Arbeiterfrauen unseres Kreises keinen Widerhall fanden. Um so erstaunlicher, daß sie im Wahlkampf für die ersten Reichstagswahlen am 6. Juni 1920 in ihrem Wahlkreis Niederbayern/Oberpfalz mit der konservativen Landbevölkerung offenbar gut umzugehen wußte, so daß ihr skeptischer Parteigenosse Wilhelm Hoegner sich wunderte, »wie sie mit ihrem Antialkoholismus und ihrer Freigeisterei bei dieser gut katholischen und trinkfesten Bevölkerung zurechtkam«. In München hatte der Landesvorsitzende Auer ihre Kandidatur verhindert — es entsprach ihrer Natur, nun nicht klein beizugeben, sondern um so eifriger mit den roten Wahlkampfzetteln übers Land zu ziehen.

Das Landleben hatte sie in ihrem Schulalltag kennengelernt, als Hilfslehrerin in Peiting, dann in Oberammergau. In Lechhausen bei Augsburg hatte sie über 70 Kinder in einer Klasse zu unterrichten, eine gewaltige Belastung für die schmächtige Frau, die sich daneben noch die Parteiarbeit zumutete. Der Kreisschulinspektor lobte bei einer Visitation ihre uneingeschränkte Hingabe, tadelte allerdings ihr Temperament, das sie oft nicht zu zügeln wisse. Die Schüler störte das nicht, sie mochten ihre Lehrerin so, wie sie war.

Toni Pfülf gönnte sich in dieser Zeit keinen Urlaub und nicht den kleinsten Luxus. Die Dienstwohnungen, die uns damals auf dem Land zur Verfügung standen, genügten sanitären und hygienischen Anforderungen in keiner Weise, weibliche Lehrkräfte mußten sich dabei mit den schäbigsten Unterkünften begnügen, denn sie wurden stets in der niedrigsten Gehaltsklasse eingestuft. So holte sich Toni Pfülf in den schlecht desinfizierten Räumen ihrer TBC-kranken Vorgängerin eine Tuberkulose. Die Behandlung in einem Lungensanatorium brachte keinen raschen Erfolg. Die Ungeduldige nahm deshalb ihr Geschick selbst in die Hand, zog sich im Gebirge in eine einsame Sennhütte zurück, die sie billig gemietet hatte, und wurde dank ihrer eisernen Energie bald wieder arbeitsfähig.

1907 trat sie eine Stelle an der Volkshauptschule München-Milbertshofen an, abends unterrichtete sie noch an der kaufmännischen Fortbildungsschule. Ihre körperliche Anfälligkeit überspielte sie mit ihrer Willenskraft. Für sie gab es keine Trennung von Dienst und Privatleben, von Arbeit und Freizeit. Sie nahm sich der Schulprobleme auch in der Partei an, diese Praxisnähe kam ihr später in den Arbeitsausschüssen des Reichstags zugute, wo sie sich in den Debatten um ein neues Reichsschulgesetz als Gegnerin eines frühen Ausleseverfahrens profilierte. Frühestens nach dem sechsten Schuljahr sei eine Trennung in verschiedene Schultypen zu verantworten, sonst seien Proletarierkinder ohne häusliche Förderung immer die Benachteiligten, argumentierte sie. Sie setzte sich für Elternmitbestimmung und Beschneidung des kirchlichen Einflusses in den Schulen ein.

Schul- und Sozialfragen sind ihre Themen im Reichstag, sie arbeitet an der Reform des bürgerlichen Gesetzbuches mit. Heiße Eisen faßt sie beherzt an, seien es Revisionen im Strafvollzug, im Familien- und Scheidungsrecht oder die Reform des § 218, von der sie schreibt: »Wir haben diesen Antrag nicht gestellt, um die Abtreibung zu propagieren, sondern deshalb, weil in diesem Gesetzesparagraphen ein Klassengesetz liegt.« Immer hat sie die Nöte der Betroffenen vor

Augen, purer Reformeifer oder eigene Profilierungssucht liegen ihr fern. Um so bitterer für sie, daß ihre Arbeit von ihren Genossen oft genug nicht unterstützt oder gar nicht verstanden wird. So plädiert sie dafür, ohne Feministin zu sein, daß die Frauen ihre Sache selbst in die Hand nehmen: »Wir haben lange genug reine Männerpolitik gehabt«, sagt sie auf einem Frauenparteitag in Kassel. »Wenn es überhaupt einen Sinn haben soll, der Frau das Wahlrecht zu geben, dann nur den, daß sie das Ihre hineinträgt in die Politik.« Das »Ihre«, darunter versteht sie — und das mag bei der Karg-Sachlichen überraschen — Gefühlswerte. Die Frauen wünschten keine Gewaltpolitik, sondern Kulturpolitik, und diese sei immer eine Politik des Friedens, eine Politik, für die sich der Einsatz lohne.

Sie warnt vor den neuen Strömungen, die Deutschland zu überfluten drohen, und jeder weiß, wer gemeint ist. Die Nationalsozialisten entsenden Spitzel in ihre Wahlversammlungen — kein Wunder, wenn sie, wie im Januar 1932 in Weiden, ihrem Vortrag im Gasthof Zur Sonne den Titel gibt: »Wie lange noch der Hitlerzirkus?« Wenn sie, wie in Weimar, sich nach einer Rede des NS-Barden Streicher zu Wort meldet. Ihr Beitrag geht in tosender Heiterkeit unter. Nicht daß man sie angreift, ärgert sie, sondern daß man sie nicht ernst nimmt. »Gehen's heim, nehmen's an Schrubber und an Putzlumpen in d'Hand und überlassen's das Politisieren den Mannsleuten«, gibt ihr Streicher hämisch mit auf den Weg. Ich habe einige solcher Auftritte selbst miterlebt, mich geschämt und gleichzeitig Toni bewundert, wie sie das alles durchstand.

Im Februar dieses Jahres organisierte sie in Weiden ihre letzte Kundgebung, an der sich 500 Menschen beteiligten. Noch einmal warnte sie eindringlich davor, bei den Wahlen am 5. März den Nationalsozialisten die Stimme zu geben. Wegen Aufforderung zum Widerstand wurde sie vorübergehend verhaftet. Zwei Tage später, am 27. Februar, brannte in Berlin der Reichstag, und nun überstürzten sich die Ereignisse. Ich brauche Ihnen nichts von den Denunziationen und Verhaftungen zu berichten, Sie wissen das alles, es liegt ja erst ein paar Monate zurück.

Toni Pfülf hatte zu der Zeit ihr Testament schon geschrieben. Sie sah die Gefahr, die durch Hitler und seine braunen Gehilfen auf uns zukam, und konnte nicht begreifen, wie Genossen dem nichts anderes als Legalitätsdenken entgegenzusetzen hatten, wie sie noch von Wahrung der Rechtsstaatlichkeit sprachen, als der Rechtsstaat schon aus den Fugen war. »Wir kämpfen gegenwärtig mit unseren eigenen Klassenbrüdern den Kampf um Demokratie oder Diktatur«, sagte sie — und wir haben sie bei diesem Kampf im Stich gelassen. »Wir«, das heißt, wir Parteigenossen, wir Frauen.

Sie wollte den Widerstand organisieren. Sie ist gescheitert. Nehmen wir ihren Tod als Mahnung, nicht klein beizugeben. Noch am Vorabend des 8. Juni, an dem man sie tot in ihrer Wohnung fand, hat sie an Rudolf Breitscheid im Schweizer Exil über ihre letzte Reise geschrieben: »Durch das Eisenbahnmalheur neulich ist meine Reise nach Hause ein wenig verzögert worden. Ich trete sie heute an. Hoffentlich komme ich ans Ziel. Freilich — es ist ein wenig untreu gegen Euch alle. Seid nicht böse, und seht es nicht als Flucht an, was es auch nicht ist. Grüßt alle guten Freunde — besonders Otto (Wels) und viel Glück auf den Weg!« — Das Glück werden wir brauchen.

Nach dem warmherzigen und mutigen Nachruf der Kollegin und Freundin Toni Pfülfs würde sich überraschend, aber doch von der Trauergemeinde erhofft, der ehemalige Reichstagspräsident Paul Löbe erheben, nach vorn treten und eine rote Nelke, die Blume der Sozialdemokraten, auf den Sarg legen. Spannung und Nervosität läge über dem kahlen Raum.

Jedem der Anwesenden wäre bewußt, wie gewagt diese Geste ist, alles, was er sagte, würde später gegen ihn verwendet werden können. Er spräche mit bewegter, aber fester Stimme.

Paul Löbe: Ich bringe den letzten Gruß der Partei, die so sehr Deine Partei war, liebe Genossin Pfülf. Sie war Dein Zuhause, wie man früher in der Kirche seine Heimat hatte. Während meiner beiden letzten Besuche bei Dir in München habe ich versucht, Dich abzuhalten von dem Schritt, den Du nun getan hast. Ich habe den Kampf verloren, den ich mit Dir und Deinem Lebenswillen führte. Vielleicht war ich im Ringen mit Dir nicht genug Kämpfer, wie ich in all den Jahren seit der Gründung unserer Republik mehr ein Mann des Ausgleichs, der Anpassung, des Kompromisses war — welch ein Gegensatz zu Deiner Entschlossenheit und Entschiedenheit! Daß ich trotzdem im Laufe der Zeit Dein Vertrauen, ja, Deine Zuneigung erwerben konnte, mag erstaunen und erstaunt mich selbst.

Wir arbeiteten schon 1920 in den Kommissionen zusammen, die sich um ein neues Parteiprogramm bemühten, dann im Parlament. Wenn du zu den Sitzungen von München nach Berlin kamst, hattest Du Dein Zimmer im Reichstagsgebäude, meinem Amtssitz, da ergaben sich häufiger Gespräche. Was uns verband, war der Glaube an den Sozialismus. Du gehörtest zu den Unbequemen, auch in der Fraktion. Während ich zu hohen Ämtern aufstieg und wegen meines taktischen Geschicks gelobt wurde, warst du immer ein wenig isoliert vom großen Strom, einsam, und in dieser Einsamkeit wurdest du spröde und zuletzt verbittert, bis die Verzweiflung dich in den Tod trieb. Du wolltest nicht ohne Würde leben.

Der Tod ist das konsequenteste Zeichen des Protestes und der Verweigerung. Wie in der griechischen Tragödie sahst Du Dich in einer Verstrickung, aus der es keinen Ausweg mehr gab. Ich kann Deine Enttäuschung über mein Handeln verstehen, zeichnet es sich doch in diesen Tagen ab, daß man von einer »Löbe-Fraktion« spricht, die sich von den emigrierten Parteiführern distanziert, mit denen Dich viel verband. Du wirst meinen Schritt nicht verstehen, aber ich tue ihn in Verantwortung für die Parteigenossen, die sich in Bedrängnis befinden. Ich ahne allerdings, daß es nichts nützen wird.

Du, Genossin Pfülf, hast noch führende Sozialdemokraten außer Landes gebracht, bist aber selber zurückgekommen. Du wolltest im Land bleiben, um hier Deine Pflicht zu tun — oder unterzugehen. Bei uns fandest Du keinen Rückhalt mehr. Die Gespräche in den Fraktionssitzungen vor der großen »Friedensrede« Adolf Hitlers am 17. Mai im Reichstag waren eindeutig. Wir entschieden uns, für den Friedens- und Abrüstungsappell der Nationalsozialisten zu stimmen, weil wir den Inhalt gutheißen mußten. Du aber sahst die Lage als Ganzes und hast mit wenigen anderen Genossen den Weg der Verweigerung eingeschlagen. Das war für dich der entscheidende Schlag. Vorher schon waren die Diskussionen in der Partei um das Ermächtigungsgesetz nervenaufreibend. Und diese Diskussionen wiederholten sich im Bayerischen Landtag hier in München, wo der Sprecher der sozialdemokratischen Fraktion frei heraus sagte, daß die Partei in der gegenwärtigen Lage die Regierungsarbeit nicht durch »kleinliche Nörgelei« erschweren dürfe, sondern wie bisher pflichtbewußt mitarbeiten müsse.

Da war kein Platz mehr für Dich, Du Aufrechte und Grundsatztreue. Du warst eine der klügsten und tapfersten Vertreterinnen unserer Sache. Du verbandest Intelligenz mit Charakter, warst eine Sozialistin der Tat, von sprudelnder Lebendigkeit und warmer Menschenliebe, im Justizausschuß die rechte Hand des alten Professors Kahl. Du konntest die Grausamkeiten der Nazis, aber auch die Haltung der eigenen Fraktion in diesen Tagen nicht verkraften. So schiedst Du am 8. Juni, allein in Deiner Wohnung, freiwillig aus dem Leben, nachdem Du Deine schmale Habe und Deine Bücher sorglich unter die Freunde verteilt und von allen in herzlichen Briefen Abschied genommen hattest. — Wir werden Dich nicht vergessen.

Die Reden wurden an jenem 12. Juni 1933 im Krematorium des Ostfriedhofs nicht gehalten. Die Trauergemeinde ging nach kurzem, schweigendem Gedenken wortlos auseinander. Spitzel der NSDAP, die sich ohne Zweifel unter die Menge gemischt hatten, konnten ihrer Zentrale von keiner Anstiftung zum Widerstand berichten. Journalisten, die auf eine dramatische Zuspitzung durch aufrührerische Parteifreunde gehofft hatten, fanden den Ablauf der Trauerfeier hinterher keiner Zeitungsnotiz wert. Das Kräftemessen mit einer demokratischen Opposition ging ohnehin zu Ende, die Nationalsozialisten waren auf der ganzen Linie siegreich.

Toni Pfülf hat diese Entwicklung klar vorausgesehen und in ihrer Gradlinigkeit, die keine Kompromisse duldete, für sich die Konsequenz gezogen. Mit ihrem Tod wollte sie ein Zeichen setzen für ihre Parteifreunde, sie ermutigen, nicht aufzugeben in dem Kampf, für den sie nicht mehr die Kraft hatte.

Eine von ihr selbst formulierte Traueranzeige, die nach ihrem Tod in den sozialdemokratischen Zeitungen erscheinen sollte, endete mit dem Satz: »Sie ging mit dem sicheren Wissen von dem Sieg der großen Sache des Proletariats, der sie dienen durfte.« — Die Anzeige konnte nicht mehr erscheinen. Wenige Tage nach Toni Pfülfs Bestattung wurde die Sozialdemokratische Partei in Deutschland verboten.

Herzliche Wunsche zum Spiele
K. Speker zur großen
Verehrung gew.

Liesl Karlstadt
Mai 1932

Liesl Karlstadt

Die zweite Hälfte Karl Valentins
Liesl Karlstadt
1892—1960

»Wie es dieser Karlstadt, der zweiten Hälfte dieses bayerischen Monstrums Valentin gelingt, diese andere Hälfte zu
überleben, zu dirigieren, diesen stillen, tötenden Blödsinn,
diese Reisen ins Irreale, zurückzuführen, muß man gesehen
haben, man kann es nicht schildern.« — Ein Zitat aus der
Weltbühne, damals, als das Paar noch Abend für Abend gemeinsam auf der Brettlbühne stand. Aber Liesl Karlstadt ist
tot, seit ziemlich genau dreißig Jahren, und eine Annäherung ist nur noch über das geschriebene Wort, über das Al-
bum mit den Szenenfotos möglich. Das Erlebnis der unmit-
telbaren Begegnung, das hautnahe Aufnehmen von Mimik
und Gestik, von Stimmtimbre und Knisteratmosphäre, wovon das Kabarett lebt, kann auch eine Kassette nicht annä-
hernd vermitteln.

Die meisten der alten Schallplattenaufnahmen, über hundert soll es gegeben haben, ruhen ohnehin im Archiv des
Bayerischen Rundfunks, auch die Filmstreifen sind in der
Versenkung verschwunden — worüber Liesl Karlstadt wohl
gar nicht unglücklich wäre, fühlte sie sich doch bei den
Heimatfilmen, an denen sie mitgewirkt hat, an ihre erste eigene »Filmfirma« mit Karl Valentin erinnert: »Damals ham
wir uns als Atelier den Lagerraum einer Käsehandlung gemietet. Seit der Zeit scheint der Käse beim bayerischen
Heimatfilm — aber die Betrachtung würde zu weit führen...« Doch sie spielte auch in Filmen, die über Bayern
und Deutschland hinaus Aufsehen erregten, etwa in Kurt
Hoffmanns *Wir Wunderkinder* von 1958 neben Elisabeth

Flickenschild und Gerd Fröbe. Ausgesprochen in ihrem Element war sie jedoch, wenn sie mit ihrem Partner Karl Valentin vor der Kamera stand. *Der Sonderling*, *Kirschen in Nachbars Garten*, *Straßenmusikanten* oder *Die verkaufte Braut* hießen die Streifen, in denen die beiden wie Don Quichotte und Sancho Pansa auftraten, zwei so verschiedene Hälften, die doch auf höchst überraschende Weise eine selbstverständliche Einheit bilden.

Der lange, dünne Grantler und die kleine Dralle im Dirndl oder in weiten Männerhosen — das ideale Kabarettpaar, das spontane Heiterkeit im Publikum auslöst, auch wenn das Programm so heiter nicht ist, wenn es hinter dem umständlichen Klamauk Verlorenheit in einer auf Normalität ausgerichteten Welt ahnen läßt.

Wie im alten Kasperltheater oder im Märchen verkörpern die beiden feststehende Typen, die man kennt und in seinem Alltag wiederfindet: den lebensuntüchtigen, umständlichen Um-die-Ecke-Denker, der auf seiner hintersinnigen Logik beharrt, und als Kontrast und notwendige Ergänzung die Partnerin, die mit beiden Füßen auf der Erde steht, sich den Kopf freihält von »spinnerten« Gedanken und das Herz sprechen läßt.

Daß es Liesl Karlstadt mit ihrem Bühnenpartner nicht leicht hatte, zeigt die handgeschriebene Widmung auf einem Porträtfoto, das sie Valentin schenkte: »Meinem komischen Partner und Patienten Karl Valentin in nie versagender Geduld gewidmet von Liesl Karlstadt. Beruf: Nervenärztin. Nebenbeschäftigung: Komikerin.« — Sie war übrigens nicht seine Lebenspartnerin, wie man es bei einem so eingespielten Paar vermuten könnte. Als Valentin die kleine Soubrette 1911 auf der Bühne des Frankfurter Hofs zum ersten Mal sieht, hat er sich, nach der Geburt seiner zweiten Tochter, gerade mit dem ehemaligen Hausmädchen seiner Eltern verheiratet.

Das Interesse an der jungen Gelegenheitsschauspielerin ist ein sozusagen berufliches. Er ist auf der Suche nach einer Partnerin für seine komischen Sketche und ahnt die kabarettistische Ader Liesl Karlstadts, die damals noch Elisabeth Wellano heißt. Sie habe das Zeug nicht für eine Soubrette, dazu sei sie zuwenig stattlich, redet er ihr ein, aber als seine Partnerin wäre sie wohl geeignet. Der weltfremd Umständliche, aber Hartnäckige erreicht meist doch, was er will. Aus Elisabeth Wellano wird Liesl Karlstadt, den Namen hat Valentin beim Komiker Karl Maxstadt entliehen und neu zusammengesetzt, ein bißchen bayrisch, ein bißchen nostalgisch, ein bißchen keß. Die Mischung wird sich gut bewähren.

Die beiden proben, gemeinsam mit dem Komiker Karl Flemisch, ihren ersten Auftritt im Hotel Wagner: Vater, Sohn und Tochter in einem »Alpenveilchenterzett« vor grandioser Gebirgskulisse. Valentin erinnert sich später gerührt an diese Premiere, vor allem an das »komische Bauerndeandl, das in höchst gschamiger Weise das Lied vom Edelweiß sang«. Mit diesem Probelauf beginnt eine mehr als zwanzigjährige Zusammenarbeit, für beide die künstlerisch befriedigendste Zeit ihres Lebens. Gerade die Gegensätzlichkeit ihrer Charaktere sorgt für die notwendige und fruchtbare Spannung.

Bei ihrer ersten Begegnung hatten beide schon einige Brettlerfahrung hinter sich. Valentin, der zehn Jahre ältere gelernte Schreiner aus der Au-Vorstadt, der seinen Beruf an den Nagel gehängt und eine Varietéschule besucht hatte, war der Erfinder einer ausgeklügelten Musikmaschine, mit der er gleichzeitig über zwanzig Instrumente spielen oder bedienen konnte. Die Tourneen, die er mit diesem Sechs-Zentner-Orchester unternahm, nach Leipzig, Halle und Berlin, waren allerdings ein gewaltiger Reinfall. Erst die Auftritte mit Liesl Karlstadt und die Entwicklung seiner raunzigen, mundartlich gefärbten Dialoge brachten ihm Erfolg und ein einigermaßen geregeltes Einkommen.

Liesl Karlstadt wußte diesen bescheidenen Wohlstand durchaus zu schätzen, sie hatte schon härtere Zeiten hinter sich. Ihre Jugend liest sich wie die Musterkarriere eines Arbeiterkindes: Am 12. Dezember 1892 in Schwabing geboren, aber nicht im Schwabing der Boheme, sondern in der Zieblandstraße, wo die kleinen Leute wohnen. Der Vater arbeitet als Brotschießer in der Dombäckerei, die Mutter hat, um die Vielkinderfamilie einigermaßen über Wasser zu halten, einen kleinen Milchladen auf der Schwanthaler Höh gepachtet. Aber das Geschäft wirft nichts ab, die Mutter ist zu großzügig beim Schuldenanschreiben. Liesl trägt morgens vor der Schule Milch aus und kümmert sich um die Geschwister. Das Familienleben spielt sich in einem Zimmer ab, da bleibt kein ruhiges Eckchen, wo die lerneifrige Schülerin ihre Hausaufgaben machen kann. Trotzdem kommt sie gut mit in der Schule, sie hat gelernt, Hänseleien der Mitschüler schlagfertig zu kontern. Sie ist immer die Kleinste, in der Klasse, beim Einzug der Kommunionkinder in der Ludwigskirche, später als Lehrling bei Textil-Eder am Viktualienmarkt.

Die Mutter hat die neun Geburten — nur fünf Kinder überlebten — und das Milchkannenschleppen nicht verkraftet, sie stirbt, als Liesl gerade 16 ist. Nun bleibt noch weniger Zeit für die Reicheleuteträume, nun muß »die Kleine« noch härter zupacken, sie tut es, ohne ihren Humor zu verlieren.

Mit 18 ist sie Verkäuferin bei Tietz, und der große Bruder nimmt sie sonntags mit in die Au zum Tanzen. Hier treten, wie in vielen Bierwirtschaften, Komikergruppen zur Volksbelustigung auf, die Liesl genau so begeistern wie das Tanzen. Als eine Singspielgesellschaft im Bamberger Hof Nachwuchs sucht, nimmt sie ihre Chance wahr und wird

Soubrette — nach Feierabend. Tagsüber steht sie bei Tietz hinter der Theke.

Es gibt ein Foto aus dieser Zeit: Liesl stolz und steif im paillettenbestickten Organzakleid, mit bombastischem Tüllhut, weißen Lackschuhen und Häkelstrümpfen vor einer schäbig blätternden Kulissenwand. Sie hebt den Rocksaum an, versucht sich in koketter Pose, aber es will nicht so richtig gelingen, für die Revuewelt ist sie nicht geschaffen.

Der Vater aber sieht sie schon darin verkommen, fürchtet, sie würde ein »Flittscherl« in diesen »unsoliden« Kreisen, in denen sich Liesl so wohl fühlt. Sie ist begabt für das komische Fach, aber sie spielt querbeet auch ernstere Rollen, ihre Kameliendame rührt das Publikum zu Tränen. Valentin hat den richtigen Sensus, sich mit der gemütvollen Kessen zusammenzutun. Keine andere Partnerin könnte leisten, was er ihr abverlangt: blitzschnell und schlagfertig auf der Bühne auf seine Augenblickseinfälle zu reagieren. Ihr macht das Improvisieren Spaß, sie lebt sich ganz hinein in die Rollen, die ihr Partner sich für sie ausdenkt. Mit Vorliebe spielt sie männliche Chargen, Lehrbuben und gewichtige Männer, einen Millionärssohn und einen Feuerwerker, einen Clown und einen Kapellmeister. Aber in ihren deftig dargebotenen Frauenrollen überzeugt sie nicht weniger, ob als Kellnerin oder Frau Minister.

Unübertroffen ist sie in der Rolle der Hausmeisterin, die Valentin ganz auf sie zugeschnitten hat, und die sie nun mit eigenem Volumen füllen kann. Die Hände in die Hüften gestemmt, legt sie voller Empörung los: »I bin de Hausmoasterin von de Bavariahäuser vierzehn und fufzehni. Jetzt schauns eana o, wia ma oft in a bluadige Tratscherei neikemma ko...« Und dann schimpft sie auf den Rotzbengel, den Millibuben, und dessen Mutter, die »zahnluckate« Militändlerin mit dem »blatterngsteppten Rosenteint«. Valentins treffende Volkssprache und dazu die präzis beobachtete

Mimik und Gestik der Karlstadt, das ergibt Figuren von umwerfender Komik — aber dem Zuschauer bleibt doch das Lachen irgendwo im Hals stecken, wenn ihm plötzlich bewußt wird, wie nah diese Komik an Tragik grenzt, wie rasch das befreiende Lachen in Beklemmung umschlagen kann.

Oft geben Alltagsbeobachtungen den Anstoß zu einer neuen Kabarettnummer. So beim Erfolgsstück *Der Firmling:* Liesl Karlstadt hört in einem Zigarrenladen zufällig, wie der Inhaber einem Kunden lang und breit erzählt, was für ein Glück er hatte, für seinen Firmling einen getragenen Firmanzug zu ergattern, der genau paßte. »Paßt hat er«, ruft der Tabakhändler ein ums andere Mal, haut dabei mit der Hand auf den Ladentisch zur Bekräftigung und steigert sich immer wieder in das »Paßt hat er« hinein.

Liesl Karlstadt erzählt Valentin von dieser Endlosgeschichte, und er macht sofort eine Groteske daraus, die mit dem Original nicht viel mehr als den Satz »Paßt hat er« gemeinsam hat. Lauter slapstickartige Verwicklungen, die Vater und Sohn aus einfachem Milieu bei einem Firmessen in einem zu vornehmen Münchner Weinlokal passieren. Klamauk wie im Stummfilm, drastische Überzeichnungen, die Tücke des Objekts, die sich gegen den kleinen Mann richtet. Aber es geht in den Stücken Valentins weniger um Klassen- und Sozialkritik als um allgemein menschliche Verhaltensweisen, die in allen Schichten anzutreffen sind.

Valentin erhebt sich nie zum Moralisten oder Erzieher, er stellt nur dar, was ist oder was sein könnte, und seine Partnerin hinterfragt die Abläufe auf eine ganz naive, aber auf den Kern zielende Art. Bert Brecht hat ein Ohr für diese tragikomische Tönung. Er sitzt häufig im Publikum und läßt sich von Valentins Aberwitz inspirieren. Valentin weiß Brechts Besuche zu schätzen, er ist nicht undankbar und

möchte sich revanchieren. Eines Abends sitzt der Theater-
ungewohnte mit Liesl Karlstadt im Parkett der Kammerspiele, um sich Brechts *Trommeln in der Nacht* anzusehen.
Nach der Vorstellung trifft man sich im »Malkasten«.
Brecht wagt nicht zu fragen, wie ihm das Stück gefallen habe. Der Regisseur Kurt Horwitz erinnert sich: »Valentin
schwieg, und Liesl Karlstadt lächelte verlegen.« Schließlich
rafft sich Valentin doch zu einem Kommentar auf: »Ja wissen'S — bei diesen modernen Stücken, da müßte am Schluß
der Vorstellung einer kommen, der die Leute am Arm
packt und ihnen sagt: Sie — es ist Schluß!« — Nun ist Brecht
der Schweigende. Er hat Valentins Anspielung auf die Hilflosigkeit, in die moderne Autoren die Zuschauer entlassen,
verstanden.

Sicher nicht alle, die Valentins und Karlstadts Vorstellungen besuchen, sind sich der Doppeldeutigkeit der Texte bewußt, zumal vieles in Klamauk eingebettet ist, wie er auf den
Münchner Wirtshausbühnen der zwanziger Jahre überall
geboten wird, etwa als Schuhplattlergaudi von der feschen
Bally Prell, der »Schönheitskönigin von Schneizlreuth«.

Das Komikerpaar Valentin/Karlstadt spielt sich allmählich von den Gasthausbrettln zum »richtigen« Theater
hoch, kehrt aber immer wieder gern auf die kleinen Volks-
bühnen zurück, wo der Kontakt mit dem Publikum viel
unmittelbarer ist. 1924 findet die Uraufführung des Valen-
tin-Stücks *Die Raubritter vor München* in den Kammerspielen an der Augustenstraße statt. Für die Karlstadt hat Valentin, der selbst einen ziehharmonikaspielenden Soldaten
auf Schildwache spielt, eine Glanzrolle geschrieben, den
kecken Trommelbuben Michl.

Hermann Hesse, der eine Nachtvorstellung der *Raubritter* besucht und von der »wunderbaren Viecherei« begeistert ist, wundert sich, daß die Leute auch tragische Stellen
mit lauten Lachsalven begrüßen: »...nie habe ich ein ver-

gnügteres Haus gesehen. Wie gern doch alle Menschen lachen! Weit von den Vorstädten laufen sie in der Kälte herein, zahlen Geld, warten lang, kommen erst um Mitternacht nach Hause, um nur eine Weile lachen zu können. Auch ich lachte sehr, meinetwegen hätte das Stück bis zum Morgen dauern mögen.« Und die traurige Weltlage bedenkend fährt er fort: »Weiß Gott, wann man wieder zum Lachen kommt.« Je größer der Komiker sei, je schauerlicher und hilfloser er unsere Dummheit und unser banges Menschenlos auf die komische Form bringe, um so mehr müsse man lachen, sinniert Hesse.

Der Regisseur Horwitz erinnert sich an eine andere Aufführung der *Raubritter* im verrauchten Saal des Hotels Germania hinter dem Hauptbahnhof, als dem sonst keineswegs sensibel reagierenden Publikum plötzlich das Lachen verging und eine Ahnung von Tragik noch den dumpfesten Zuschauer ergriff.

Es waren die Ziehharmonika-Verse »Heute noch auf stolzen Rossen/Morgen durch die Brust geschossen«, die die Erinnerung an die vielen Toten des Weltkriegs wachriefen und eine von Valentin beabsichtigte Atmosphäre der Beklemmung schafften. Auch wenn das Stück in tragikomischem Schlachttumult endet, wenn Liesl Karlstadt als Trommelbub eifrig mit der Tücke des Objekts kämpft — einer Sanitäterbahre, von der der Verwundete immer wieder höchst ungebührlich herunterrutscht —, geht das Publikum nicht unbeschwert, sondern betroffen nach Hause: Krieg, das zeigt die Szene mit der Bahre, ist ein absurdes Geschäft.

604 Aufführungen erlebten die *Raubritter*, trotz der wenig erheiternden Passagen. Aber Valentin/Karlstadt haben auch Harmloseres im Repertoire, den *Theaterbesuch* zum Beispiel: Ein Ehepaar bekommt von einer Nachbarin überraschend zwei Theaterkarten für eine *Faust*-Aufführung ge-

schenkt. Die Frau freut sich darüber, aber der Mann grantelt herum, sucht mißtrauisch nach Gründen, warum die Nachbarin gerade ihnen die Karten schenkt und warum gerade für den Faust. Mit der Hartnäckigkeit des Querdenkers will er an eine harmlose Erklärung seiner Frau nicht glauben, er beharrt auf einem Problem, das nur in seinem Kopf existiert, die Handlung dreht sich im Kreis, wie bei vielen Valentinschen Stücken, deren Stärke nicht die treffende Schlußpointe, sondern das skurrile Auf-der-Stelle-Treten ist.

Während bei solchen mehr auf Valentins verknotete Weltsicht bezogenen Stücken Liesl Karlstadt nur Stichwortgeberin ist, glänzt sie in Solonummern, die Valentin für sie geschrieben hat. Ein sprachlich beachtliches Zungenbrecherstück ist die Generalversammlung des »Vereins der Katzenfreunde«, als deren Schriftführerin sie auftritt. Sie verliest vom Vorstandstisch aus sämtliche 26 Mitglieder mit voller Berufsbezeichnung des Ehemannes: Frau Generaldirektor Buchner, Frau Kanzleisekretär Brandt, Frau Oberpostrat Kamberger, Frau Konsistorialrat Ammerland... Nach dieser langwierigen Prozedur kommt nicht etwa der nächste Tagesordnungspunkt, jetzt werden die anwesenden Mitglieder begrüßt, wieder in voller Länge: Frau Bahnadjunkt Wallner, Frau Finanzminister Sollfrank, Frau Akademieprofessor Oberstädter usw. — Besonders ulkig hören sich dabei die doppelt weiblichen Bezeichnungen an: Frau Reviersförstersgattin, Frau Realitätenbesitzersgattin. Dann folgt, bis zur Erschöpfung, die Aufzählung der heute fehlenden Mitglieder. Das ganze Standesdenken einer Frauengeneration, die sich noch lange nach dem Ersten Weltkrieg nicht kraft eigener Autorität, sondern durch die Amtswürde des Ehemannes definiert.

Solche absurden Reihungen liegen Valentin. Er ist ein Ordnungs- und Genauigkeitsfanatiker, bis zum letzten

Zahnstocher ist alles auf der Bühne festgelegt, nur er darf diese feste Ordnung improvisierend durchbrechen und — notgedrungen — auch Liesl Karlstadt, die seine Spontaneinfälle ja auffangen muß. Valentin ist sich bewußt, wie sehr ihm die flexible Schlagfertigkeit seiner Partnerin die Bühnenauftritte erleichtern. Das umgekehrte Muster allerdings wäre für ihn undenkbar: die Karlstadt als tonangebende Spontandenkerin und er als der einfühlsam sich anpassende Gehilfe ...

Für sie stellt sich die Frage der Gleichrangigkeit nicht, sie findet ihre Befriedigung in diesem Zuspiel, das ihr Eigengestaltung im kleinen Rahmen ermöglicht. Sie hat nicht den Ehrgeiz, eigene Texte zu schreiben, sie bleibt die Anregerin, auch die kritische Beobachterin. Sorgfältig registriert sie die Reaktionen des Publikums, liest in den Gesichtern der Bühnenarbeiter und Garderobenfrauen; auf die »Stimme des Volkes« zu hören, ist bei ihr nicht die übliche elitäre Phrase, sondern selbstverständliches Bedürfnis. Sie kommt aus dem Volk, sie weiß, wie handfest, aber auch wie gewohnheitsgestanzt Gespräche und Handlungen in diesen Kreisen ablaufen, sie hat das Ohr näher an der Wirklichkeit als Valentin, der sich in seine aberwitzigen Spekulationen einspinnt.

Sie weiß auch mit Leuten ihres Schlages umzugehen, während sie Gespräche mit Intellektuellen zwar nicht verlegen machen, dazu ist sie zu schlagfertig, aber doch etwas ratlos. Wie soll sie sich mit Schriftstellern wie Lion Feuchtwanger unterhalten? Oder mit Bert Brecht, mit dem sie gemeinsam auf der Bühne in einer Jahrmarktszene posiert?

Daß bei Gastspielen in Berlin die erste Kritikergarnitur — Tucholsky, Alfred Kerr, Max Halbe — von ihren Auftritten begeistert ist, macht sie verlegen, doch sie genießt die Anerkennung auch, sie ist in ihrem Leben mit Lob nicht verwöhnt worden.

Jede Gastspielreise ist für Liesl Karlstadt ein Erlebnis. Gerne ginge sie öfter auf Tournee, aber Valentin ist ein ausgesprochener Reisehypochonder. Er malt sich vorher in blühendsten Farben aus, was alles passieren könnte unterwegs, Eisenbahnunglücke und Naturkatastrophen und Überfälle, da fühlt er sich doch im vertrauten München am wohlsten. Möglich, daß ihm das frühere Umherziehen mit seinem Orchestrion-Ungetüm und die mangelnde Resonanz beim Publikum noch in den Knochen sitzt. Ein Gastspiel nach Amerika schlägt er zum großen Bedauern seiner Partnerin aus wegen all der Unwägbarkeiten. Selbst in Innsbruck tritt er nicht auf, weil ihm da die Berge zu bedrohlich nah erscheinen. Da ist es schon fast ein Wunder, daß er sich zu Gastspielreisen nach Wien, Zürich und Berlin überreden läßt. Die Auftritte — ob im Wiener Chat noir, in der Zürcher Bonbonnière oder im Berliner Kabarett der Komiker und im Theater am Schiffbauerdamm — sind jedesmal ein großer Erfolg, und jedesmal sind die beiden darob überrascht, empfinden sie doch ihre Stücke als ausgeprägt bayerisch und für »Fremde« nur schwer verständlich. Aber das vorwiegend intellektuelle Großstadtpublikum nimmt das Bayerische als exotischen Rahmen für eine tiefsinnige Alltagskomik, die überall angesiedelt werden könnte.

In München sind die beiden inzwischen in allen bekannten Volkslokalen und auf fast allen großen Bühnen aufgetreten. Hofbräuhaus, Annenhof, Charivari, Boccaccio, Papa Benz und Monachia heißen einige der Stationen. 1922 laufen die Nachtvorstellungen in den Kammerspielen an. Auftritte im Deutschen Theater, im Apollo und Kolosseum, im Theater am Gärtnerplatz und im Schauspielhaus folgen. Ein Engagement im Nationaltheater lehnt Valentin dankend ab mit der Begründung: »... ein altes Sprichwort heißt: Je höher man steigt, desto tiefer fällt man herunter — und das will ich vermeiden«.

1931 geben Valentin und Karlstadt eine unentgeltliche Vorstellung für Arbeitslose — die Resonanz ist erstaunlich. Auf einmal schwappt die Alltagsnot auf die Brettlbühne, und das Theater wird zur Straßenszene — heutigem Straßentheater vergleichbar. Der Andrang zu dem Gratiskabarett ist so groß, daß die Polizei für Ordnung sorgen muß. Warum die Vorstellungen nicht wiederholt werden, geht aus dem Quellenmaterial nicht hervor. Hier hätte für Liesl Karlstadt eine Möglichkeit liegen können, soziales Engagement mit künstlerischem Einsatz zu verbinden. Ob Valentin, der Mann des leisen Dialogs und der Berührungsängste, dabei mitgespielt hätte, bleibt fraglich. In seinem Kopf verdichten sich andere Pläne zu einer fixen Idee. Ein Panoptikum will er aufbauen, in dem seine Einfälle und alles, was ihm an Absurdem begegnet, gesammelt werden soll. 1934 setzt er mit der ihm eigenen Hartnäckigkeit die Kopfgeburt in die Tat um. Das originellste Museum der Welt kündigt er in einem Zeitungsinserat an: »Begeistert ist das Publikum/von Valentins Panoptikum — täglich im Hotel Wagner, Sonnenstraße 23, geöffnet von 7—12 Uhr nachts.« Er ist von dem Vorhaben geradezu berauscht und verbringt die Zeit in seinem Gruselkeller mit der Ausschmückung seiner Gags: Er schlägt den Nagel in die Wand, an den er seinen Schreinerberuf gehängt hat, zeigt das Ei des Kolumbus, einen Tiefseetaucher bei Regenwetter und ein Burgverließ, angefüllt mit feuerpolizeilich genehmigten feuerspeienden Drachen.

Das Panoptikum nimmt ihn so gefangen, daß er darüber sein Kabarett und seine Partnerin fast ganz vergißt. Das ist der Augenblick, wo Liesl Karlstadt, nach langen Jahren stillen Tolerierens seiner Schrullen, nicht mehr bereit ist, alle Verrücktheiten des genialen, aber egozentrischen Partners mitzutragen. Er hat zuerst sein ganzes Geld, dann das ihre in das Museum gesteckt, sie wird davon nie etwas wiedersehen. Das hätte sie verkraftet. Aber daß ihm die gemeinsamen Auftritte auf einmal so nebensächlich geworden sind, das erfüllt sie mit Bitterkeit. Sie hatte zwanzig Jahre lang versucht, die lästige Alltagsrealität von ihm fernzuhalten, hatte Verehrer abgewiesen, seine Eifersuchtsanwandlungen, seine Nörgeleien und Animositäten ertragen. Sie war die Lebenslustige, Praktische an seiner Seite, die Mütterliche auch, die ihn betreute. Nach ihrem Befinden fragte keiner, sie war immer da, zuverlässig und pünktlich mit ihren preußischen Tugenden, die sie hinter bayerischem Charme versteckte.

Sie versteckte dahinter auch ihre Ängste und Zweifel, ihre aufkommende Einsamkeit, aus der selbst ihre Schwester Amalie, mit der sie von klein auf eng verbunden ist, sie nicht herauszuholen vermag. Während Valentin in seinem Panoptikum wühlt, wird ihr schmerzlich bewußt, wie sehr sie nur als seine zweite Hälfte lebt, ohne ihn ein Torso ist. Aber sie hat die Kraft nicht, einen kühnen Schnitt zu machen, ein eigenes Leben zu beginnen. Sie ist mit ihren Nerven am Ende, sieht sich in die Enge getrieben, ohne Zukunftsperspektive. Immer stärker empfindet sie die zur Schau gestellte Munterkeit und Lebenszugewandtheit als Fassade, hinter der innere Leere lauert. Schließlich kommt es zum völligen Zusammenbruch. Der Arzt stellt ein schweres Gemütsleiden fest und weist sie im April 1935 in eine Nervenklinik ein. Kommentar des Kritikers Hermann Sinsheimer: »Aber da nun einmal das Gespenstische, von dem Valentin besessen war, stärker ist als das Menschliche, war *sie* es, die schließlich zusammenbrach...«

Doch sie fängt sich wieder. Sie bleibt, was sie schon früh war: die Kleine, Zähe aus der Zieblandstraße. Nach längerer Genesungszeit tritt sie erneut mit Valentin auf — was sollte sie auch sonst tun? Sie hat keinen richtigen Beruf gelernt, hat keine Familie zu versorgen, die Kabarettbühne ist ihr Leben. Eine mit Valentin zusammen herausgegebene Zeitung, deren erste Nummer im September 1935 erscheint, geht rasch wieder ein. Auch sein Panoptikum muß Valentin aus Geld- und Besuchermangel schließen. Also doch lieber das Bewährte: gemeinsame Auftritte bei Papa Benz in der Leopoldstraße, dazwischen Gastspiele im Deutschen Theater.

Valentin hängt noch immer seinen Museumsträumen nach. 1939 wagt er einen zweiten Versuch mit einer Ritterspelunke, die er am Färbergraben 33 eröffnet, »im einzigartigen Luftschutzkeller mit Restauration und Vorstellung«, eine Verbindung von Panoptikum, Kellerkneipe und Kabarett. Doch mit Kriegsbeginn steht den Münchnern der Sinn nicht mehr nach Kabarett. Die Wirklichkeit überbietet die Bühne an Absurdität. Programmnummern wie »Entartete Kunst mit Stiefelwichse gemalen von Karl Valentin« sind zu makaber angesichts der NS-Kunstrealität, als daß darüber ein befreiendes Lachen möglich wäre.

Anfang der vierziger Jahre treten Valentin/Karlstadt noch einige Male gemeinsam auf, aber der alte Schwung, die Einheit der beiden Hälften fehlt, und die Frontmeldungen liegen drückend über der Brettlbühne. Valentin zieht sich ganz aus der Öffentlichkeit zurück, verbittert, resigniert, von Ängsten verfolgt.

Im Februar 1948 stirbt der Geschwächte und Unterernährte an einer Lungenentzündung. Sein Humor, der zuletzt Sarkasmus ist, wird von der Jugend im Nachkriegsdeutschland nicht mehr verstanden.

Liesl Karlstadt, nun auf sich allein gestellt, sieht mit Erstaunen, daß sie sich auch ohne die zweite Hälfte auf der Bühne behaupten kann. Zwar spielt sie jetzt nicht mehr Kabarett, aber sie verkörpert einen unverwechselbaren Frauentyp, der im Trümmerdeutschland der Nachkriegszeit gefragt ist: die resolut Zupackende, die mitten im Schlamassel die Ärmel hochkrempelt und ihrer Umgebung das Gefühl gibt, es käme schon alles wieder ins Lot. Sie tritt in Stücken von Anouihl und Bahr auf, im Residenztheater und am Staatsschauspiel, am Volkstheater und in der Kleinen Komödie. Am wohlsten fühlt sie sich in den Rollen ihres Ludwig Thoma, als Gschwendtner-Bäuerin, als Dachserin oder als kauziges Hausfaktotum in den *Witwen*. Mit Thoma-Stücken kommt sie auch ins Fernsehen. Den Hörern des Bayerischen Rundfunks wird sie als »Brandl-Mutter« in Erinnerung bleiben. Die Rolle sei wie zugeschnitten auf sie, sagt man, aber wer weiß das schon?

Liesl Karlstadt ist kein Mensch, der sich in Gesprächen öffnet. Am ehesten vielleicht noch ihrer Schwester, mit der sie häufig große Bergwanderungen unternimmt. Sie braucht die Ruhe der Natur als Ausgleich zu ihrem unruhigen Stadtleben. Als urbaner Mensch hat sie immer im Zentrum Münchens gewohnt, zuletzt an der Maximilianstraße. Im Sommer 1960 will sie sich nach anstrengenden Rundfunkaufnahmen gemeinsam mit ihrer Schwester in den Bergen erholen. Die beiden mieten sich in einer Pension in Garmisch-Partenkirchen ein, aber aus der geplanten Wanderung wird nichts mehr. Am 27. Juli 1960 erliegt sie in ihrer Pension nach kurzem Unwohlsein einem Gehirnschlag.

Der kleine Bogenhausener Friedhof faßt die Menschen kaum, die Liesl Karlstadt das letzte Geleit geben. Die Dankbarkeit gilt der Volksschauspielerin, der Partnerin Valentins, der Mutter Brandl. Die wirkliche Liesl Karlstadt hinter den Rollen hat kaum jemand gekannt. Auf dem schmiedeeisernen Grabkreuz leuchtet in der Mitte ein rotes Herz, etwas kitschig, aber wie alle Devotionalien mit Liebe gestaltet. Über der Erinnerung an Liesl Karlstadt liege ein verblichener Duft von Bänkelsang und Leierkasten, schreibt eine Zeitung.

Was bleibt von der Urmünchnerin, die hier geboren und hier gestorben, niemals einer anderen Stadt zugeordnet werden könnte? Es bleiben all die Erinnerungsstücke an die »große« gemeinsame Zeit mit Karl Valentin, die im »Valentin-Musäum« im Isartorturm ausgestellt sind, ein im Sinne des Panoptikum-Erfinders weitergeführtes Nostalgie-Museum mit einem Turmstüberl, in dem alte Volkssängertradition gepflegt wird.

Erstaunlich, wie viele junge Menschen dieses »Valentin-Musäum« besuchen und sich an den ausgestellten Kuriositäten ergötzen. Sie essen mit Lust eine Leber(n)spatz'lsuppe, trinken eine Radlermaß und versuchen, die vertrackten Valentinschen Gedankenkapriolen nachzuvollziehen.

Auch auf dem Viktualienmarkt sind die Volkssänger und Komiker der vergangenen Jahrzehnte, der Weiß Ferdl, der Roider Jakl, die Aulinger Elise und Ida Schumacher, die Ratschkathl, noch unter uns. Und natürlich Karl Valentin und Liesl Karlstadt. Von ihren Brunnensockeln herab blicken sie verschmitzt auf die Standlfrauen, die hier ihre Radi und ihre Schwammerl feilbieten, und deren Mundwerk an Schlagfertigkeit dem der Kabarettisten nicht nachsteht.

Hans Osel hat die Brunnenfigur der Liesl Karlstadt ganz wirklichkeitsnah gestaltet, volkstümlich wie sie war. Mit ihren klobigen Schuhen steht sie fest auf der Erde, die eine Hand nach Art der Marktfrauen in die Hüfte gestützt, die andere resolut erhoben. So möchten die Münchner ihre Liesl in Erinnerung behalten. Auf dem Brunnenrand liegen frische Blumen, nicht nur heute, selbst im Winter. In Bronzeschrift steht auf dem Sockel: »Münchner Bürger der Volksschauspielerin Liesl Karlstadt«.

Kammerspiele und Pfeffermühle

Therese Giehse
1898—1975

Was schreibt man über Therese Giehse, eine Frau, die von sich selbst behauptet »Ich hab nichts zum Sagen«? Die ihr Privatleben vor neugierigen Blicken abschirmte und Annäherungen harsch abwimmeln konnte? Eine Frau, die ihr Leben lang Rollen gespielt hat, sich selber aber keine Rolle zumißt?

Für die älteren Theaterenthusiasten, für alle, die sie einmal auf der Bühne der Münchner Kammerspiele oder des Zürcher Schauspielhauses erlebt haben, ist und bleibt sie »die Giehse«. Mit ihrem Namen verbinden sich Rollen, die sie so überzeugend verkörpert hat, daß man sich gar keine andere Interpretation vorstellen kann. Ihre verhaltenen und doch bestimmten Gesten, ihre beiläufig gemurmelten Sätze, ihr neugierig abschätzender Blick haften im Gedächtnis. Aber wie soll die jüngere Generation die Giehse kennenlernen? Film- und Fernsehreprisen sind selten, die Biographie von Monika Sperr ist vergriffen, der Kopf auf der 1-DM-Briefmarke, der meistgebrauchten immerhin, sagt den wenigsten etwas.

Dabei hat Therese Giehse immer, auch im Alter noch, ganz bewußt den Kontakt zu den Jungen gesucht und von ihnen eine Änderung erstarrter Gesellschaftsstrukturen erhofft. Als Berufsschüler sie nach einer Aufführung im Münchner Jugendtheater um Beistand im Kampf gegen bürokratische Schikanen baten, unterschrieb sie die Protestresolution mit »Therese Giehse, Lehrling, 75 Jahre alt«. Sie ist die Lernende, nie die Belehrende — und doch lernen

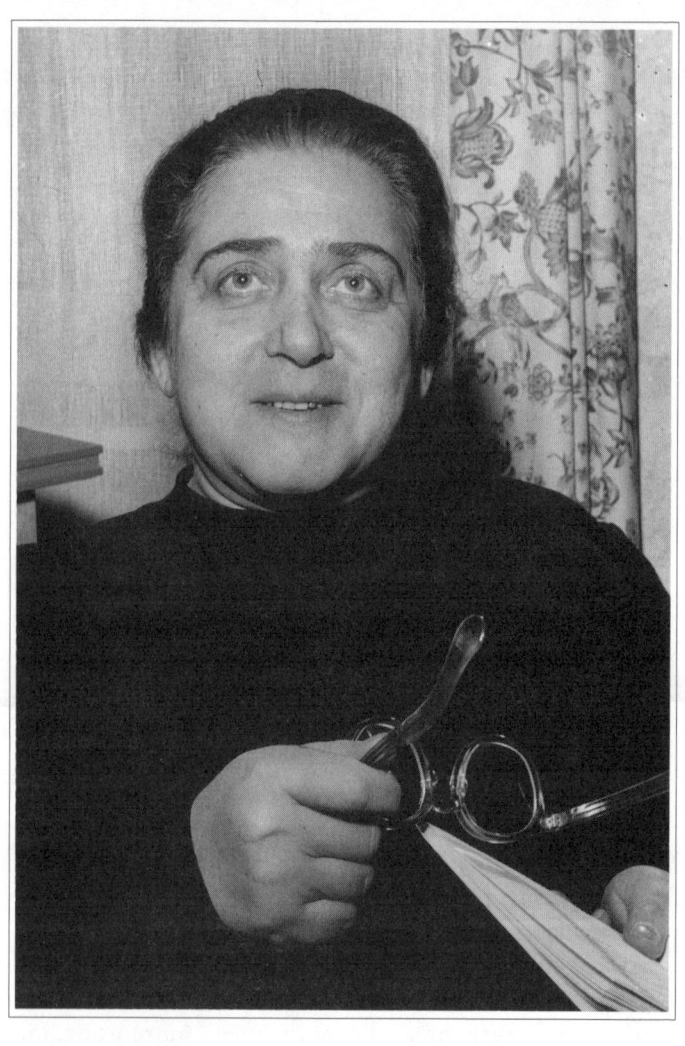

Therese Giehse

Autoren und Regisseure, mit denen sie zusammenarbeitet, viel von ihr, zum Beispiel, Figuren präzise zu beschreiben und mit knappsten Bewegungen zu gestalten; Gefühl und Pathos zurückzunehmen und doch blutleere, papierene Gestalten zu vermeiden; auch kleinste Rollen sorgfältig auszuarbeiten. Wenn der damalige Jungautor Martin Sperr von ihr behauptet, sie sei der letzte Elefant, so denkt er wohl weniger an ihr zerfurchtes, breitflächiges Altersgesicht als an ihre Sensibilität, die man auch den Dickhäutern nachsagt. Er liebt an der Giehse das Bayerisch-Bodenständige, das bei ihr nie zur aufgesetzten Folklore wird, und das sie sofort in seinem Stück *Jagdszenen aus Niederbayern* heimisch werden läßt.

Auch ein anderer junger Autor hat sich zu Beginn der siebziger Jahre von ihrer bayerischen Kopplung von Schroffheit und Herzlichkeit begeistern lassen: Franz Xaver Kroetz. In seinen Hörspielen *Bilanz* und *Die Wahl fürs Leben* tritt sie als alte Frau auf, und Kroetz könnte sich keine bessere Interpretin dieser Alterstragik und Alterslist wünschen: »Ohne etwas zu wissen und auch ohne etwas wissen zu wollen, was nicht im Text steht, verläßt sie sich auf die Worte, was dazu führt, daß man als Autor schon nach dem ersten Zuhören weiß, ob man etwas geschrieben hat, das in sich stimmt, oder ob man gepfuscht hat.« Ihn besticht ihr Sprachgefühl, das hohle und flache Texte sofort entlarvt, er lernt von ihr Rollendistanz, eine Figur »neben sich zu stellen«, und er schätzt ihre selbstsichere Bescheidenheit und ihre partnerschaftliche Arbeitsweise. Die Giehse, von den Jungen liebevoll »Thesi« genannt, wird Mentorin des ungestümen Nachwuchsautors. Den Schritt in die DKP, damals Kroetzens geistige Heimat, tut sie allerdings nie, sie hat sich zeitlebens vor Vereinnahmungen gescheut, sie bleibt Einzelgängerin, hält auch zum Publikum Distanz.

Besonders gern arbeitet sie in ihren letzten Jahren mit Peter Stein zusammen, dem jungen Regisseur der Berliner Schaubühne, dessen Gespür für die angemessene Darstellung einer Situation sie fasziniert. Wenn er auf der Bühne einen Stuhl verrückte, sagte sie bewundernd, so sei dies ein Ereignis, während andere eben nur einen Stuhl verrückten. Er hat mit ihr 1970 Maxim Gorkis *Mutter* in der Brechtschen Bühnenfassung inszeniert, da ist sie 72 und noch immer die Lernende, neugierig Experimentierende. Jede Geste wird sorgfältig erarbeitet, jede Handbewegung dutzendfach geprobt: Wie die Faust klobig den Blechlöffel umfaßt und zum Mund führt, wie die Hungrige gierig die Suppe in sich hineinschlürft, den letzten Rest aus dem Teller in den Löffel tropfen läßt, das ist eine Milieustudie, beredter als viele Worte. Die Giehse als Proletarierin und Mutter — eine Rolle, die sie so lebensnah gestaltet, daß man sie unwillkürlich auf ihre Biographie überträgt. Aber Therese Giehse ist weder Proletarierin noch Mutter, nur eine gute Schauspielerin.

Ihr Leben spielt sich auf der Bühne ab. Das andere, private, ist für sie eher störend und war es von Anfang an. Ihre Münchner Kindheit bringt sie auf den knappsten Nenner: »Ich war dick und rothaarig und hatt' den Herrn Jesus umgebracht.« Hinter diesem Satz steckt die ganze Grausamkeit einer kleinbürgerlich geschlossenen Gesellschaft, die den eigenen, eng abgesteckten Lebensraum zum einzig geduldeten macht und ein Kind zum Sündenbock für ein ganzes Volk, eine ganze Rasse stempelt. Antisemitismus als Ausgrenzung des Fremden aus dem Alltag, aber auch als Schuldzuweisung, lange bevor der Nationalsozialismus die Deutschen in Arier und Nichtarier trennt.

Therese Giehse denkt ungern an ihre Kinderzeit zurück, an die vier Jahre in der Volksschule am St.-Anna-Platz, an die Kerschensteiner-Schule in Schwabing. Sie galt als faule, verschlossene Schülerin und fand sich damit ab. Der Lehrstoff interessierte sie tatsächlich nicht, sie zog sich in ihre Balladenwelt zurück, deklamierte in ihrem Zimmer Schiller und Heine und lebte mit *Belsazar* und der Flammenschrift an der Wand. Ein Auditorium hatte sie nicht bei ihren Auftritten. In der Schule war sie Einzelgängerin, zu stolz, sich anzubiedern, wo sie sich nicht voll angenommen fühlte. Zu Hause blieb sie meist allein in der großen Wohnung in der Herzog-Rudolf-Straße. Die vier Geschwister waren alle viel älter und beschäftigten sich kaum mit ihr. Der herzkranke Vater, Textilkaufmann Salomon Gift, starb, als Therese dreizehn Jahre alt war, und ihr ältester Bruder Max mußte das Tuchgeschäft mit den »Seiden und Posamentierwaren en gros« weiterführen. Die Mutter war mit Geschäft und Haushalt voll ausgelastet und hatte wenig Zeit für die Jüngste, die Jahr für Jahr das Klassenziel nur knapp erreichte und froh war, als sie 1914 die verhaßte Schule endlich hinter sich lassen konnte.

An eine Berufsausbildung ist nicht zu denken, Therese muß im eigenen Textilgeschäft einspringen in diesem ersten Kriegsjahr. Bruder Max leistet als Vizefeldwebel im Bayerischen Armee-Bekleidungsdepot Dienst, und Bruder Siegfried kämpft an der Front. Für seinen tapferen militärischen Einsatz wird er mit einem vaterländischen Orden ausgezeichnet. Die patriotische Begeisterung durchzieht die ganze Nation, und viele der später verfolgten Juden fühlen sich als kaisertreue Deutsche.

Abends nach Geschäftsschluß sieht sich Therese voller Unternehmungslust in der Stadt um. Es ist eine Zeit der Experimente, der Krieg hat zwar viel zerstört, aber auch Verkrustungen gesprengt und Kräfte freigesetzt. Therese saugt wißbegierig alles Neue auf und macht sich ihren eigenen Reim auf Schlagworte wie Sozialismus oder Expressionismus. Sie entdeckt die Welt des Theaters, hört Namen, Shaw, Strindberg, Sternheim. Die Zeitungen berichten täglich von Theaterskandalen, einige der Provokateure leben in München: Frank Wedekind, Ernst Toller, Erich Mühsam.

Im Residenztheater macht ein Schauspieler von sich reden, der seine Rollen ohne theatralische Pose mit nüchterner Genauigkeit spielt: Albert Steinrück. Mit diesem Stil kann sich die theaterbegeisterte Therese identifizieren; so denkt sie, so fühlt sie, so möchte sie auch anderen ihre Gedanken und Gefühle weitervermitteln. Schauspielerin — plötzlich ist die Gewißheit da, die unumstößliche: Sie will Schauspielerin werden. Die Familie nimmt den Wunsch nicht sonderlich ernst. Eine Schauspielerin hat schön zu sein, knabenhaft schlank oder weiblich grazil — nichts von alledem bei Therese. Keine schmiegsamen Bewegungen, keine sanft anpassungsfähige Stimme, wie sollte sie eine jugendliche Naive spielen? Sie wird es nicht schaffen, davon sind alle überzeugt.

Aber sie schafft es. Sie fragt sich zu Albert Steinrück durch, um ihm vorzusprechen, und fällt ihm gleich mit ihrem Kummer ins Haus: »Ich weiß, ich bin zu dick, aber das Gretchen will ich ja gar nicht spielen.« Steinrück, der Menschenkenner, setzt sie nicht vor die Tür, sondern reicht sie an Toni Wittels-Stury weiter, eine von ihm hochgeschätzte Schauspielerin, die Eleven ausbildet. Therese muß sich nun doch mit der Gretchen-Rolle abmühen, die sie auf der Bühne nie spielen wird, die Lehrmeisterin verlangt ihr das ab, was sie nicht ohnehin aus ihrem Naturtalent heraus schafft. Eine harte, aber weise Methode, die Thereses Horizont weitet, ehe sie nach zwei Lehrjahren das erste Provinzengagement annehmen kann.

Die ältere Schwester Irma hat für Therese einen Künstlernamen erfunden, da der Familienname Gift einer Karriere hinderlich sein könnte. Langgezogen sollte er sein und zu Therese passen, so ist sie auf die doppelte Dehnung in Giehse gekommen. Daß mit dem Wechsel von Gift zum

Phantasienamen Giehse die jüdische Herkunft verwischt wird, ist in Theaterkreisen noch nicht von Bedeutung, niemand ahnt damals die spätere Entwicklung voraus.

Der Privatunterricht bei Toni Wittels-Stury ist nicht billig, Therese verdient sich das nötige Geld in einer amtlichen Stelle, die Kohlenkarten ausgibt. Im politisch unruhigen Nachkriegsmünchen sind Lebensmittel und Brennstoff rationiert, chaotische Zustände herrschen in der Stadt nach der Niederschlagung der Novemberrevolution und den Wirren der Räteregierung. Die goldenen Zwanzigerjahre lassen sich für die junge Schauspielerin, die auf der Suche nach einem Engagement ist, gar nicht golden an. Nach ihrem Debüt in München, im Januar 1920 in einer unscheinbaren Nebenrolle, versucht sie ihr Glück in Berlin, dem Theatermekka der Weimarer Republik. Sie klappert alle Agenturen ab, schläft in einer winzigen Kammer im Christlichen Hospiz und ergattert schließlich eine befristete Anstellung in Siegen in Westfalen.

Wie die meisten jungen Schauspieler damals hält sie sich mit Saisonverträgen in der Provinz über Wasser. Gleiwitz in Oberschlesien ist die nächste Station, Landshut folgt. Nach einem Zwischenspiel an der Bayerischen Landesbühne, mit der sie in allen möglichen und unmöglichen Rollen über Land tingelt, holt Paul Barney, der ein untrügliches Gespür für Talente hat, sie ans Breslauer Theater. Damit hat sie die erste Etappe der Ochsentour geschafft. Breslau gilt als Sprungbrett für die maßgeblichen Theater des deutschen Sprachraums. Erst über diesen Umweg faßt die Münchnerin in ihrer Heimatstadt Fuß. Das berufliche Heimischwerden in München ist mit einem großen Namen verbunden: Otto Falckenberg — und mit einer Bühne: den Münchner Kammerspielen.

Otto Falckenberg gehörte zu den »Elf Scharfrichtern«, dem renommiertesten Münchner Kabarett der Jahrhundertwende. Die elf Bohemiens und als zwölftes und einziges weibliches Mitglied die Diseuse Marya Delvard gaben im Café Stephanie, dem Treffpunkt der Münchner Boheme, Kabarettabende, bis sie im Gasthof Zum goldenen Hirschen in der Türkenstraße eine eigene Bleibe fanden. Sie verstanden sich als Richter über ihre Zeit und ihre Zeitgenossen und schockten das Publikum mit einem Henkerbeil, das in einem Totenschädel mit Zopfperücke steckte. Dem jungen Regisseur und Texter Falckenberg, hinter dessen Bürgerschreckpose sich romantischer Weltschmerz mit sprachlich-sinnlicher Experimentierlust verband, kam die Kabaretterfahrung bei seiner späteren Tätigkeit als Regisseur und Theaterdirektor zugute.

Im September 1926 eröffnet er die Kammerspiele im Schauspielhaus mit der Büchner-Inszenierung *Dantons Tod*. Büchner gilt als skandalträchtiger Anarchist, ihn als Auftakt in einem neuen Theater auf die Bühne zu bringen in dieser Stadt, in der Hitlers Gesinnungstreue sich schon überall formieren, ist eine Herausforderung. Falckenberg, das spürt die politisch wache junge Schauspielerin Giehse, könnte das Theater machen, das ihr vorschwebt: Theater, das nicht nur kulinarischen Genuß bietet, sondern Bewußtsein verändern will. Falckenberg setzt sie in dem Stück in einer Nebenrolle ein, sie hat noch keinen Namen, ist noch nicht »die Giehse«, aber sie weiß, daß sie hier am richtigen Platz ist.

Die Kammerspiele werden Therese Giehse und vielen ihrer Kollegen zur künstlerischen Heimat. Hier sind Shakespeare und Schiller plötzlich zeitgemäße Autoren, hier wird das Publikum mit Brecht und Wedekind konfrontiert. Im Parkett sitzen nicht mehr nur, wie in den alten Schwabinger Kammerspielen, die Gleichgesinnten, hier in der Maximilianstraße strömen auch die etablierten und scheinetablierten Theaterbesucher zusammen — mitten unter ihnen die neue Hautevolee der Nationalsozialistischen Arbeiterpartei, die die Damen mit Handkuß begrüßt. Noch weiß man nicht genau, ob man Adolf Hitler, den Agitator aus dem Hofbräuhaus, der ab und zu in den vorderen Reihen sitzt und Schauspielerinnen mit Blumen beehrt, richtig ernst nehmen soll. Sein Buch *Mein Kampf*, das er nach dem Putschversuch 1923 in der Festungshaft geschrieben hat, und die darin enthaltenen antijüdischen Parolen kennt kaum einer.

Vor diesem Hintergrund mutet die Hofierung der Schauspielerin Therese Giehse durch die Parteigrößen wie eine tragikomische Farce an. Hitler nennt sie »eine völkische Künstlerin, wie man sie nur in Deutschland findet«, und der *Völkische Beobachter* stellt mit Genugtuung fest: »Endlich ein deutsches Weib in diesem verjudeten Haus«. Niemand kommt auf die Idee, die rotblonde resolute Charakterdarstellerin könnte nicht reinarischen Blutes sein. Selbst als ihre Herkunft als Tochter des jüdischen Posamentierwarenkaufmanns Salomon Gift bekannt wird, sind die Herren nach dem Motto »Wer Jude ist, bestimme ich« bereit, sie weiter zu halten, und bieten ihr Saalschutz vor den eigenen SA-Ordnungskräften an. Die Giehse verzichtet. Ihre Abneigung gegen Marschkolonnen und Parteiparolen und wohl auch ihr vorausahnender politischer Instinkt machen sie immun gegen Anbiederungsversuche.

Die Kammerspiele entwickeln sich unter Falckenberg zu einer der interessantesten jungen deutschen Bühnen. Er schafft es, die eigenwillige, exaltierte Schar der Mimen zu einem festen, aufeinander eingespielten Ensemble zusammenzuschweißen. Die vielen Erst- und Uraufführungen setzen eine hohe Arbeitsdisziplin und Belastbarkeit der Schauspieler voraus, das Repertoire besteht aus klassischen Rebellenstücken und Avantgarde, dazwischen werden als Kassenfüller auch Schwänke und Boulevardstücke gespielt. Die

Giehse kann sich überall behaupten, sie entwickelt sich mehr und mehr zur beliebten Volksschauspielerin. Ganz in ihrem Sinne machen die Kammerspiele aktuelles Theater und greifen Alltagsprobleme auf. Im Stück *Cyankali* des engagierten Schriftstellerarztes Friedrich Wolf geht es — 1930 — um die Abschaffung des § 218, eine Thematik, die heute noch Bühnenstoff und Gerichtsrealität abgibt. Das Bühnenstück *Ehe* von Alfred Döblin — auch er ein schreibender und praktizierender Arzt — wird von der Zensur verboten, und es bleibt nicht das einzige.

Ein besonderer Publikumserfolg wird Bruno Franks *Sturm im Wasserglas*, eine Erstaufführung mit aktuellem Bezug, hatten die Münchner doch gerade mit all ihren Vierbeinern lautstarken Protest gegen die Hundesteuer eingelegt. Der Hundehalterin Frau Vogl, von Therese Giehse mit Humor verkörpert, schlägt die ganze Gunst der Zuschauer entgegen, und die Idee, Hundebesitzer mit ihren Lieblingen über die Bühne stolzieren zu lassen, erweist sich als zugkräftige Reklame für die Kammerspiele.

Bald aber geht es um mehr als einen Sturm im Wasserglas. Die politische Lage in München und im ganzen Reich spitzt sich zu, die Kammerspiele verlieren ihren großzügigen Mäzen, einen jüdischen Bankier, und gehen im Oktober 1932 mit einem Schuldenberg von einer halben Million in Konkurs. Das Heer der Arbeitslosen erweitert sich um ein Häuflein Schauspieler, denen schon in der Saison davor die Gagen nicht mehr voll ausbezahlt werden konnten.

Für die Giehse bedeutet der Abschied von den Kammerspielen einen schmerzlichen Einschnitt, aber keinen Zusammenbruch. Sie hat immer schon bescheiden gelebt, an ihrem Alltag, ihrem gemeinsamen Leben mit ihrer Mutter und ihrer Schwester Irma ändert sich nichts. Sie führt ihren englischen Rassehund Daisy, ihr einziges »Luxusstück«, mit dem sie auf der Bühne manchen Sonderapplaus geerntet hat, weiter von ihrer Wohnung in der Herzog-Rudolf-Straße zum Englischen Garten und denkt über ein Kabarett nach, das sie mit Klaus und Erika Mann gemeinsam aufbauen will.

Therese Giehse ist mit ihrem trockenen Sarkasmus, ihrer treffend knappen Charakterisierung von Menschen und ihrer glaubwürdigen Verkörperung der »Frau aus dem Volk« wie geschaffen für die Brettl-Bühne und für die Pläne Erika Manns, in München ein literarisch-politisches Kabarett zu gründen, läßt sie sich sofort begeistern. Die beiden Mann-Sprößlinge Klaus und Erika hatten schon in ihrer Jugendzeit Bürgerschreck gespielt, um die Aufmerksamkeit auf sich zu lenken, die ihnen neben dem berühmten Vater nie zuteil wurde. Die Mann-Familie gehörte zu den angesehensten Kreisen der Stadt, Mutter Katia war eine geborene Pringsheim und brachte das gesellschaftliche Renommee ein, Vater Thomas 1929 den Nobelpreis für Literatur. Man bewohnte eine großbürgerliche Villa in Bogenhausen, und für die Kinder war es fast unmöglich, sich in München eigenständig zu profilieren. Erika, selbst ohne schriftstellerische Ambitionen, litt darunter weniger als ihr Bruder Klaus, der mit seiner hohen literarischen Begabung doch immer nur am Vater gemessen wurde.

Therese Giehse, ein Jahrzehnt älter, war den beiden »enfants terribles« der Münchner Szene seit langem eine verständige, mütterliche Freundin, Klaus widmete ihr später seinen umstrittenen *Mephisto*-Roman, ein verschlüsseltes Porträt des Schauspielers Gustaf Gründgens. Als das Kabarett-Projekt Ende 1932 Kontur annimmt, fehlt nur noch ein zugkräftiger Name. Thomas Mann steuert ihn bei, indem er bei einem abendlichen Tischgespräch seiner Tochter wortlos die Pfeffermühle unter die Nase hält.

Am 1. Januar 1933, einen Monat vor Hitlers Machtergreifung, feiert die »Pfeffermühle« ihre Premiere in der »Bonbonniere«, nur hundert Schritt vom Hofbräuhaus entfernt. Die scharfen Pfeile gegen die Nationalsozialisten sind in einem bunten Brettl-Programm gut versteckt zwischen Kraftfahrer-Angstträumen und der Alltagsphilosophie einer Blumenfrau am Viktualienmarkt. Der Musiker Magnus Henning untermalt die subversiven Texte mit sanftem Sound, und die Giehse zeigt sich als routinierte Diseuse, so, als ob sie immer schon auf einer Brettl-Bühne gestanden hätte. Im Publikum sitzen Thomas und Katia Mann und Otto Falckenberg und applaudieren. Die kleine Bonbonniere ist dem Zustrom von Kabarettfreunden und Neugierigen bald nicht mehr gewachsen, ein Umzug in den geräumigeren Saal der Gaststätte Serenissimus am Siegestor wird notwendig.

Es ist nicht der letzte Umzug der erfolgreichen Pfeffermühle. Was folgt, war eigentlich längst vorauszusehen: Denunziation. Die Giehse wird vorgewarnt und verläßt München am 13. März 1933 mit kleinem Handgepäck Richtung Schweiz, wie unzählige Emigranten vor und nach ihr. In Arosa trifft sie zwei Tage später mit den Manns zusammen, Pläne werden geschmiedet, mit der Pfeffermühle soll es in Zürich, dem Sammelbecken der deutschen Exilanten, weitergehen.

Im Herbst 1933 tritt das kleine Ensemble zum ersten Mal im *Hirschen* im Zürcher Niederdorf auf. Um eine Spiellizenz zu bekommen für ein literarisches Kabarett, mußten drei Schweizer Kabarettisten dazuengagiert werden. Trotz dieser helvetischen Abfederung gerät gleich die erste Aufführung zum Skandal. Die deutsche Botschaft in Bern setzt die Regierung unter Druck, die »Frontisten«, organisierte schweizerische Faschisten, sorgen allabendlich für Saalschlachten und Straßenkrawalle, Gastwirte bangen um ihr Mobiliar und ihren Ruf, der Zürcher Kantonsrat erläßt schließlich eine »Lex Pfeffermühle«, verbunden mit einem

Auftrittsverbot im Kanton Zürich. In anderen Regionen der Schweiz geht es der Pfeffermühle ähnlich, für die Deutschen sind die Kabarettisten Nestbeschmutzer, für die Schweizer fremde Aufwiegler, die sich nicht an die Landesgesetze halten.

Emigranten ist im Gastland jede politische Tätigkeit untersagt, auf der Bühne fallen deshalb keine Namen, und die Giehse verpackt ihre Botschaften ganz harmlos in das Märchen vom Fischer und siner Fru. Doch die Zuschauer verstehen die Chiffren, der Beifall provoziert die Nationalsozialisten, wo immer die Pfeffermühle auf ihren Tourneen hinkommt, in die Tschechoslowakei, nach Holland, Belgien oder Luxemburg. Erika Mann erinnert sich später an diese Auftritte: »Unleugbar standen wir ›im Einsatz‹, allen voran die Giehse. Denn während der Zündstoff von mir kam (etwa 85 Prozent der Texte lieferte ich, zu etwa 10 Prozent war Klaus vertreten, und das Restchen entstand am Rande), war doch besonders sie es, die zündete ... Wer Zeuge ihrer Darbietungen war in jener Zeit, dem läuft es — dies ist dutzendfach erwiesen — noch heute kalt und heiß den Rücken hinunter.«

1034 Vorstellungen alles in allem, jede einzelne spannend, wenn auch nicht überall von Stinkraketen, Trillerpfeifen und Bombendrohungen begleitet wie in Zürich. Nur die Amerikatournee im Januar 1937 wird ein Reinfall. Den Amerikanern fehlen Verständnis und Voraussetzungen für politisches Kabarett, kein Funke springt über, die Giehse fährt nach fünf Wochen enttäuscht nach Europa zurück. Das Ende der Pfeffermühle hätte sie sich würdiger vorgestellt.

Bei der Ankunft in Cherbourg findet sie ein Telegramm aus Zürich vor: Der Intendant Ferdinand Rieser engagiert sie ans Zürcher Schauspielhaus. Sie überlegt nicht lange, auch wenn die Gage gering ist. Die Chance, in dieses hochkarätige Ensemble, das zumeist aus deutschen Emigranten besteht, aufgenommen zu werden, wiegt schlechte Arbeitsbedingungen auf. Sie spielt sich in rascher Folge quer durch das gesamte Repertoire der gängigen Bühnenstücke, und sie zieht aus jeder Rolle Gewinn, besonders wenn sie mit Regisseuren wie Leopold Lindtberg, Wolfgang Heinz, Leonard Steckel oder Wolfgang Langhoff zusammenarbeiten kann.

1939 gelingt es Therese Giehse, mit Unterstützung einer reichen Zürcher Theaterliebhaberin, ihre Schwester Irma und auch ihren geliebten Hund Daisy aus München in die Schweiz zu holen. Die Hilfsbereitschaft der Schweizer Bevölkerung macht den Emigranten die Schwerfälligkeit der Bürokratie und die Ängstlichkeit der Behörden erträglicher. Sie müssen ständig um ihre Arbeitserlaubnis bangen und sitzen auf gepackten Koffern zur Abreise bereit — wohin weiß niemand —, falls Hitler in die Schweiz einfällt mit seinen Truppen.

Deutschland hat 1933 allen Emigranten die Staatsangehörigkeit aberkannt, weil sie durch ihr Verhalten »die Pflicht zur Treue gegen Reich und Volk verletzt haben«. Sie sind staatenlos, rechtlos, vogelfrei, der Willkür des jeweiligen Gastlandes ausgeliefert. Therese Giehse befindet sich den anderen gegenüber in einer privilegierten Lage, sie ist im Besitz eines britischen Passes. Im Mai 1936 hat sie auf einem englischen Standesamt den Schriftsteller John Hampson geheiratet, einen selbstlosen, liebenswürdigen, etwas spleenigen Gentleman, mit dem sie nie länger als einige Urlaubswochen zusammengelebt hat, dem sie aber bis zu dessen Tod im Jahre 1955 in dankbarer Freundschaft verbunden bleibt.

Die Zeit der Zürcher Emigration bringt für Therese Giehse berufliche Höhepunkte, die ihr mehr bedeuten als privates Glück. Ihr Leben spielt sich auf der Bühne ab, in der Ausgestaltung interessanter Rollen, in der gemeinsamen Erarbeitung eines Stoffes mit Regisseuren oder Autoren. Einer dieser Höhepunkte ist die Uraufführung von Brechts *Mutter Courage* am 19. 4. 1941. Brecht hat das Stück aus der Emigration nach Zürich geschickt und Leopold Lindtberg hat es, mit der Giehse in der Titelrolle, sofort inszeniert. Obwohl die Kritik von »shakespearscher Größe« spricht, wird das Stück kein Kassenerfolg. Wie die Landstörzerin Courage ihren Marketenderkarren über die Schlachtfelder des Dreißigjährigen Krieges zieht, ihre Kinder verliert, ihren Besitz, und doch weiter an den Krieg glaubt, das ist den Schweizern zu makaber, sie bevorzugen Aufbauenderes in dieser düsteren Zeit.

Für die Giehse aber bleibt die Brechtsche Sprache, bleiben seine holzschnittartigen und doch subtil agierenden Bühnenfiguren eine Offenbarung. 1950, fünf Jahre nach Kriegsende, spielt sie die Courage noch einmal unter Bert Brechts Regie an den Münchner Kammerspielen. Unbeirrt von den politischen Protesten arbeitet sie mit ihm am Text und auf der Probenbühne. Es gibt für sie keine »fertigen« Rollen, keine endgültige Festlegung, ständig probiert sie neue Einfälle aus.

Ihre Lieblingsrolle — neben der Courage — ist Gorkis *Wassa Schelesnowa*, die sie 1947 zum ersten Mal spielt. Zwei Jahre darauf holt sie Brecht mit dieser Rolle in sein neu gegründetes Berliner Ensemble, und sie pendelt regelmäßig zwischen Zürich, Berlin und München. Auf die Dauer ist das nicht durchzuhalten, trotz der uneingeschränkten Bewunderung für Brecht endet die Mitarbeit im Berliner Ensemble nach drei Jahren.

Ihren Zürcher Wohnsitz will sie nicht aufgeben, zuviel Erinnerung bindet sie an die schweren, aber ungemein lebendigen Jahre der Emigration und an die verschworene Gemeinschaft der Schicksalsgenossen, die bis in die Wirtschaftswunderjahre hinein hält, genauso wie die Verbindung mit dem Dramatiker Friedrich Dürrenmatt. Dessen späteres Erfolgsstück *Der Besuch der alten Dame* wird 1956 in Zürich uraufgeführt, mit der Giehse als Claire Zachanassian: hintergründig ironisch und mit grausam kühler Berechnung. In den Dürrenmatt-Rollen ohne Glattschliff findet die Giehse sich, ähnlich wie in den Brechtschen, sofort zurecht. Als Ottilie in *Frank V.*, als Gemüsefrau in *Es steht geschrieben*, schließlich als bucklige Oberärztin Mathilde von Zahnd in *Die Physiker*, eine Rolle, die Dürrenmatt für die Giehse umgeschrieben hat. Er ist beeindruckt von ihrer Gabe, komplizierteste psychologische Vorgänge mit einfachen Mitteln nachvollziehbar zu machen.

In München wird Therese Giehse erst in den fünfziger Jahren wieder richtig seßhaft. Seit dem Tod ihrer Schwester Irma lebt sie allein. In ihrer Wohnung in der Wurzerstraße pflegt sie kaum nachbarschaftliche Kontakte. Sie ist froh über diese Anonymität, die sie trotz ihrer Film- und Fernsehauftritte wahren kann. Ihre Kontaktscheu prägt sich im Alter noch stärker aus. Sie quält sich mit der Frage, wie viele Menschen ihrer Umgebung wohl von strammen Parteigängern Hitlers zu neuen Demokraten mit vergeßlichem Gedächtnis geworden sind. In dieser Stadt, in der ihr so vieles vertraut ist, lebt sie doch fast wie eine Fremde.

In den Kammerspielen, die kurz vor Kriegsende noch ausbrannten, geht die Nachkriegsarbeit unter Hans Schweikart weiter, einem Kollegen aus dem alten Falckenbergensemble, der ihr die Rückkehr nach München erleichtert hat und dem sie vertraut. Fast nahtlos fügen sich die Aufführungen denen aus der Vorkriegszeit an, aber die Kammerspiele bieten ihr auch Neues, die Bekanntschaft mit der Ingolstädter Dichterin Marieluise Fleißer etwa, die Brecht zu den Courage-Proben mitbringt und deren Stück *Der starke Stamm* hier uraufgeführt wird. Therese Giehse spielt in den fünfziger und sechziger Jahren an ihrer »Hausbühne« unter Heinz Hilpert und August Everding, unter Rudolf Noelte und Peter Lühr, sie tritt in Gastspielen auf und in Film- und Fernsehrollen, aber nichts befriedigt sie mehr richtig, nichts kommt an Brecht heran. Sie ist theatermüde, medienmüde.

Erst in der unruhigen 68er Zeit, die auch das Theater verändert und Alternativbühnen entstehen läßt, lebt sie wieder auf und setzt ihre Hoffnung auf die jungen Theaterautoren und auf Peter Stein als Regisseur, der ihr im neuen Berliner Schaubühnen-Kollektiv die Rolle der Mutter in Gorkis gleichnamigem Stück anbietet. Sie spielt sich noch einmal jung und wird von den Jungen, die ihren siebzigsten Geburtstag gegen ihren Willen zu einem öffentlichen Fest machen, gefeiert. Diesen Elan nimmt sie nach München mit. Über ihre letzte große Rolle an den Kammerspielen, die Kinderfrau Marina in Tschechows *Onkel Wanja*, schreibt die Süddeutsche Zeitung am 30. 8. 1972: »Therese Giehse beschreibt mit wunderbar spartanischen Mitteln dies beschränkte Lebensglück: sie ist der einzige Mensch auf der Bühne, der noch nicht gealtert, noch nicht verwittert ist...« — Die Giehse: altersweise zwar, aber nicht alt.

Ihre Karriere schließt sie — wie könnte es anders sein — mit einer Brecht-Huldigung ab. Mit Bedacht hat sie die Texte ausgewählt, die sie auf der Bühne liest oder, von Peter Fischer auf einem »Gitarrenklavier« begleitet, singt. So läßt sich wieder ein Bogen zu ihrer Pfeffermühlenzeit und ihren Auftritten als Diseuse schlagen.

Sie reist mit ihrem Brecht-Abend, dem schon zwei ähnlich konzipierte vorausgegangen sind, nach Hamburg und Zürich, nach Paris und Berlin. Hier wird das Zusammentreffen mit den jungen Leuten im Berliner Ensemble für sie zum größten Erlebnis.

Die Giehse liest Brecht fragend, hinterfragend, nachdenklich, auf einer schmucklosen Bühne in schmuckloser Aufmachung. Nur das Brechtsche Wort soll wirken — noch über ihren Tod hinaus. Sie stirbt am 3. März 1975 im Münchner Rotkreuzkrankenhaus an einem Nierenversagen, kurz vor ihrem 77. Geburtstag.

Ihren letzten Brecht-Abend hat sie mit dem kleinen Brecht-Gedicht geschlossen, das ihre Verbundenheit mit dem Dichter und ihr eigenes bescheidenes und doch anspruchsvolles Lebenskonzept aufzeigt:

> »Ich benötige keinen Grabstein, aber
> Wenn ihr einen für mich benötigt
> Wünschte ich, es stünde darauf:
> Er hat Vorschläge gemacht. Wir
> Haben sie angenommen.
> Durch eine solche Inschrift wären
> Wir alle geehrt.«

Drei Generationen in der Manege

Frieda Sembach-Krone
1915–1995

»Zirkus« ist eine Zaubervokabel. Sie weckt Sehnsüchte, Jugendträume von Manegenglanz und Mutproben auf dem Hochseil oder im Raubtierkäfig. Einmal als Zirkusprinzessin auf einem Schimmel durch die Arena reiten, davon träumte Franziska zu Reventlow — und nicht nur sie. Der Zirkus, im Zeitalter von Kino und Fernsehen oft totgesagt, hat seine Anziehungskraft behalten. Noch immer gibt es Jugendliche, die das Abenteuer lockt, mit dem fahrenden Volk, mit Schaustellern und Zirkustruppen durchs Land zu ziehen. Noch immer finden sich genug Prominente, die als »Stars in der Manege« an einem Zirkusabend ihren Kindheitswunsch wahrmachen und als Kunstreiter, Feuerschlucker, Jongleur oder Clown den Applaus im Rampenlicht genießen.

Die Zirkusleute sehen ihr Leben weniger romantikverklärt. Ihr Alltag ist hart, das tägliche Training unerbittlich, der Nervenkitzel der Zuschauer ist für sie Nervenverschleiß. Jugend und Hochleistungsform sind schnell dahin, das Nomadendasein bedingt Verzicht und ständige Unruhe, der Erfolg ist mit mühseliger Probenarbeit erkauft, niemand weiß das besser als die Seniorchefin des Circus Krone, die heute noch das Stammhaus in München verwaltet. Sie könnte sich ein bequemeres Leben leisten, könnte sich zufrieden zur Ruhe setzen, aber das liegt ihr fern. »Mein Platz in der Welt ist der Zirkus — ich wünsche mir dort zu bleiben, so lange es geht«, sagt sie in einem Interview. Und sie beteuert, daß sie sich einen anderen Beruf als den ihren

Frieda Sembach-Krone

nie vorstellen könnte, trotz aller Mühsal und aller Unwägbarkeiten, von denen der hochgestimmte Zirkusbesucher nichts merkt.

Das Programmheft zeigt die Höhepunkte, reiht die Sensationen auf in Hochglanzbildern. Die Rückseite bleibt unbelichtet, das Publikum wünscht es so. Es möchte unterhalten werden, sich freuen, für einen Abend die eigenen Sorgen vergessen.

Die Rückseiten muß man sich bei den Künstlern und Schriftstellern zusammenholen, den sensiblen Liebhabern der Zirkuswelt. Sie scheinen in den Manegenbildern Toulouse-Lautrecs auf, in den Artistenporträts Picassos und in Carl Zuckmayers Seiltänzerstück *Katharina Knie*. Kafka hält in seiner Skizze *Auf der Galerie* die beiden Seiten des Zirkuslebens in eindrücklicher Weise fest. Für die Besucher sichtbar, die »schöne Kunstreiterin«, die »hereinfliegt, zwischen den Vorhängen, welche die stolzen Livrierten vor ihr öffnen«, die, vom Direktor auf den Apfelschimmel gehoben, ihre waghalsigen Nummern reitet, den Salto mortale glücklich vollführt, schließlich »hoch auf den Fußspitzen, vom Staub umweht, mit ausgebreiteten Armen, zurückgelehntem Köpfchen ihr Glück mit dem ganzen Zirkus teilen will«. Dahinter die zweite Realität, dem Zuschauer verborgen, im Kopf des von Kafka beschriebenen mitleidenden Galeriebesuchers um so heftiger gegenwärtig, eine »hinfällige, lungensüchtige Kunstreiterin«, die ihre Manegenrunden auf schwankendem Pferd dreht vor einem unermüdlichen Publikum, »begleitet vom vergehenden und neu anschwellenden Beifallsklatschen der Hände, die eigentlich Dampfhämmer sind«.

Zirkus ist Schaugeschäft, abhängig von der Gunst der Menge, deren Beifall auch gnadenlos sein kann, angetrieben von »Händen, die eigentlich Dampfhämmer sind«. Leistung, hochgejubelt bis zur Erschöpfung. Frieda Sem-

bach-Krone kennt dieses Gefühl des Verausgabens, den An-
sporn des Publikums, der die Artisten Abend für Abend an
die Grenzen der eigenen Kräfte treibt — und oft genug darüber hinaus. Sie stand jahrzehntelang selbst in der Manege
mit ihren Pferde- und Elefantendressuren. Beschwingt und
leicht wirkte ihr Auftreten, mit Präzision folgte Nummer
auf Nummer, Anstrengung wurde weggelächelt, von der
vibrierenden Konzentration merkten die Zuschauer nichts.
Hinterher ein entspanntes Sich-Fallenlassen, aber am nächsten Tag wieder neue Anspannung, Ungewißheit, ob alles klappen wird. Ein Verschleißberuf, der kein Durchhän-
gen erlaubt, keine tariflich festgelegten Arbeitszeiten garantiert — und doch: Wer Zirkusblut in den Adern hat, kann
davon nicht lassen, wer zum fahrenden Volk gehört, bleibt
dabei.

Die Sembach-Krones gehören nun in der vierten Generation dazu, und sie sind stolz darauf. Der Circus Krone
schreibt sich denn auch traditionsbewußt mit C, nicht wie
im Duden vorgeschrieben mit Z. Angefangen hat alles in
den siebziger Jahren des vorigen Jahrhunderts mit der »Menagerie Continental« des Großvaters Carl Krone. Zwei
Braunbären und zwei Wölfe gehören zum Bestand, später
kommen Affen, eine Hyäne, ein Lama und — auf Ratenzah-
lung — ein Löwe dazu. Carl Krone zieht mit seinen Wagen
und seiner Familie von Jahrmarkt zu Jahrmarkt und bietet
Sensationen an: eine Wolfsnummer, bei der der vierjährige
Sohn »lebende Barriere« spielt, und eine Bärendressur des älteren Sohnes Fritz, die tragisch endet. Einer der Bären fällt
den Jungen im engen Käfigwagen an und tötet ihn. Schau-
stellerschicksal. Unfälle auf Jahrmärkten waren früher
nicht selten, man konnte sich keine Sicherung leisten, die
Tiere lebten viel zu eng aufeinander. Auch die Menschen.
Frieda Sembach-Krone weiß, wie privilegiert sie heute in ihrem Salonwagen wohnt, wenn sie sich mit ihrer Großmut-

ter Friederike vergleicht, die aus der Schaustellerfamilie der Philadelphias stammte und auf engstem Raum fünf Kinder und die ganzen Tiere zu versorgen hatte.

Aber die Großeltern haben sich herausgearbeitet aus der Misere. Sie konnten sich später sogar einen Elefanten leisten und vier junge Löwen, die Carl junior anvertraut wurden, dem »jüngsten Dompteur der Welt«. Die Löwendressur ließ sich gut an. Daß Monsieur Charles, wie sich Carl junior nun nannte, einem der Löwen beibrachte, auf einem Pferd zu reiten, war die Jahrmarktssensation der Jahrhundertwende. Das Geschäft blühte. Riesenschlangen, Krokodile und Eisbären wurden dazugekauft, Zelt und Drehorgel angeschafft, Monsieur Charles Dressurkünste sprachen sich herum.

Der Erfolg macht ihm Mut, er beginnt, von einem eigenen Zirkus zu träumen. Als er zwei Jahre nach dem Tod des Vaters, 1902, die Schaustellertochter Ida Ahlers heiratet, kommt er seinem Traum ein gutes Stück näher. Ida, erfahren im Schaugewerbe, übernimmt die Löwendressur. Die ständig wachsende Menagerie soll auf dem Oktoberfest gezeigt werden, so steuern die beiden München an. Es ist nach der Mittagspausen-Hochzeit in Koblenz und dem Tingeln durch Provinzstädte der erste längere Aufenthalt, die Flitterwochen werden hier nachgeholt, eigentlich sind es nur Flitterstunden, denn tagsüber wird hart gearbeitet. Das Unternehmen heißt nun »Dompteur Charles weltberühmte Menagerie«, und aus Ida ist »Miß Charles« geworden, angekündigt als »junge schlanke Blondine, inmitten der hemmungslosen Wildheit von 24 Berberlöwen«. Die Münchner sind ein begeistertes Publikum, Carl und Ida fühlen sich hier wohl.

Nach der Abendvorstellung sitzen sie beim Annast im Hofgarten und träumen gemeinsam ihren Zirkustraum: im Sommer mit einem großen Zelt unterwegs und im Winter ein festes Quartier in München, der Stadt, die ihnen gefällt wie keine zweite.

An diesen Abenden fängt eigentlich die Geschichte des Circus Krone in München an. Offiziell allerdings gibt es ein anderes Gründungsdatum. Es ist der 28. Mai 1905, der Tag, an dem der »Circus Charles« in einem neuen großen Viermastzelt mit angegliedertem Zoo in Bremen gastiert. Das eigene Zelt, das ist in den Augen des unternehmungsfreudigen Paares der entscheidende Markstein. Von nun an häufen sich die Erfolge, eine Tournee durch Dänemark, Ausweitung der Menagerie und des Artistenstammes, Gastspiele in ganz Deutschland und wieder eine Sensation: die ersten echten Indianer in Europa, aus Amerika herübergeholt und dem wildwestbegeisterten Publikum vorgeführt.

Zirkus ist international, sollte nach Monsieur Charles keine Grenzen, keine Rassen, keine Vorurteile kennen. Doch Zirkus ist nicht in einem Freiraum angesiedelt, läßt sich nicht gegen die politische Wirklichkeit abschotten, das bekommt Monsieur Charles auf der Frankreichtournee 1913 deutlich zu spüren. Europa treibt auf den Krieg zu, deutsche Artisten sind in Frankreich nicht mehr willkommen, Monsieur Charles nennt sich nun wieder Carl Krone und feiert in Wien Triumphe. Den Ausbruch des Weltkriegs erlebt der Circus Krone in Österreich. Die Lebensbedingungen für seine Leute und für die Tiere verschlechtern sich schlagartig. Wertvolle Pferde müssen im Schlachthof abgeliefert werden, Futterbeschaffung wird immer schwieriger, und mitten in diese Situation hinein wird am 15. April 1915 die Tochter Frieda geboren, »Friedchen«, wie die überglücklichen Eltern sie nennen. Nicht in einem Wohnwagen, sondern in der Wiener Universitätsklinik, die Mutter Ida ist bei der Geburt schon 36 Jahre alt, Friedchen wird das einzige Kind bleiben. Die Eintragung im Klinikregister muß Erstaunen erregt haben: Wann liegt schon auf einer Säuglingsstation das Kind einer Löwendompteuse und eines Zirkusdirektors?

Direktor Krone hat wenig Zeit, sich um seine Tochter zu kümmern, er muß den Rücktransport der traurigen Reste seiner Menagerie nach Deutschland organisieren. Es gelingt ihm unter großen Mühen, einen Sonderzug zu mieten. In Deutschland zieht die dezimierte Truppe von Ort zu Ort, auflösen will sie Carl Krone nicht, er fühlt sich für seine Leute verantwortlich, und er denkt in Familienkontinuität. Ist er es nicht seinem Vater und seinem Schwiegervater, Schaustellern, die sich kein seßhaftes Bürgerleben vorstellen konnten, schuldig, den Familienbetrieb auch unter Schwierigkeiten fortzuführen? Muß er nicht versuchen, die Zirkustradition an die nächste Generation weiterzugeben? Zwar hat er keinen Sohn, aber doch eine Tochter, die kräftig und energisch zu werden verspricht. Daß diese Tochter den Circus Krone später in der dritten Generation weiterführen wird, kann er noch nicht ahnen.

Erst einmal geht es ums Überleben in diesen Kriegsnotzeiten. Futterbeschaffung für Tiere wird schwierig, wenn Menschen hungern. Der berüchtigte Steckrübenwinter hinterläßt seine Spuren, so mancher Zirkus hat sein Zelt endgültig abgebaut. Der Circus Krone erlebt das Ende des Weltkriegs in Magdeburg. Die Wirren der Nachkriegszeit und die erschwerten, für Mensch und Tier fast unzumutbaren Reisebedingungen veranlassen das Ehepaar Krone, sich nach einem festen Standquartier umzusehen. Die beiden sind sich einig: München soll Stammsitz für ihren Zirkus werden. Auf dem Marsfeld, nicht sehr weit vom Hauptbahnhof entfernt, kann ein großes Gelände günstig erworben werden — Carl Krone bezahlt bar —, und in kürzester Zeit wird ein Holzbau errichtet, der 4000 Zuschauern Platz bietet. Schon am 10. Mai 1919 kann der Bau mit einer glanzvollen Premiere eröffnet werden, 27 Programmnum-

mern halten die Zuschauer in Atem, die letzte, ein Trapez-
akt an der »Todesschaukel« draußen im Freien, ist ein besonderer Nervenkitzel.

Frieda Sembach-Krone ist vier Jahre alt damals. Mit dieser Eröffnungsvorstellung setzt ihre bewußte Erinnerung
ein. Weniger an die Todesschaukel als an Puppchen, die
Araberstute, die sich zur Musik des damals populären Schla-
gers *Puppchen, du bist mein Augenstern* in der Manege bewegt. Frieda liebt Puppchen, aber ein nervöses Vollblut-
pferd ist nichts für eine Vierjährige, der Vater schenkt ihr
ein zahmes Pony, das sie selbst füttern und pflegen darf.

Eine andere Erinnerung aus dieser frühen Zeit: Auf einem Spaziergang findet Friedchen in einem Versteck drei
niedliche rosige Tierchen, packt sie in ihre Schürze und
läuft erwartungsvoll nach Hause, um den Schatz der Mutter zu zeigen. Diese ist entsetzt: Friedchen hat eine Brut
junger Ratten in der Schürze. — Das Kind lernt, daß es »er-
wünschte« und »unerwünschte« Tiere gibt, auch in einem
Zirkus. Und es lernt, daß sich hilflos aussehende Junge zu
gefährlichen Raubtieren entwickeln können.

Friedchen ist acht, als der Vater ihr drei verwaiste Tiger-
babies anvertraut. Tag und Nacht muß das Kind die Jungen
im Zweistundenrhythmus mit der Milchflasche füttern
und wächst so, früh und unmerklich, in die Verantwortung
für die kleinen Raubkatzen hinein. Da gibt es kein »heute
habe ich keine Lust« und kein »ich möchte lieber ein anderes Spielzeug«, aber auch kein Herzen und Knutschen, sondern zeitig eingeübte Wachsamkeit und Distanz.

Friedchen beobachtet sehr bewußt ihre Mutter, wenn diese mit den Löwen arbeitet. Der Vater steht dann, die Raubtiere im Blick, an der Tür, jeden Augenblick zum Einspringen bereit, wenn einer der Löwen die Mutter in der vergit-
terten Manege angreifen sollte. Ein alter Berberlöwe versucht's — die Dompteuse entkommt nur knapp seinen

mächtigen Pranken. Die Krones sind sich an diesem Abend einig: Die Löwendressur erfordert ungeteilten Einsatz, wer sich den Tieren nicht ganz widmen kann, gewinnt deren Vertrauen nicht voll und lebt gefährlich. Ida wird die Arbeit im Käfig einem jungen Dompteur überlassen. Zirkusleute, auch das bekommt die Tochter früh mit, sind zwar wagemutig und unerschrocken, aber sie sind keine Hasardeure, sie fordern die Gefahr nicht mutwillig heraus. Trotzdem kann etwas schiefgehen. Abends nach der Vorstellung, wenn die Anspannung sich löst, erzählen die Artisten und Dompteure von ihren Abenteuern, immer sind sie nur um Haaresbreite dem Tod entronnen, Frieda hört atemlos zu. Daß keiner die Arbeit im Zirkus freiwillig an den Nagel hängt bei all den Risiken, wundert sie gar nicht, sie selbst könnte sich ja auch kein anderes Leben vorstellen.

Sie ist stolz darauf, zu diesem Zirkus zu gehören, der überall mit Spannung erwartet wird. Sie ist dabei, wenn die Tiere am Güterbahnhof ausgeladen und durch die Stadt zum Zeltplatz geführt werden, wenn Neugierige den Straßenrand säumen und den exotischen Zug bestaunen, wenn das Acht-Masten-Zelt mit den drei Manegen aufgebaut wird. 10 000 Zuschauer faßt es, Krone ist damit zum führenden Zirkus in Europa geworden. Die Auslandstourneen bleiben Frieda besonders eindrücklich im Gedächtnis, vor allem Italien, vor allem Rom. Da gab es jene geheimnisvolle Mitternachtsvorstellung, von der die Zirkusleute immer noch erzählen: Ein schwarzmaskierter Unbekannter kauft sich eine ganze Zirkusaufführung, sitzt nachts um zwölf allein in dem riesigen Zuschauerzelt, läßt das Programm an sich vorüberziehen, applaudiert begeistert und verschwindet. Niemand hat je erfahren, wer der anonyme Zirkusbegeisterte war.

So gern Frieda auf Tournee geht, so gern kehrt sie im November ins Winterquartier zurück, nach München, in die

Stadt, die ihr unter allen die vertrauteste ist. Weihnachten, das ist Tradition, wird in München gefeiert. Und natürlich auch Hochzeit. Bevor es soweit ist, legt Carl Krone seinem künftigen Schwiegersohn — wie im Märchen — eine harte Probezeit auf. Ein Jahr lang darf er seine Auserwählte nicht sehen, nichts von ihr hören, damit beide ihre Gefühle prüfen können. Der Vater hatte schon seit geraumer Zeit beobachtet, wie häufig seine Tochter im leeren Zelt saß, wenn der junge Dompteur Carl Sembach, früher Raubtierlehrer in Rußland, mit den Tigern übte. Er hat nichts gegen den jungen Mann, aber er duldet kein Techtelmechtel. Frieda ist seine einzige Tochter, es kann ihm nicht gleichgültig sein, in wen sie sich verliebt, die Zukunft seines Circus hängt davon ab.

Der ausgesperrte Dompteur ist nicht weniger hartnäckig als der alte Direktor. Genau nach einem Jahr steht er wieder vor Carl Krone. Nun darf geheiratet werden. Aber nicht schnell in der Mittagspause, wie bei Carl und Ida Krone, sondern, wie es sich für einen renommierten Zirkus gehört, mit einer Fahrt in der sechsspännigen Brautkutsche zur Matthäuskirche. Die Münchner stehen am Weg Spalier, wenn sie schon kein Königshaus mehr haben, so doch »ihren« Zirkus. Carl Sembach fügt sich gut in den Betrieb ein, allerdings muß er die Tigerdressur auf Wunsch des Schwiegervaters mit Buchführungsarbeit im Kontor vertauschen, was ihm nicht leicht gefallen sein wird.

Ein knappes Jahr später kann schon wieder gefeiert werden. Frieda Sembach-Krone hat im Münchner Krankenhaus am Rotkreuzplatz eine Tochter zur Welt gebracht, Christel, die heutige Juniorchefin. Seit diesem 27. November 1936 existiert die Krone-Dynastie in der vierten Generation, und Carl Krone denkt weniger denn je daran aufzugeben, auch wenn die Konkurrenz hart ist. Elf große Zirkusunternehmen versuchen sich in Deutschland gegensei-

194

tig auszustechen, darunter so bekannte Namen wie Sarrasani, Busch, Althoff, Hagenbeck. Auch von der politischen Entwicklung bleibt der Circus nicht verschont.

Zirkusleute sind im allgemeinen an der Politik nicht interessiert, an einer nationalistischen schon gar nicht. Die bunt zusammengewürfelte Mannschaft möchte zusammenbleiben und zusammenarbeiten, ohne Rücksicht darauf, welche Länder gerade miteinander verfeindet sind und womöglich einen Krieg anzetteln. Als Hitler am 1. September 1939 Polen überfällt und damit das verhängnisvolle Datum für den Beginn des zweiten Weltkriegs setzt, ist es mit der Internationalität der Zirkustradition vorbei. Gastspiele im Ausland entfallen, Artisten und Arbeiter werden in ihren Heimatländern zum Kriegsdienst eingezogen, stehen sich vielleicht später an der Front als Feinde gegenüber. Der Kriegsalltag greift hart in das sensible Gefüge eines Zirkusbetriebs ein, auch wenn glanzvolle Galavorstellungen, wie die zum 70. Geburtstag Carl Krones am 21. Oktober 1940 in Breslau, die Einschränkungen für kurze Stunden vergessen machen. Das Reisen mit der Menagerie ist beschwerlich und auch gefährlich geworden. Tagelang stehen die Wagen auf Güterbahnhöfen, weil die Gleise für Truppen- und Waffentransporte freigehalten werden müssen. Bald setzen die ersten Bombenangriffe ein — ein Alptraum für die Krones. Was geschieht, wenn durch einen Granat- oder Bombentreffer die Raubtiere freikommen, in ihrer Panik Menschen anfallen?

Frieda Sembach-Krone antwortet auf die Frage, ob es in ihrem Leben Augenblicke der Angst gegeben habe: »In der Manege habe ich eigentlich nie Angst gehabt... Angst allerdings gab es im Krieg. Bei Bombenangriffen hatte ich wirklich Todesangst.« Der Familienrat beschließt, das Wagnis von Reisen nicht mehr einzugehen und nur noch im Münchner Stammhaus, dem traditionellen Winterquartier,

Vorstellungen zu geben. Gefährlich ist es auch hier. Im Winter 1942/43 wird fast jede Aufführung durch Fliegeralarm unterbrochen.

Im Sommer 1943 beschließt Carl Krone, doch noch einmal eine Reise nach Salzburg zu wagen. Seine Tochter Frieda und deren Mann Carl Sembach reisen voraus, um die Vorbereitungen zu überwachen, eine Fahrt, die die beiden nicht so schnell vergessen werden. Beim Aufziehen des Zeltes toben schwere Stürme im Salzkammergut, und der Wind verfängt sich in den eingerissenen Zeltbahnen. Am Güterbahnhof sind zwei junge Elefanten ausgebrochen. Frieda Sembach-Krone wundert sich, wie ungewohnt stoisch ihr Vater bei seiner Ankunft die Schreckensmeldungen aufnimmt. Abends bei der Premierenvorstellung steht er wie gewohnt am Circuseingang, klatscht anerkennend bei ihrer Elefantendressur — er hatte ihr ein Jahr zuvor seine Elefanten überlassen —, trinkt noch ein Glas Wein mit auf den Erfolg, legt sich in seinem Wagen zu Bett und wacht nicht mehr auf. Das angegriffene Herz hat die Anstrengung nicht verkraftet. Er wird, wie es der Zirkustradition entspricht, in der Manege aufgebahrt, damit die Salzburger von ihm Abschied nehmen können, und später nach München überführt. Auf dem Waldfriedhof geben ihm Tausende das letzte Geleit. Er war zur Symbolfigur geworden für den Traum vom freien, unbeschwerten Zirkusleben, dessen harte Spielregeln und Zwänge er selbst sehr genau kannte. Über seinem Grab im Krone-Familienmausoleum hält sein Lieblingselefant Assam, in Stein gehauen, die Totenwache.

Das Leben geht weiter. Der Circus spielt Abend für Abend trotz der vielen Luftangriffe. Einzelne Bilder hat Frieda Sembach-Krone immer wieder vor Augen: Wie sie in Köln inmitten ihrer Elefantenherde in der Manege steht und plötzlich der Strom ausfällt. Die Panik, die in der Dunkelheit entsteht. Nur ihre Dickhäuter bleiben ruhig und warten geduldig, bis das Licht wieder angeht.

Ein anderes Bild: Güterbahnhof Regensburg. Die drei Krone-Sonderzüge stehen auf den Verladegleisen abfahrbereit. Fliegeralarm kommt dazwischen, und plötzlich sind die Bomberverbände da, sie haben es auf die Messerschmitt-Flugzeugwerke abgesehen, die nur wenige hundert Meter vom Güterbahnhof entfernt liegen, ein prasselndes und pfeifendes Inferno, Einschläge rund um die Waggons, die, fast ein Wunder, unversehrt bleiben. Noch eine letzte Tournee nach Leipzig, dann ist es aus mit der geregelten Spielzeit. Die 26 Elefanten werden in Bad Reichenhall in einem alten Salzbergwerk unter Tage in Sicherheit gebracht. Der ganze Circus wird nach und nach evakuiert.

Die Großfamilie Krone samt der wenigen noch verbliebenen Mitarbeiter zieht sich auf das Familiengut in Weßling zurück, 15 Kilometer von München entfernt, aber die Aufführungen im Stammhaus am Marsfeld gehen weiter, und Frieda Sembach-Krone wundert sich, daß die Leute unter den immer schärferen Kriegseinschränkungen überhaupt noch den Mut haben, einen Zirkus zu besuchen. Die Idylle von Weßling mit den Kamelen, Watussirindern und Zebus auf den Pferdekoppeln trügt, die Zirkusrealität spielt sich im nahen München ab, wo die Krone-Feuerwehr fast jede Nacht im Einsatz ist. Gegen den Großangriff am 21. Dezember 1944 allerdings ist sie machtlos. In Minuten wird das in Jahrzehnten Aufgebaute zerstört. Bei einem weiteren Angriff kommen die letzten nicht evakuierten Tiere um.

Frieda Sembach-Krone kümmert sich um die traurigen Reste. Es gibt nicht viel zu retten vom Marsfeld-Gelände, dem stolzen Werk ihres Vaters. Circus und Wohnhaus sind ausgebrannt, der Wohnwagenpark ist fast völlig zerstört. Ein Wiederaufbau scheint ausgeschlossen, sie wird sich damit abfinden müssen. Aber irgendwo in ihr sitzt die verzweifelte Hoffnung, daß es einen Neuanfang geben muß. Ihr Vater, davon ist sie überzeugt, hätte sich von dem Chaos nicht entmutigen lassen. Er hätte die Ärmel hochgekrempelt und mit seinen wenigen Leuten angefangen, den Schutt beiseite zu räumen. Noch ist der Circus ja nicht völlig ausgelöscht, noch gibt es die Tiere draußen in Weßling, die kostbare Elefantenherde im Stollen von Bad Reichenhall.

Im Gutshaus von Weßling organisiert Frieda Sembach-Krone das Überleben. Sie fährt mit einem Pferdewagen täglich in die umliegenden Orte, um das Futter für die ausgehungerten Tiere zusammenzubetteln. Die Bauern sind freigiebig, da bettelt ja nicht irgendwer, sondern die Tochter vom alten Carl Krone. Frauen führen jetzt das Regiment in Weßling: Ida, die Mutter, die dreißigjährige Frieda und auch schon Tochter Christel mit ihren neun Jahren. Sie versorgen gemeinsam die Tiere, die Männer sind noch im Feld oder zum Volkssturm eingezogen.

Das Kriegsende ändert am Alltag in Weßling nicht viel, nur daß jetzt nachts das Brummen der Bombergeschwader über dem Gutshof nicht mehr zu hören ist. Daß eines Tages die Amerikaner da sind, nimmt man bei den Krones kaum zur Kenntnis, es gibt drängendere Probleme: Der Brunnen ist versiegt, und Trinkwasser für Menschen und Tiere muß mit Pferdewagen kilometerweit herangefahren werden. Als eines Tages ein amerikanischer Jeep vorfährt und ein Offizier mit »Mrs. Krona« verhandeln will wegen einer Galavorstellung zum Geburtstag General Pattons in Garmisch, winkt Mrs. Krona ab. Wie sollten die Tiere ohne Wagenpark transportiert, die versprengten Artisten zusammengeholt, die Kostüme beschafft werden?

Doch die Amerikaner und die Zirkusleute beherrschen die Kunst des Improvisierens. Am 11. November 1946, dem 60. Geburtstag von Panzergeneral Patton, findet im Eis-Stadion von Garmisch-Partenkirchen die erste auswärtige Nachkriegsvorstellung des neu erstandenen Circus Krone statt. Carl Sembach reitet auf den entwöhnten Pferden mit Bravour Hohe Schule, seine Frau glänzt mit der berühmten Elefantenherde. Tieflader der US-Armee haben sie aus der Bad Reichenhaller Saline geholt, und Frieda Sembach-Krone erlebt staunend das sprichwörtliche Elefantengedächtnis. Sie selbst hat in dem Jahr ohne Training die Reihenfolge der Dressurnummern vergessen. Die Dickhäuter aber beherrschen ihre Rollen noch souverän. Sie schieben mit ihren Rüsseln die Postamente genau dorthin, wo sie gebraucht werden für den nächsten Auftritt.

Die Betreuerin nimmt es als gutes Omen: Die Arbeit geht weiter. Die Amerikaner zahlen in kostbaren Naturalien, Zigaretten, Schokolade, Heu und Stroh und eine Wagenladung alter Brötchen als Tierfutter. Der Grundstock ist wieder gelegt.

Auf dem Münchner Trümmergrundstück wurden gleich nach Kriegsende Gräben ausgehoben für die neuen Fundamente. Handwerker, die schon für Carl Krone gearbeitet hatten, lieferten Baumaterial ohne Bezugsschein und Barzahlung. Weihnachten 1945 stand auf dem Marsplatz der neue provisorische Holzbau. Zur Premiere fanden sich die glanz- und glitterentwöhnten Münchner in alter Treue ein. Das Tief schien überwunden, da tauchten unerwartet neue Schwierigkeiten auf. Carl Krone und sein Schwiegersohn Sembach waren, obwohl ihnen Politik fernlag, noch vor dem Krieg der NSDAP beigetreten, das belastet die Entnazifizierung durch die Besatzungsmächte. Hitler hatte zu Beginn der dreißiger Jahre den Circus Krone zu großen Auftritten genutzt, das stimmte, aber Carl Krone hatte in jener Zeit den Bau auf dem Marsplatz in den Sommermonaten an jeden vermietet, der zahlte. Auch Auftritte von Ernst Thälmann, dem Führer der KPD, und selbst von Papst Pius XII., der damals noch Nuntius in Deutschland war, konnten nachgewiesen werden. Trotzdem wird, bis zum Abschluß des Verfahrens, den Krones die Leitung des Betriebes untersagt. Zwar laufen die Vorstellungen unter dem Namen Krone weiter, doch ein kommissarisch eingesetzter Direktor übernimmt die Führung. Die Familie Krone darf den Circus nicht mehr betreten und haust in der Nähe des Marsplatzes zusammengedrängt in zwei Wohnwagen. Arbeitslos.

Frieda Sembach-Krone hält diesen demütigenden Zustand nicht lange aus. Sie verdingt sich — auch das wird sie Überwindung gekostet haben — mit den drei einzigen ihr verbliebenen Schulpferden bei der Konkurrenz, beim Zirkus Althoff. Ein ganzes Jahr lang tritt sie Abend für Abend mit ihrer Pferdedressur auf, im Programm angekündigt in einer Gastrolle als »Frieda Krone, die Tochter des Circuskönigs«. Eine psychologisch schwierige Situation, auch für die übrigen Artisten: sie, die mit dem Selbstbewußtsein der Krones großgeworden ist, nun als angestellte Dressurreiterin in der fremden Manege.

1948 wird die Entnazifizierung abgeschlossen, der verstorbene Carl Krone als Mitläufer eingestuft, die Tochter, die nie Parteimitglied war, erhält die Lizenz zur Führung des Circusunternehmens.

Aber der Neubeginn läßt sich zäh an. Die Münchner legen nach der Währungsreform ihre 40 DM Kopfgeld für dringendere Sachen an als für Zirkuskarten. Die Vorstellungen bleiben fast leer, die festen Kosten jedoch laufen weiter. Frieda Sembach-Krone, der Pragmatikerin, kommt der rettende Gedanke: Warum nicht wieder an die Ursprünge des Circus Krone anknüpfen und mit einer Tiermenagerie am Münchner Oktoberfest auftreten? — Die Schau auf der Wiesn mit dem immer noch beachtlichen Tierbestand wird ein voller Kassenerfolg, ein weiterer schließt sich an, wieder ein Einfall der Chefin: »Bayern spielt auf«, ein gigantisches Manegenspiel, diesmal im Stammhaus am Marsplatz. Vor einem dankbaren Publikum rollt ein Folkloreprogramm mit 300 Mitwirkenden ab, Zirkuslaien zumeist; Blaskapellen, Jodler, Volkschöre und Tanzgruppen mit Schuhplattlern wetteifern miteinander, das Haus ist monatelang ausverkauft, die Kasse stimmt.

Nun kann wieder »richtiger« Circus gemacht werden. Nach mehr als fünf Jahren Zwangspause rüstet Krone die Zeltstadt auf für die erste Nachkriegstournee. In den fünfziger Jahren gastiert der Circus auch wieder im Ausland. In Italien feiert die Seniorchefin Ida Krone im November 1956 noch voller Unternehmungsgeist ihren 80. Geburtstag, fünf Monate später wird sie auf dem Münchner Waldfriedhof an der Seite Carl Krones und unter der Obhut des steinernen Wärters Assam beigesetzt. Frieda Sembach-Krone kann sich nun nicht mehr auf die Erfahrung der Pioniergeneration stützen, aber der Circus spielt erfolgreich weiter.

Weihnachten 1962 wird das neue, massive Circusgebäude, das den provisorischen Nachkriegsbau ersetzt, mit einer feierlichen Galapremiere eingeweiht. Ministerpräsident Goppel übergibt Frieda Sembach-Krone einen bayerischen Löwen »als Zeichen der Verbundenheit des Landes Bayern mit seinem Circus«. Fünf Jahre später tauft Oberbürgermeister Hans-Jochen Vogel die am Circusbau vorbeiführende Straße unter Assistenz einer Elefantendame in »Circus-Krone-Straße« um. München ist stolz auf »seinen« Circus, und die Chefin ist es auch: fünfhundert Vorstellungen jährlich, vierhundert Mitarbeiter, die riesige Menagerie, immer noch darf sich Krone »größter Circus Europas« nennen.

Das Jahr 1967 bleibt Frieda Sembach-Krone in Erinnerung, Katastrophen prägen sich stärker ein als Erfolge. Auf einer Tournee in Mannheim brennt an einem Apriltag plötzlich der Elefantenstall. Die Elefanten trampeln alles nieder und rennen in panischer Angst aus dem Zelt. Sieben

Tiere erleiden schwerste Brandverletzungen, Menschen kommen — wieder fast ein Wunder — nicht zu Schaden. Zwei Elfjährige hatten, aus Wut, weil sie keine Eintrittskarten mehr bekamen, das Zelt angezündet.

Im Jahr darauf — eine angenehme Erinnerung — wird im Circus Krone die große Fernsehserie *Salto mortale* gedreht, ein ungeheurer Publikumserfolg. Der Bildschirm wird nicht, wie man vermuten könnte, zum Konkurrenten der Manege, sondern der Circus erhält neuen Auftrieb und Zustrom.

Frieda Sembach-Krone kann zufrieden sein, wenn sie auf ihr Leben zurückblickt. Die Lücke, die der Tod ihres Mannes im Jahre 1984 hinterließ, wird von ihrer Tochter Christel ausgefüllt, die den ganzen Tourneebetrieb leitet. Sie selbst betreut weiter das Münchner Stammhaus und sieht optimistisch in die Zukunft, überzeugt, daß sich Krone auch in den nächsten Jahrzehnten als Familienbetrieb halten wird.

Am 15. April 1990 feierte sie ihren 75. Geburtstag mit einem großen »Familienfest« für die vierhundert Mitarbeiter, denen sie als Ratschlag ihre eigene Lebensmaxime mit auf den Weg gab: »Hart arbeiten, zusammenhalten und auf das Glück vertrauen«.

»Ihrem Circus« blieb sie, wie sie es sich immer gewünscht hatte, bis an ihr Lebensende verbunden. Sie starb am 2. November 1995, mit 80 Jahren, in einer Klinik am Starnberger See. Bestattet wurde sie auf dem Münchner Waldfriedhof – im Familienmausoleum des Hauses Krone neben ihrem Mann und ihren Eltern. Noch immer hält Assam, der in Stein gehauene Lieblingselefant ihres Vaters, treu die Totenwache.

Antigone im Dritten Reich

Grete Weil
* 1906

Sophie Scholl
1921—1943

Universität München, Donnerstag, 18. Februar 1943

Morgens kurz vor Vorlesungsbeginn verteilen die Geschwister Hans und Sophie Scholl hastig Flugblätter in den Gängen der Universität und vor den Türen der Hörsäle. Flugblätter der studentischen Widerstandsgruppe »Die Weiße Rose«. Die Zeit drängt, schon kommen ihnen die ersten Studenten entgegen. Da kippen sie den restlichen Inhalt ihres Koffers über die Brüstung im zweiten Stockwerk. Die Flugblätter flattern hinunter in die Halle. Der aufgeschreckte Hausmeister läßt alle Eingänge abriegeln und alarmiert die Gestapo. Unter den Studenten herrscht große Unruhe; jeder weiß, daß auf solch einer wagemutigen Widerstandshandlung die Todesstrafe steht. Auch die Gestapo ist beunruhigt und nervös. Die hektisch eingesammelten Flugblätter mit der Überschrift »Kommilitoninnen! Kommilitonen!« sind nicht die ersten, die ihr in die Hände fallen. Die Blätter der Weißen Rose tauchen überall in der Stadt auf, stecken in Briefkästen und an Gartentoren, Hausfassaden werden über Nacht mit Parolen bemalt, allein in der Ludwigstraße lesen die Münchner auf dem Weg zur Arbeit siebzigmal »Nieder mit Hitler«, und an der Universität prangt in Ölfarbe unübersehbar das Wort »Freiheit«.

Hans und Sophie Scholl werden nach ihrer Verhaftung in das berüchtigte Gefängnis im Wittelsbacher Palais gebracht.

Grete Weil

Daß der Vorsitzende des Volksgerichtshofs, Roland Freisler, überstürzt aus Berlin anreist, um das Schnellverfahren gegen die Geschwister und ihren ebenfalls an der Aktion beteiligten Freund Christoph Probst zu leiten, zeigt die Angst und Verunsicherung des Regimes. Schon am 22. Februar verkündet Freisler im Schwurgerichtssaal des Justizpalastes mit hysterisch sich überschlagender Stimme das Urteil gegen die drei Studenten: Todesstrafe wegen Vorbereitung zum Hochverrat und Feindbegünstigung.

Die Angeklagten sind der Tat überführt, sie zeigen keine Reue und Demutshaltung, versuchen nur, die andern nicht zu belasten.

Mit leiser, aber sicherer Stimme entgegnet Sophie dem tobenden Freisler: »Was wir sagten und schrieben, denken ja so viele. Nur wagen sie nicht, es auszusprechen.« Die drei bekennen sich zu den Texten der selbstverfaßten und vervielfältigten Flugblätter, zu Texten wie dem folgenden:

»In einem Staat rücksichtsloser Knebelung jeder freien Meinungsäußerung sind wir aufgewachsen. HJ, SA und SS haben uns in den fruchtbarsten Bildungsjahren zu uniformieren, zu revolutionieren, zu narkotisieren versucht... Es gibt für uns nur eine Parole: Kampf gegen die Partei!... Heraus aus den Hörsälen der SS-Unter- und Oberführer und Parteikriecher!«

Das Flugblatt, das wie die vorangegangenen Blätter der Weißen Rose von der Partei zu Recht als höchst brisanter Zündstoff angesehen wird, endet mit dem optimistischen Satz: »Unser Volk steht im Aufbruch gegen die Verknechtung Europas durch den Nationalsozialismus, im neuen gläubigen Durchbruch von Freiheit und Ehre.«

Wie viele Studenten und Professoren haben den ketzerischen Aufruf gelesen? Vor allem: Wie viele haben sich davon infizieren lassen? Die Universität als Keimzelle eines Bazillus, der sich schnell und lautlos in der Stadt verbreitet,

Sophie Scholl

der, wie weitere Festnahmen zeigen, Wirkung weit über München hinaus hat... Ein mächtiges, durchorganisiertes System, das scheinbar alles im Griff hat, gerät durch die Widerstandsaktionen einiger Studenten so aus der Fassung, daß man die Gefahr nur durch eine sofortige Hinrichtung der Beteiligten zu bannen glaubt.

Der Tod schreckt die Angeklagten nicht. Dem Pflichtverteidiger, einer Parteimarionette, erklärt Sophie ruhig: »Wenn mein Bruder zu Tode verurteilt wird, so darf ich keine mildere Strafe bekommen, denn ich bin genauso schuldig wie er.« Überraschend gelingt es den Eltern, die Kinder kurz vor der Hinrichtung noch einmal zu sehen. Die Mutter erinnert sich: »Sophie ging aufrecht und gelassen... Es war eine ungewöhnliche Lebensbejahung bis zum Schluß.« Sophie hatte sich Sorgen gemacht, wie die Mutter den Tod gleich zweier ihrer Kinder verkraften würde, und sie ist sehr beruhigt, als sie die Eltern so gefaßt sieht.

Die drei Angeklagten werden sofort nach der Urteilsverkündung ins Vollstreckungsgefängnis Stadelheim überführt und noch am selben Tag durch das Beil hingerichtet. Ein Gefängniswärter berichtet später, wie Sophie als erste abgeführt wird: »Sie ging, ohne mit der Wimper zu zucken. Wir konnten alle nicht begreifen, daß so etwas möglich war. Der Scharfrichter sagte, so habe er noch niemanden sterben sehen.« Zurück in der Zelle bleibt die Anklageschrift. Auf die hintere Seite hat Sophie ihre letzte Botschaft geschrieben: »Freiheit«. Hans hat auf der weißen Zellenwand eine Gedichtzeile Goethes hinterlassen, die ein Familienmotto der Scholls war: »Allen Gewalten/zum Trutz sich erhalten«.

Die Beerdigung auf dem Perlacher Friedhof geht rasch und in aller Stille vor sich. Mit dreißig Zeilen im Völkischen Beobachter unter dem Titel *Gerechte Strafe gegen Verräter an der kämpfenden Nation* glauben die Machthaber, die Aktion Weiße Rose endgültig zu den Akten legen zu können. Als Warnung für subversive Kreise, vielleicht auch als Beruhigung für die verunsicherte Bevölkerung werden brandrote Plakate an Litfaßsäulen angeschlagen:

»Wegen Hochverrats wurden zum Tode verurteilt:
der 24jährige Christoph Probst
der 25jährige Hans Scholl
die 22jährige Sophie Scholl.
Das Urteil wurde bereits vollstreckt.«

Prozesse gegen weitere Universitätsangehörige und auch gegen Oberschüler folgen. Der Mentor des Kreises, der Philosophieprofessor Kurt Huber, und die beiden Freunde Willi Graf und Alexander Schmorell werden ebenfalls hingerichtet, die andern Angeklagten verschwinden im Zuchthaus. Damit, so hoffen die Nationalsozialisten, werde in München wieder Ruhe einkehren. Aber die Nachricht von den Widerstandsaktionen der Weißen Rose verbreitet sich wie ein Lauffeuer in den Gefängnissen und Konzentrationslagern, bei den Emigranten im Ausland. Sie gibt den Verzagten neue Hoffnung und neuen Mut.

In ihrem holländischen Versteck hört die deutsche Emigrantin Grete Weil eines Tages über BBC und Radio Oranje vom Widerstand der Geschwister Scholl. Sie weint vor Erregung. Nun hat sie die Gewißheit: Es gibt doch ein anderes Deutschland. Nicht das ganze deutsche Volk gehört zu den Jubelrufern. — In den Amsterdamer Exiljahren hat sie sich immer wieder mit der Gestalt der Antigone befaßt, die sie liebt und wegen ihres Mutes zum Neinsagen und zum Widerstand bewundert. Daß sich heute, gegen diesen Feind mit seinem alles durchdringenden Machtapparat eine Antigone erheben könnte, hielt sie für ausgeschlossen. Nun, nach dieser Radiomeldung begreift sie plötzlich: »Sophie Scholl, das war sie, die Neinsagerin, die Antigone unserer Tage«, und sie wünscht sich, daß ihr Name weiterstrahlen möge bis in ferne Zeiten.

Universität München, Montag, 21. November 1988

Grete Weils Wunsch, die »Antigone unserer Tage« möge nicht vergessen werden, hat sich erfüllt. 45 Jahre nach Sophie Scholls Hinrichtung nimmt die aus dem Exil nach Deutschland zurückgekehrte Schriftstellerin Grete Weil in der Großen Aula der Münchner Universität den Geschwister Scholl-Preis entgegen, in der Universität, in der die Scholls beim Verteilen der subversiven Flugblätter festgenommen wurden. Dieser Preis sei der einzige, den zu bekommen sie sich gewünscht habe, sagt sie bei der Verleihung, er gelte ja nicht nur der Literatur, sondern vor allem der Gesinnung, und da glaube sie ihn im Sinne von Hans und Sophie Scholl mit Recht annehmen zu dürfen.

Eine geeignetere Preisträgerin hätte nicht gefunden werden können. Grete Weil, als Jüdin selbst Opfer des nationalsozialistischen Rassenwahns, stand immer auf der Seite der Verfolgten. 1932 hat sie den jüdischen Dramaturgen Dr. Edgar Weil geheiratet, der an den Münchner Kammerspielen wirkte. Schon früh wird ihr klar, daß in diesem Staate — und was sie noch schmerzlicher trifft: in ihrer Heimatstadt München — für ihresgleichen kein Platz mehr ist, aber sie zögert den Weggang so lange wie möglich hinaus. Erst als am 8. Oktober 1936 der Name ihres Mannes auf der Haftliste im Völkischen Beobachter steht, mit dem Zusatz »Die Gründe können nicht öffentlich bekanntgegeben werden«, fliehen die beiden nach Holland, um dort das baldige Ende des NS-Regimes abzuwarten. Sie haben sich verrechnet.

Die Nationalsozialisten sind keine flüchtigen Wegelagerer, sie bauen ihre Macht selbst- und siegessicher immer weiter aus. 1940 erreichen die Krakenarme des Systems die Niederlande. Deutsche Besatzungstruppen beherrschen das Straßenbild in Amsterdam, es gibt überall Denunzianten und Kollaborateure. Im Sommer 1941 wird Edgar Weil bei einer Straßenrazzia verhaftet und ins Konzentrationslager Mauthausen nach Oberösterreich verschleppt. Grete Weil erfährt erst nichts über den Verbleib und das Schicksal ihres Mannes, bis ihr zwei verschlüsselte Briefe die hoffnungslose Lage klarmachen. In Mauthausen wird er zu Tode gequält, und sie kann ihm nicht helfen. Sie schreibt über diese Wochen, die wie ein Alptraum auf ihr liegen: »Die Gestapo Amsterdams gab damals, im Juni 1941, noch Todesberichte aus. In der ersten Woche waren es sechs, in der zweiten fünfzehn, in der dritten fünfundzwanzig und so fort, bis im Oktober keiner der fast tausend jungen Männer, die man von Holland aus nach Mauthausen verschleppt hatte, mehr am Leben war. Edgars Name stand auf der letzten Liste. Als sein Todestag war der 17. September angegeben, ein Datum, an dem ich angesichts der deutschen Bürokratie nie gezweifelt habe.«

Grete Weil arbeitet nun beim Jüdischen Rat in Amsterdam, versucht, Deportierten, soweit es in ihrer Macht steht, zu helfen. Aber sie hat wenig Macht, sie kann kaum etwas bewirken. Das bedrängt ihr Gewissen. Noch nach Jahrzehnten trägt sie Schuldgefühle mit sich herum. Hätte sie nicht wie ihr großes Vorbild Antigone oder wie Sophie Scholl handeln müssen, ohne Rücksicht und ohne Bedenken? Bis in den Traum hinein verfolgen sie die Gedanken: Sie träumt, Antigone habe den Hauptsturmführer an der Bahnhofsrampe erschossen, sie selber aber leiste, um ihre Mutter zu retten, keinen Widerstand.

Von »selbstquälerischen Altersgedanken einer Davongekommenen« spricht Armin Eichholz in der Laudatio zur Verleihung des Geschwister Scholl-Preises, und er zitiert Grete Weil: »Ich, die Spätgeborene, muß mit dem Wissen um Auschwitz mein Leben zu Ende bringen, es wird mich quälen bis zum letzten Atemzug.« Auschwitz und Grete Weil, Sophie Scholl und das NS-Regime vor Augen, sieht

Armin Eichholz einen »Zusammenprall von deutscher Geschichte, wie wir ihn so nicht mehr oft erleben werden«.

Grete Weil bedankt sich für den Preis auf sehr persönliche Weise, indem sie Erfahrungen und Erlebnisse aus ihrem Leben preisgibt, die Zuhörer an ihren Ängsten, Zweifeln und Hoffnungen teilhaben läßt — auch an ihrer Freude darüber, daß sie den Preis gerade an dieser Universität entgegennehmen darf, an der Edgar Weil promovierte und sie selbst einige Semester ihres Germanistikstudiums absolvierte. Sie erinnert sich angesichts der heute übervollen Parkplätze, wie ihr kleiner blauweißer Dixi damals oft als einziges Auto im Rund vor dem Eingang der Universität stand, besprüht vom Wasser des Römischen Brunnens. Ihr Dissertationsthema stand schon fest, sie wollte über das in der Goethezeit beliebte *Journal des Luxus und der Moden* schreiben, aber im Wintersemester 1932/33, ihrem letzten in München, zeichnet sich schon ab, daß ihr Leben sich in Zukunft nicht mehr in den schöngeistigen Freiräumen des Bildungsbürgertums abspielen wird.

Die am 18. Juli 1906 als Tochter eines Rechtsanwalts in Rottach-Egern Geborene gerät in den Strudel der Politik, in die Entbehrungen und Gefährdungen der Emigration, die sie schreibend durchsteht. 1943 taucht sie in Amsterdamer Verstecken unter wie unzählige deutsche Juden, wie Anne Frank und ihre Familie. Sie hat nicht nur für sich, sondern auch für ihre siebzigjährige Mutter zu sorgen, die ohne ihre Hilfe im Amsterdamer Verließ nicht zurecht käme. Die Schicksalsgemeinschaft mit den anderen jüdischen Emigranten gibt ihr Kraft, ohne daß sie die religiöse Verwurzelung im Judentum teilen kann. Die meisten ihrer späteren Romane handeln von dieser spannungsgeladenen Zeit.

Nach ihrer Rückkehr ins zerbombte Deutschland im Jahre 1947 und der Heirat mit dem Opernregisseur Walter Jokisch arbeitete sie zunächst an ganz anderen Themen. Sie übersetzt englische Literatur und schreibt Opernlibretti für Hans Werner Henze und Wolfgang Fortner. Im Zentrum ihres Denkens bleibt jedoch der Antigone-Stoff. 1980 erscheint ihr Roman *Meine Schwester Antigone*. Sie holt darin Antigone, die den Leichnam ihres Bruders Polyneikes verbotenerweise zu bestatten versucht, in die Gegenwart und stellt ihr die Studentin Sophie Scholl zur Seite, die mit ihrem Bruder — auch hier ein innig verbundenes Geschwisterpaar — die Tyrannei eines perfekten Systems, wenn auch nur für eine kurze Zeitspanne, ins Wanken bringt und Menschen Hoffnung gibt. Hoffnung, die so stark ist, daß sie Grete Weil mit dazu bewegt, wieder nach Deutschland zurückzukehren, nach München, in die Stadt Sophie Scholls und der Weißen Rose.

»Ich war eine diese Stadt innig liebende Münchnerin und bin es bis heute geblieben«, sagt sie am Schluß ihrer Dankrede, in der sie die Zuhörer zu Antigone und zu Sophie Scholl geführt und den Bogen vom antiken Despoten Kreon zu Hitler gespannt hat. Sophokles legt Antigone die Worte in den Mund: »Mitlieben, nicht mithassen ist mein Teil« — Worte, die, weniger klassisch ausgedrückt, auch von Sophie Scholl stammen könnten.

Sophie Scholl — eine moderne Antigone?

Zunächst weist wenig in der Biographie des Mädchens, das am 9. Mai 1921 im württembergischen Forchtenberg als Bürgermeisterstochter zur Welt kommt, auf die spätere mutige Rolle im Widerstand hin. Sophie hat allerdings das Glück, in eine intakte Familie hineinzuwachsen, im Kreis der vier Geschwister früh Anpassung, aber auch Widerstand zu lernen, Ich-Stärke und Kritikfähigkeit zu entwickeln. Der ältere Bruder Hans, zu dem Sophie eine besonders enge Bindung hat, ist begeisterter Fähnleinführer beim Jungvolk. Sie spürt wohl, wie das den Vater, einen entschiedenen Nazigegner, der Hitler als Rattenfänger von Hameln bezeichnet, betrübt. Aber sie spürt auch das Vertrauen des Vaters, das dieser all seinen Kindern entgegenbringt, auch wenn sie nicht seinen Weg gehen.

Auf dem Ulmer Mädchengymnasium unterscheidet sich Sophie weder in ihren Neigungen noch in ihren Schwärmereien von den Mitschülerinnen — höchstens vielleicht in ihrem Hang zu grundsätzlichen Fragestellungen und in der Beharrlichkeit, mit der sie alles zu Ende führt, was sie begonnen hat. Sie treibt viel Sport, am liebsten draußen in der Natur, unternimmt mit ihren Geschwistern oder einem Freundeskreis aus der Bündischen Jugend Radwanderungen und Skitouren, begeistert sich an Naturstimmungen und Kunstschätzen, spielt leidlich Klavier und zeichnet mit Hingabe.

Mit ihrem um vier Jahre älteren Freund Fritz Hartnagel geht sie auf Fahrt an die Nord- und Ostsee. Sie ist von der norddeutschen Landschaft und den Bildern Paula Modersohns tief beeindruckt und malt tagelang im Freien. »Ein Gefühl der Berufung oder so etwas ähnliches habe ich nicht«, schreibt sie und knüpft gleich grundsätzlichere Überlegungen an: »Aber wenn man Künstler werden will, muß man wohl vor allen Dingen zuerst Mensch werden. Durch das Tiefste empor. Ich will versuchen, an mir zu arbeiten. Es ist sehr schwer.«

In der Obersekunda kommt sie zum ersten Mal mit der Gestapo in Berührung. Bruder Hans, der sich inzwischen von der Hitlerjugend abgewandt und einen eigenen, an der verbotenen Bündischen Jugend orientierten Freundeskreis um sich gesammelt hat, werden »illegale bündische Umtriebe« vorgeworfen. Nun rückt die Familie enger zusammen, wird, wie die ältere Schwester Inge es später beschreibt, »zu einer kleinen, festen Insel in dem unverständlichen und immer fremder werdenden Getriebe«.

Als der Krieg beginnt, steht Sophie kurz vor dem Abitur. Ihr Freund leistet seinen Dienst in einer Nachrichteneinheit in Calw ab. Ihm schreibt sie am 5. 9. 1939: »Ich kann es nicht begreifen, daß nun dauernd Menschen in Lebensgefahr gebracht werden von anderen Menschen. Ich kann es nie begreifen und finde es entsetzlich. Sag nicht, es ist für's Vaterland.«

Noch ist Krieg für die meisten eine abstrakte Vokabel, noch greift das Kriegsgeschehen nicht in den Alltag ein. Sophie denkt — und das ist für eine 18jährige nicht die Regel — der Zeit voraus.

Im übrigen ändert sich wenig an ihrem Tagesablauf. Sie illustriert die Geschichte von Peter Pan für ein Bändchen, das ein Freund der Familie herausbringen will; sie beschäftigt sich mit Carossas Buch *Führung und Geleit*; sie spielt Klavier und Orgel. »Ich sehe nicht ein, warum man im Krieg nur die grausig ernstesten Dinge tun darf«, schreibt sie ihrem Freund Fritz Hartnagel. An ein rasches Ende des Krieges glaubt sie nicht, sie läßt sich, bestärkt durch Gespräche am Familientisch und unter Freunden, von keinen Parteiparolen einlullen.

Sie sehnt sich nach ihrem Freund, schreibt ihm aber gleichzeitig: »Du weißt es wohl auch, es gibt Stunden des Alleinseins, die wiegen alle Tage auf, in denen man sich gesehnt hat nach einem Menschen. Dann erscheint das Rücksichtslose (versteh das Wort nicht falsch) als das Wahre und Mitleid als Schwäche.« Sie braucht die Bindung, aber sie braucht auch die Distanz zu Dingen und Menschen. Im gleichen Brief vom 9. 11. 1939 schreibt sie: »Es ist schön, wenn zwei miteinander gehen, ohne sich zu versprechen, wir treffen uns da und da wieder, oder wir wollen immer beieinander bleiben.«

Im Frühling 1940 legt sie in Ulm die Reifeprüfung ab. Sie möchte so rasch wie möglich in München mit einem Studium der Biologie und Philosophie beginnen — eine Fächerkombination, die sie besonders reizt. Aber ohne Ableistung eines halben Jahres Reichsarbeitsdienst ist eine Immatrikulation ausgeschlossen. So meldet sie sich für eine Ausbildung als Kindergärtnerin am Fröbel-Seminar in Ulm an.

Sie macht sich Sorgen um ihren älteren Bruder und ihren Freund an der Front. Deutsche Truppen sind inzwischen nicht nur in Dänemark und Norwegen, sondern auch in Holland, Belgien und Frankreich einmarschiert. Sie schreibt an Fritz Hartnagel: »Ich denke oft an Euch, die Ihr im Felde seid. Dann habe ich besonders um Hans immer Angst. Er ist so empfindlich. Aber ich glaube kaum, daß ihm der Krieg etwas anhaben kann.« Obwohl sie zu allen Geschwistern ein gutes Verhältnis hat, fühlt sie sich Hans in besonderer Weise verbunden. Sie schreibt ihm ausführliche Briefe und läßt ihn an ihrem Leben und ihren Unternehmungen teilhaben. Trotz aller Sorgen bricht dabei immer wieder ihr Humor, ihre Zuversicht durch, etwa, wenn sie von einer Radtour mit Schwester Inge in den Illerwald berichtet: »Wir kamen uns vor wie höhere Beamte des lieben Gottes, die ausgeschickt waren, um zu prüfen, ob die Erde noch gut sei. Und wir fanden sie sehr gut.«

Die ungewohnte Beschäftigung mit einer Schar von Kindern im Praktikum und dann in einem Kindersanatorium in Bad Dürrheim beglückt sie zwar, aber reibt sie auch auf. Sie könnte diesen Beruf kaum auf die Dauer aushalten, schreibt sie in nüchterner Selbsteinschätzung. Sie ist nicht nur die Selbstlose, die sich für andere aufopfert, und zu der sie oft stilisiert wird, sie hat — wie Antigone — auch ihre durchaus von der eigenen Person ausgehenden Bedürfnisse. So äußert sie sich ihrem Freund gegenüber zur Rolle, die man einem

Mädchen in der Gesellschaft zugesteht: »Sie soll ihre weiblichen Gefühle bestimmen lassen über ihr Denken. Vor allem das Mitleid. Ich aber finde, daß zuerst das Denken kommt, und daß Gefühle oft irreleiten, weil man über dem Kleinen, das einen vielleicht unmittelbar betrifft, vielleicht am eigenen Leib, das Große kaum mehr sieht.« Der Satz des französischen Schriftstellers Jacques Maritain »Il faut avoir un esprit dûr et le cœur tendre« (Man muß einen harten Geist und ein weiches Herz haben), findet sich mehr als einmal in ihren Aufzeichnungen.

Mit zwanzig Jahren, im Frühjahr 1941, ist Sophie Scholl ausgebildete Kindergärtnerin. Den Reichsarbeitsdienst muß sie trotzdem ableisten, im Lager Krauchenwies bei Sigmaringen. Mit dem Lagerbetrieb in der nicht freiwillig zusammenlebenden Gruppe kann sie sich nur schwer abfinden. Sie schreibt ihrer Freundin Lisa Remppis, sie sei entsetzt, unter den achtzig Mädchen nicht eines zu finden, das etwas Kultur habe: »Es sind wohl Abiturientinnen darunter, die den Faust aus Pietät dabeihaben... aber alles ist so sehr durchsichtig, so etwas wie ihre Frisur, ihrer eigenen Person zum Schmuck.«

Sie liest Thomas Mann, Stellen im *Zauberberg*. Sie sehnt sich — am Karfreitag — nach religiöser Rückbindung, nach einem Gang in die Kirche, »nicht in die evangelische, wo ich kritisch den Worten des Pfarrers zuhöre. Sondern in die andere, wo ich alles erleide, nur offen sein muß und hinnehmen«. Sie geht mit einem der Arbeitsdienstmädchen verstohlen zum Orgelspiel in die Kirche. Vierhändig versuchen sie sich an Händel und Bach.

Ihr religiöses Bedürfnis, ja, ihre Sehnsucht nach einem Leben im Glauben steigert sich noch während ihrer Tätigkeit in einem NSV-Kindergarten in Blumberg, einem kleinen Dorf nahe der Schweizer Grenze. Erst jetzt eigentlich versucht sie, konsequent an sich zu arbeiten, erst jetzt nähert sie sich dem Bilde, das sich die Nachwelt von ihr macht. In ihrem Tagebuch überwiegen nun geistliche Meditationen, sie liest Augustinus und Pascal und nimmt deren Gedanken in ihren Alltag hinein. An Lisa Remppis schreibt sie im Dezember 1941: »Ich finde das Leben trotz allem noch so reich und gut, nur mögen es die Menschen nicht im Guten gebrauchen... Vielleicht muß man erst entdecken, daß man ein Herz hat.«

Im Mai 1942 erhält sie endlich die Zulassung zum Studium und übersiedelt kurz vor ihrem 21. Geburtstag nach München. Sie wohnt zunächst bei einem alten Freund der Familie, dem Herausgeber der Zeitschrift *Hochland*, Professor Carl Muth in Solln. In seinem Haus findet sie, wonach sie sich lange gesehnt hat, Gespräche über Philosophie, Religion, Ethik — auch über Politik. Wer sich hier trifft, gehört zum inneren Widerstand.

Gedanken über Vergänglichkeit finden sich nun in den Aufzeichnungen der 21jährigen. Jeder Mensch müsse dauernd damit rechnen, im nächsten Augenblick von Gott zur Rechenschaft gezogen zu werden. »Weiß ich denn, ob ich morgen früh noch lebe?« fragt sie im Tagebuch.

Nach Semesterende im Sommer 1942 wird sie zu einem Einsatz in der Rüstungsindustrie herangezogen. Von der monotonen und sie belastenden Arbeit erholt sie sich auf einer mehrtägigen Bergwanderung. An ihren Vater schreibt sie in diesen Tagen: »Beim Anblick der stillen Großartigkeit dieser Berge und ihrer Schönheit wollen einem die Gründe, die die Menschen für ihre unheilvollen Taten vorbringen, lächerlich und verrückt erscheinen, und man bekommt den Eindruck, sie wären gar nicht mehr Herr über sich und ihre Taten, sondern würden von einer bösen Macht getrieben.«

Daß ihr Bruder Hans im November 1942 von einem Einsatz in Rußland, den alle Medizinstudenten abzuleisten hatten, nach München zurückkommt, in ihre kleine gemeinsame Wohnung in der Franz-Joseph-Straße 13, erfüllt sie mit Freude, aber auch mit Sorge: »Die Unsicherheit, in der wir heute dauernd leben, die uns ein fröhliches Planen für den morgigen Tag verbietet und auf alle die nächsten kommenden Tage ihren Schatten wirft, bedrückt mich Tag und Nacht«, schreibt sie an Fritz Hartnagel. Sie ist traurig, daß das Vertrauen zu anderen Menschen der Vorsicht und dem Mißtrauen weichen muß, doch dann siegt wieder ihr Lebensmut: »... diese Nichtigkeiten werden doch nicht Herr über mich werden können, wo ich ganz andere unantastbare Freuden besitze.«

Bewußt versucht sie, gegen ihre Angst anzuleben, anzuschreiben. Das Wissen um die Flugblattaktionen, in die sie der Bruder auf ihr Drängen hin eingeweiht hat, lastet schwer auf ihr. Sie gehört nun zum engsten Kreis der Weißen Rose. Das Wort »Widerstand« ist ihr aus nächtlichen Diskussionen und aus den Vorlesungen des Philosophieprofessors Kurt Huber längst vertraut. Aber zwischen dem theoretischen Postulat und dem praktischen Handeln klafft ein Graben, der übersprungen werden muß. Widerstandsparolen auf Flugblätter zu drucken und diese zu verteilen, erfordert nicht nur Mut, sondern auch äußerste Wachsamkeit. Deshalb soll der Kreis der Eingeweihten möglichst klein bleiben, neben Hans Scholl und Christian Probst gehören Willi Graf und Alexander Schmorell dazu, später auch Professor Huber, der erst im Dezember 1942 in die Flugblattaktionen einbezogen wird. Von ihm stammt das letzte der Flugblätter.

Sophie trägt nicht nur schwer an der Last ihres Wissens, sie sorgt sich auch um ihren Freund Fritz Hartnagel. Anfang Januar 1943 hat er ihr aus Rußland geschrieben, sein Bataillon sei aufgerieben, er erwarte nur noch Gefangenschaft oder Tod. Im Februar endlich erhält sie die Nachricht, Fritz sei in Stalino im Lazarett, ihm würden ein paar erfrorene Finger abgenommen, aber er sei gerettet.

Zwei Tage später gibt das Oberkommando der Wehrmacht die Kapitulation der deutschen Truppen in Stalingrad bekannt. Nun muß — darauf hoffen die Mitglieder der Weißen Rose — die Absurdität dieses Krieges doch der ganzen Bevölkerung bewußt werden. »Hitler kann den Krieg nicht gewinnen, nur noch verlängern! Seine und seiner Helfer Schuld hat jedes Maß unendlich überschritten«, heißt es in einem der letzten Flugblätter. Sophie und Hans verbringen mit ihren Freunden Nacht für Nacht am Vervielfältigungsapparat im Versteck. Sie arbeiten in fieberhafter Eile und immer in der Angst, entdeckt und denunziert zu werden.

Niemand weiß, wieviel Anhänger und Mitarbeiter der Widerstandskreis der Weißen Rose hat, das macht seine Stärke aus. Wenn plötzlich überall in München Flugblätter auftauchen, auch in anderen Städten, selbst im fernen Hamburg, dann fassen vielleicht mehr und mehr Menschen Mut, sich dem passiven Widerstand anzuschließen. Eine Kette unsichtbarer, doch realer Solidarität soll geschaffen werden. Eine Kette, die in der Münchner Universität beginnt, und die nicht endet an jenem 18. Februar 1943, an dem die Flugblätter in die Halle flattern und die Geschwister Scholl festgenommen werden. Die Verhaftungen, die Hinrichtungen gehen weiter, aber es mehren sich auch die Zeichen der Hoffnung.

Kurz nach Kriegsende, im November 1945, sagt Romano Guardini in einer ersten Gedenkfeier für die Hingerichteten der Weißen Rose, ihre Tat — vom realistischen Standpunkt aus gesehen ohnmächtig, vielleicht sogar töricht — sei zu einem Symbol menschlichen Adels geworden.

Der Platz vor der Münchner Universität heißt heute Geschwister Scholl-Platz. Sophie Scholl überlebt als Antigone unserer Tage nicht nur im Roman der Grete Weil.

Nein, es ist nicht die von Isolde Ohlbaum portraitierte Grande Dame der Literatur, die der Besucherin auf dem Gartenweg entgegenkommt und zögernd das kleine Tor öffnet, an dem »Jokisch« steht. Es ist eine schüchterne, in sich versunkene Frau mit leiser Stimme und leisen Gebärden. Sie huscht lautlos, fast wie ein Schatten ins Haus, nur Schagi, der grauschwarze Pudel, winselt in die Stille hinein. Die beiden sind in fünf Jahren verläßliche Freunde geworden. Damals war Grete Weil sehr krank, erholte sich nur langsam von einem Herzinfarkt, da schenkte man ihr das junge Tier, das Wärme brauchte und Wärme gab, und das ihr zum vertrauten Partner wurde auf ihren täglichen Waldspaziergängen.

Der Wald ist nur drei Minuten entfernt, das Haus in Grünwald, ein unauffälliges Refugium in der Herzog-Sigmund-Straße, in dem Grete Weil seit mehr als fünfzehn Jahren im Erdgeschoß wohnt, liegt tatsächlich, wie der Ortsname verheißt, im Grünen. Eine naturbelassene Wiese vor und hinter dem Haus, dichtes Buschwerk am Rand, ein Sitz- und Arbeitsplatz im Freien, der nicht häufig genutzt wird. Die 84jährige arbeitet am liebsten an ihrem Schreibtisch, der nichts von Biedermeierbeschaulichkeit hat, eher an einen Redaktionstisch erinnert mit der modernen Leselampe, dem grünen Telefon, den Stapeln von Material und Manuskripten, der Zettelflut. Ringsum an den Wänden Bücherregale oder Farbfotos, auf Posterformat vergrößert und zu Serien zusammengestellt. Grete Weil hält ihre Eindrücke nicht nur an der Schreibmaschine, sondern auch mit der Kamera fest: Reiseimpressionen, fast alle aus Asien. Nomadenteppiche in Tibet, Märkte in Ladakh, Lehmdörfer in Nepal — sie hat den Blick für typische und zugleich verfremdete Motive, so wie sie auch den Blick hat für Menschen, die Vertrauen verdienen oder vor denen man auf der Hut sein muß. Ein solch sensibles Gespür trainiert man sich in langen Emigrationsjahren an.

Emigration — eines der Wörter, die ihr Leben bestimmt haben. Die meisten ihrer Bücher kreisen um dieses Thema, am eindrücklichsten ist es wohl im Roman *Tramhalte Beethovenstraat* gestaltet. Sie hat selbst lange an der Tramhaltestelle Beethovenstraat in Amsterdam gewohnt, hat miterlebt, wie Nacht für Nacht ein gespenstischer Zug von Juden, bewacht von Gestapo und Schäferhunden, in Sonderwagen der Straßenbahn lautlos abtransportiert wurde. Und keines der Opfer wehrte sich.

Die nächtlichen Bilder, die Schuldgefühle lassen sich nicht verdrängen. Grete Weil setzt sie in Sprache um, läßt einen jungen deutschen Journalisten die Zeit in Amsterdam mit- und nacherleben, deckt Wunden auf, zeigt Menschen, die sich in Haß und Verrat verstricken, andere, die ihr Leben aufs Spiel setzen, um Mitmenschen zu retten. Immer ist sie ganz nah am Stoff und wahrt doch die nötige Distanz, um ein Geschehen für Leser nachvollziehbar zu machen.

Denkt sie beim Schreiben an den Leser, will sie mahnen, aufrütteln, oder schreibt sie, um sich von ihrer Vergangenheit zu befreien?

Vielleicht beides, sagt sie mit leiser, nachdenklicher Stimme. Sie hat schon immer geschrieben, wußte bereits als Kind, daß sie Schriftstellerin und nichts anderes werden wollte, und die Exilerfahrungen haben ihren Schreibdrang noch verstärkt.

Schon in ihrem ersten Buch *Am Ende der Welt* macht sie sich daran, Vergangenheit, persönliche und kollektive Schuld freizulegen. Im Westen findet sie für das Manuskript keinen Verleger, es erscheint 1949 in Ostberlin. Die *Tramhalte Beethovenstraat* kommt zwar in der Bundesrepublik heraus, wird aber kein Erfolg. Der Durchbruch als Autorin gelingt ihr erst sehr spät, 1980 mit dem Roman *Meine Schwester Antigone*, den sie für ihr bestes Buch hält.

Der Geschwister Scholl-Preis wird ihr aber nicht für die Antigone, sondern für ihren letzten Roman *Der Brautpreis* zugesprochen. Er handelt von der jungen Prinzessin Michal im Alten Testament, der ersten Frau Davids und Tochter König Sauls.

Überliefert ist wenig von ihr, Grete Weil hatte so die Möglichkeit, eine Frau nach ihrem Bilde zu schaffen und mitten ins alte Testament hineinzustellen. Fünf Jahre hat sie sich dieser Aufgabe gewidmet, hat Michal mit einer tiefen Abneigung gegen Gewalt und Krieg ausgestattet — und ist damit wieder bei ihrem Thema.

Das Dritte Reich, die zwölf Jahre Amsterdam schlagen in all ihren Werken durch. Warum ist sie nach dem Krieg nach Deutschland zurückgekommen?

Sie wollte mit ihrem zweiten Mann zusammenleben, und sie wollte zurück in den deutschen Sprachraum. Obwohl sie gut Holländisch spricht, fühlte sie sich in Amsterdam als Fremde. Ein Schlüsselerlebnis kam dazu: Am Kriegsende, beim Einmarsch der kanadischen Truppen, steht sie wie alle Amsterdamer am Straßenrand und hört unfreiwillig ein Gespräch zweier holländischer Juden mit, hört, wie der eine zum andern sagt: Dafür sorge ich, daß die *deutschen* Juden hier wegmüssen...

Eine Reihe deutscher Juden ist offenbar doch in Holland geblieben. Als Grete Weil vor einigen Jahren in einer Amsterdamer Kirche aus ihren Werken las, wurde sie von deutschen Emigranten angegriffen, wie sie denn habe nach Deutschland zurückkehren können und einen Mann heiraten, der des Führers Rock getragen habe... Da fand sie keine Worte, sich zu verteidigen. Eine Holländerin, die im Krieg von den Nazis zum Krüppel geschossen wurde, sprach für sie. So verkehren sich die Fronten, man weiß nie, woran man ist.

Der erzwungene Abschied von München, damals nach Hitlers Machtantritt, muß doch Wunden hinterlassen haben. War es nicht schwer, 1970 in diese Stadt zurückzukehren?

Ich bin hier zu Hause, sagt sie rasch und bestimmt. Nach dem Krieg hat sie mit ihrem zweiten Mann zuerst in Frankfurt am Main gelebt. Als er 1970 starb, ist sie zurückgezogen nach München, in den Vorort Grünwald. Keine andere Landschaft liebt sie so wie die oberbayerische — vielleicht noch das Tessin.

In Condra, hoch über dem Lago Maggiore, hat sie ein kleines Häuschen, in dem sie die Sommermonate verbringt. Aber es wird einsam dort oben, alle Freunde sind ihr weggestorben.

Auch in München gibt es immer weniger »Weißt-du-noch-Menschen« — der Ausdruck stammt von Tilla Durieux, mit der sie viel verband. Aber Zwiesprache ist auch über den Tod hinaus möglich, die Literatur ist voll von guten Gesprächen.

Grete Weil ist noch immer eine leidenschaftliche Leserin. Thomas Mann ist ihr liebster Autor, die zwanziger Jahre liegen ihr am nächsten, Musil, Joseph Roth. Zur Nachkriegsliteratur hat sie wenig Zugang, sie schätzt Ingeborg Bachmann, von den lebenden Autorinnen am ehesten noch Christa Wolf, überlegt sie zögernd.

Über ihre eigenen Schreibpläne zu sprechen, bleibt keine Zeit mehr. Vor der Tür jault Schagi und will ausgeführt werden. Wenn sie das Tier nicht hätte, nicht all die vertrauten Bücher, ja, dann wäre sie einsam.

Aber auch Antigone, die antike Neinsagerin, war einsam. Vielleicht auch Sophie Scholl? Für Grete Weil sind beide zuverlässige Gefährtinnen über den Tod hinweg:

»Beides Menschen, die bis an die Grenze gehen, die nicht nach dem Erfolg fragen, nur nach der eigenen Notwendigkeit. Unbequeme, die uns zum Denken zwingen.

Erreicht haben sie beide nichts, nichts hat sich geändert in Theben, nichts in Deutschland, aber wieviel ärmer wäre unsere Welt ohne Antigone, ohne Sophie.«

Literaturhinweise

Maria Ward

Jakob Leitner: Geschichte der Englischen Fräulein und ihrer Institute seit ihrer Gründung bis auf unsere Zeit. Regensburg 1869

Elisabeth von Gagern: Nur für Frauen. Die Ordensidee Maria Wards. München 1949

Robert Bireley: Maximilian von Bayern, Adam Contzen S.J. und die Gegenreformation in Deutschland von 1624—35. Göttingen 1975

350 Jahre Maria Ward: Englische Fräulein in München. Festschrift. Vorwort von M. Immolata Wetter, Generaloberin. München 1977

Wolfgang Behringer: Mit dem Feuer vom Leben zum Tod. Hexengesetzgebung in Bayern. München 1988

Mathilde Köhler: Maria Ward. Ein Frauenschicksal des 17. Jahrhunderts. München 1989

Lola Montez

Lola Montez: Memoiren der Lola Montez (Gräfin von Landsfeld). Reprint von 1851 (2 Bände), mit Nachwort von Kerstin Wilhelms. Frankfurt a. M. 1986

August Papon u. a.: Lola Montez. Memoiren in Begleitung vertrauter Briefe Sr. Majestät des Königs Ludwig von Bayern und der Lola Montez. Stuttgart 1849

Eduard Fuchs: Ein vormärzliches Tanzidyll. Lola Montez in der Karikatur. Berlin 1904

Gerhard Hojer: Die Schönheitsgalerie König Ludwig I. München/Zürich 1979 (2. Aufl. 1983)

Martin Schäfer: Der andere Ludwig. König Ludwig I. von Bayern. München 1987

Karl-Joseph Hummel: München in der Revolution von 1848/49. Göttingen 1987

Prinzessin Therese von Bayern

Therese Prinzessin von Bayern/Th. v. Bayer (Pseudonym):
— Über den Polarkreis. Leipzig 1889
— Auguste Ferdinande Prinzessin Luitpold von Bayern, geb. Prinzessin von Toscana, Erzherzogin von Österreich. Wien/Teschen 1892
— Meine Reise in den Brasilianischen Tropen. Berlin 1897
— Reisestudien aus dem westlichen Südamerika, 2 Bd. Berlin 1908
Oscar Doering: Das Haus Wittelsbach. München 1924
Herbert Eulenberg: Die letzten Wittelsbacher. Wien 1929

Anita Augspurg

Anita Augspurg: Die ethische Seite der Frauenfrage. Minden/Leipzig 1894
Lida Gustava Heymann: Frauenstimmrecht und Völkerverständigung. Leipzig 1919
Lida Gustava Heymann/Anita Augspurg: Erlebtes — Erschautes. Deutsche Frauen kämpfen für Freiheit, Recht und Frieden. Hrsg. von Margrit Twellmann. Meisenheim am Glan 1972
Gisela Brinker-Gabler (Hrsg.): Frauen gegen den Krieg. Frankfurt a. M. 1980
Elke Frederiksen (Hrsg.): Die Frauenfrage in Deutschland 1865—1915. Texte und Dokumente. Stuttgart 1981
Rudolf Herz/Brigitte Bruns (Hrsg.): Hof Atelier Elvira 1887—1928. Ausstellung des Fotomuseums im Münchner Stadtmuseum. München 1985

Marianne von Werefkin/Gabriele Münter

Marianne von Werefkin: Briefe an einen Unbekannten 1901—1905. Köln 1960
Marianne von Werefkin, Leben und Werk. Katalog v. Bernd Fäthke. Ascona/München 1988
Gabriele Münter 1877—1962: Gemälde, Zeichnungen, Hinterglasbilder, Volkskunst. Katalog Städtische Galerie im Lenbachhaus, München. München 1977
Gabriele Münter: Katalog Kunstverein Hamburg u. a. Hamburg 1988
Johannes Eichner: Kandindsky und Gabriele Münter. München 1957
Wassily Kandinsky/Franz Marc (Hrsg.): Der Blaue Reiter. München 1912, Neuausgabe München 1965/1989

Expressionisten. Die Avantgarde in Deutschland 1905—1920. Katalog der Nationalgalerie Berlin. Berlin 1986

Magdalena M. Moeller: Der Blaue Reiter. Köln 1987

Franz Marc/Else Lasker-Schüler: Der Blaue Reiter präsentiert Eurer Hoheit sein Blaues Pferd. Karten und Briefe. München 1987

Brennpunkt der Moderne: Der Blaue Reiter in München. Einführung von Rosel Gollek. München 1989

Annette Kolb

Annette Kolb: Daphne Herbst. Roman. Frankfurt a. M. 1928

— Die Schaukel. Roman. Frankfurt a. M. 1934

— Zeitbilder 1907—1964. Frankfurt a. M. 1964

Hermann Kesten (Hrsg.): Deutsche Literatur im Exil. Briefe europäischer Autoren 1933—1949. München 1964

Thomas Mann: Doktor Faustus. Roman. 1947/Frankfurt a. M. 1967

Richard Lemp: Annette Kolb. Leben und Werk einer Europäerin. Mainz 1970

Annette Kolb/René Schickele: Briefe im Exil 1933—1940. Hrsg. von Hans Bender. Mainz 1987

Franziska zu Reventlow/Lena Christ

Franziska zu Reventlow: Gesammelte Werke. München 1925
  Die Romane, Tagebücher und Briefe sind, herausgegeben von Else Reventlow, auch als Taschenbücher erschienen. Frankfurt a. M. 1976/77

Franziska zu Reventlow: Autobiographisches. Hrsg. von Else Reventlow. München 1980

Helmut Kreuzer: Die Bohème. Stuttgart 1968

Erich Mühsam: Namen und Menschen. Berlin 1977

Helmut Fritz: Die erotische Rebellion — Das Leben der Franziska Gräfin zu Reventlow. Frankfurt a. M. 1980

Lena Christ: Sämtliche Werke. Hrsg. von Walter Schmitz. München 1990

Josef Hofmiller: Zeitgenossen. München 1910

Günter Goepfert: Das Schicksal der Lena Christ. München 1971

Toni Pfülf

Michael Schröder: Toni Pfülf, 1877—1933. München 1984
Antje Dertinger: Dazwischen liegt nur der Tod. Leben und Sterben der Sozialistin Antonie Pfülf. Berlin/Bonn 1984
Monika Meister: »Das Banner bleibt stehen…« Leben und Freitod der Sozialistin Toni Pfülf. Manuskript Bayerischer Rundfunk 1987
Paul Löbe: Der Weg war lang. Lebenserinnerungen. Berlin 1954
Franz Osterroth/Dieter Schuster: Chronik der deutschen Sozialdemokratie. Bd. 2: Vom Beginn der Weimarer Republik bis zum Ende des Zweiten Weltkrieges. Berlin/Bonn 1975

Liesl Karlstadt

Theo Riegler: Das Liesl Karlstadt Buch. München 1961
Gudrun Köhl: Liesl Karlstadt. Ein Lebensbild. München 1980
Michael Schulte (Hrsg.): Das große Karl Valentin Buch. München/Zürich 1974
Michael Glasmeier: Karl Valentin. Der Komiker und die Künste. München 1987
Walter Schmitz (Hrsg.): Die Münchner Moderne. München 1990

Therese Giehse

Therese Giehse: »Ich hab nichts zum Sagen«. Gespräche mit Monika Sperr. München/Gütersloh/Wien 1973
Wolfgang Drews: Die Schauspielerin Therese Giehse. Velber bei Hannover 1965
Klaus Mann: Der Wendepunkt. Autobiographie. 1942 (engl.)/1952 (deutsch)
César Keiser: Herrliche Zeiten. 1916—1976. 60 Jahre Cabaret in der Schweiz. Bern 1976
Klaus Budzinski: Pfeffer ins Getriebe. So ist und wurde das Kabarett. München 1982

Frieda Sembach-Krone

Frieda Sembach-Krone: Circus Krone. Hrsg. v. Hellmuth Schramek. München 1969
A. N. Kober: Rund um die Manege. Berlin 1929
Fred van Sluis: Circus in Europa. Bussum 1966
Jewgeni Kusnezow: Der Zirkus der Welt. Berlin 1970

Grete Weil/Sophie Scholl

Hans Scholl/Sophie Scholl: Briefe und Aufzeichnungen. Hrsg. von Inge Jens. Frankfurt a. M. 1984

Annedore Leber: Das Gewissen steht auf. Berlin/Frankfurt a. M. 1954

Hermann Vinke: Das kurze Leben der Sophie Scholl. Ravensburg 1980

Inge Scholl: Die Weiße Rose. Frankfurt a. M., 1983 (erweiterte Neuausgabe)

James M. Barrie: Peter Pan und Wendy. Aus dem Englischen von Hanspeter Nägele. Mit Zeichnungen von Sophie Scholl. München 1989

Grete Weil: Tramhalte Beethovenstraat. Roman. Wiesbaden 1963/TB Frankfurt a. M. 1983

— Meine Schwester Antigone. Roman. Frankfurt a. M. 1980

— Der Brautpreis. Roman. Zürich 1988

Dank

Allen, die mich bei der Beschaffung des Quellenmaterials mit Rat und Tat unterstützt haben, möchte ich herzlich danken: Grete Weil für das gewährte Interwiev, den Mitarbeitern der folgenden Institutionen für die oft unkonventionelle Hilfsbereitschaft:

Münchner Stadtbibliothek, Monacensia-Abteilung und Münchner Stadtmuseum; Bayerische Staatsbibliothek, Archiv der Ludwig-Maximilian-Universität, Archiv des Hauses Wittelsbach, Bayerischer Rundfunk (Abt. Land und Leute), Kammerspiele im Schauspielhaus, Städtische Galerie im Lenbachhaus, Bayerisches Seminar für Politik e. V., Circus Krone, Gesamteuropäisches Studienwerk Vlotho (Fernleihe).

Bildnachweis

S. 10 Werner Neumeister, München
S. 28 Münchner Stadtbibliothek/Monacensia-Abteilung
S. 42 Stadtarchiv München
S. 56 Rudolf Dührkoop/Stadtarchiv München
S. 70 Gabriele Münter- und Johannes Eichner-Stiftung, München
S. 71 Fotoarchiv Fäthke-Born, Wiesbaden
S. 90 Münchner Stadtbibliothek/Monacensia-Abteilung
S. 106 Stadtarchiv München
S. 108 Luise Maendl/Süddeutscher Verlag, München
S. 134 J. H. W. Dietz Verlag, Bonn
S. 150 Münchner Stadtbibliothek/Monacensia-Abteilung
S. 168 Fred Lindinger/Süddeutscher Verlag/Bilderdienst, München
S. 186 Petra Schramek, München
S. 204 Kai von Holleben/Süddeutscher Verlag/Bilderdienst, München
S. 205 Süddeutscher Verlag/Bilderdienst, München

Weitere Bücher von Irma Hildebrandt

Die Frauenzimmer kommen
16 Zürcher Portraits
285 Seiten mit 16 Bildern, Leinen mit Schutzumschlag

Else Lasker-Schüler, Therese Giehse, Erika Mann, Ruth Liepman, Mileva Einstein-Marić: Die von Irma Hildebrandt porträtierten Zürcherinnen, geborene oder gelernte, verbindet das Engagement nicht nur für die eigene Sache, sondern auch für die anderer. 16 sehr persönliche Lebensbilder, von denen sich jedes einzelne mit einem Stück Kultur- und Sozialgeschichte der Stadt Zürich verknüpft.

»Im Zusammenklang von Wort und Bild, von zuverlässiger Dokumentation und moderater Interpretation, wirkt das Werk wie ein lebendiges, farbiges Kulturgemälde.«
Solothurner Zeitung

Hab meine Rolle nie gelernt
15 Wiener Frauenporträts
270 Seiten mit 15 Bildern, Leinen mit Schutzumschlag

Einfühlsam und anschaulich beschreibt Irma Hildebrandt 300 Jahre Wiener *condition féminine*. Da wird zum Beispiel neben der Kaiserin Maria Theresia auch die Arbeiterin und Agitatorin Adelheid Popp berücksichtigt, oder die Kinderanalytikerin Anna Freud. Die 15 historischen Miniaturen leben vom anekdotischen Detail, vermitteln aber zugleich ein informatives Gesamtbild jeder beschriebenen Persönlichkeit.

Eugen Diederichs Verlag